経営管理の新潮流

― 現代社会の求めているもの ―

飫冨 順久 編著

学文社

執 筆 者

*飯冨　順久　和光大学（第1章第1節　　第8章第1・2節　　第12章第1・2節）
小笠原英司　明治大学（第1章第2・3節）
佐々木利廣　京都産業大学（第1章第4・5節）
當間　正義　東京農業大学（第2章第1・2・3節）
福田　好裕　和光大学（第2章第4・5節　　第5章第4・5節）
松本　　潔　産能短期大学（第3章第1・2節）
相原　　章　成城大学（第3章第3・4節）
吉田　優治　千葉商科大学（第4章第1・2節）
佐藤　一義　立正大学（第4章第3・4・5節）
飛田　幸宏　白鷗大学（第5章第1・2・3節）
松村　洋平　立正大学（第6章第1・2節）
鈴木　公明　前東亜大学（第6章第3・4節）
加藤　茂夫　専修大学（第7章）
村上　伸一　桃山学院大学（第8章第3・4・5節）
佐久間信夫　創価大学（第9章）
能勢　豊一　大阪工業大学（第10章第1・2節）
吉村　孝司　明治大学（第10章第3・4・5節）
大野　和巳　青森中央学院大学（第11章第1節）
佐々木　茂　高崎経済大学（第11章第2節）
樋口　和彦　白鷗大学（第11章第3節）
篠原　　淳　山口大学（第11章第4節）
川端　大二　愛知学泉大学（第12章第3・5節）
杉原　英夫　九州共立大学（第12章第4節）
関根　雅則　高崎経済大学（第13章第1・2節）
加藤　　巌　和光大学（第13章第3・4節）

（執筆順　＊は編者）

はしがき

　20世紀末より今日にいたるまで，日本の経済成長は停滞し，糸口の見えない混迷状態にある．その原因についてはさまざまな見解があるが，ひとつにバブル崩壊後の企業の指導原理の希薄化にあると考えられる．企業行動が引き起こした不祥事や犯罪行為の多発はその例としてあげられる．企業の存続や成長の源は，企業と社会の信頼関係の回復，確立にあり，その事は，景気回復への活力の源泉であるといえる．

　こうした企業の行動に対して経営活動，とくにトップ・マネジメントの経営管理活動を根本的に見直し，企業と社会の良好な関係を構築する動きが活発化してきている．経済同友会は2003年3月「市場の進化」と社会的責任経営——企業の信頼構築と持続的な価値創造に向けて——を公表し，その中で"エグゼクティブ・サマリー"として，社会的責任と成果のプロセスは，社会との信頼関係の確立にあることを強く主張している．

　今日，経営管理論はその対象を拡大してきている．1900年代初頭にアメリカとフランスで誕生した経営学は，主として，「仕事の管理」であり，能率増進にあった．その後「人間の管理」，「組織の管理」と拡大・変化してきている．対象の拡大は，企業規模の拡大や企業体制の変化とも関連しており，企業の経営管理上考慮しなくてはならない重要な問題である．

　経営管理論の系譜を後づけてみると，管理の対象は，経済性最重視から価値の変容・多様化により多元的にその範囲を拡大してきている．本書は，部分的ではあるが各章に新視点を，そして第8章以降に6項目について新潮流について解説している．

　しかし，非営利企業，企業年金，税制，関係法規などをとりいれなくてはならない問題が髣髴としてきており，本書はすべての潮流を把握していない．

　本書の特徴の第1は，タイトルに掲げているように経営管理の対象とその内

容に関する新しい流れ，すなわち今後の経営管理上視野に入れるべき事柄が列挙されていること．

　第2は，経営管理を平易にしかも体系的に理解したいと考えている学生や社会人，とくに新入社員には理解しやすく編集されていること．

　第3は，重要な語句についてはキータイムを設け，必要最小限の知識を会得できるようにしている．専門用語集などを使用しなくても本文中の用語が理解できることを狙いとしている．

　本書は13章から構成されており，第1章から第7章までに従来の経営管理が取り扱ってきた諸問題を，第8章から第13章には経営管理の新潮流が収録されている．

　第1章では，経営管理の基礎として，経営管理の重要性や経営管理の諸学説について論及している．とくに当書の"新潮流"の考え方について解説している．第2章では，経営管理の古典理論について解説している．テイラー理論，ファヨール理論の基本的フレームワークについて詳しく解説し，今日的課題を提示している．第3章では，経営管理の新古典理論といわれている人間関係論について，前期人間関係論（ホーソン実験中心）と後期人間関係論（マズローなど）に分け，その主題と新たな見解についてふれている．第4章では，経営管理の近代理論として位置づけられるバーナード・サイモン理論の骨子と戦略論を中心とするその後の潮流について解説している．第5章　経営管理の目標と機能については，基本的な理論の修得を目的とする一方，実務に応用可能な理論を平易に解説している．第6章　組織の構造と文化では，基本組織と編成原理の解説および組織文化に係わる諸理論を紹介し，それぞれについて解説している．第7章　リーダーシップと経営者については，リーダーシップの基本的理論の解説，新しい経営者の要件などについて論及している．

　第8章　新潮流(1)社会的責任と環境・倫理では，企業の指導原理に係わる問題のひとつでもある社会的責任の本質と諸理論について解説し，今日，経営管理上重要視されている環境問題と倫理問題にふれ，最近の動向ならびに今後

の課題について解説している．第9章　新潮流(2)コーポレート・ガバナンス改革では，コーポレート・ガバナンス理論の本質と研究の道標について論及している．とくに，ガバナンス改革については各国の動向を視野にいれ，わが国の取り組みの方向を示唆している．第10章　新潮流(3)企業経営の新展開と情報・イノベーションでは，それぞれに次世代に即応するため，基礎的理論や実践の態様について具体的実例を上げ解説している．今後，変化の動向が激しいとの見解に立ち，課題とその方向が示唆されている．第11章　新潮流(4)グローバル化の本質と展望では，まずグローバル化の態様について解説し，その後，マーケティングの視点では社会性志向を取り上げ会計部門では国際会計の視点を，財務では為替リスクについて論及している．第12章　新潮流(5)企業の活性化と人的資源管理では，活性化の基本的議論の修得を目的に，人的資源管理では戦略的人事管理を，人材開発ならびに経営教育では将来の管理の多様性を考慮して，その方向性について解説している．第13章　新潮流(6)地域の再生とベンチャービジネスでは，進行する地域産業の空洞化を背景として登場してきた，地域再生問題や地域活性化の原動力になりうるベンチャー企業の基本的・応用可能理論を紹介している．とくに，農山村の女性起業家については，今後のひとつの方向を示唆しているといえる．

　編者は昭和18年4月24日生まれであり，昨年，平成15年の4月満60歳を迎えた．その後，小学校・中学・高校の友人達と共に"還暦同年会"を催したり，和光大学経済学部が還暦祝いの会を開催して下さったり，和光大学の私のゼミ生が祝ってくれた．そんな中，和光大学の先生方と古い教え子達が一堂に会してお祝い会を開いては？　という提案が何度か出された．

　本書は，いわば還暦の記念である．しかしながら，平成15年12月に一年遅れの還暦祝いの会を開くことが決まり，当書もこのとき，始めて企画され異例な早さで編集・刊行されることになった．

　大学で教鞭をとって33年になる．この間，お二人の恩師のおかげで今日迄

研究・教育に努力を傾注できたことに対して常々感謝している．

　一人は大学時代のゼミの指導教授　菊池敏夫先生（現日本大学名誉教授・経営行動研究学会会長）である．

　今一人は大学院の修士・博士課程の指導教授　藤芳誠一先生（明治大学名誉教授・元日本経営教育学会会長）である．

　両先生には経営学・経営管理論の手ほどきを頂き，研究の方向についてのアドバイスも今日まだなお指導して頂いており感謝の極みである．

　また，学会活動を通じ数多くの諸先生方には事あるごとに指導を仰ぎ，心より感謝申し上げる次第である．

　さて，ここに本書の発行に係わり直接ご迷惑をかけた先生方に紙面を借りてお詫び申し上げると共に，時間を惜しまずご協力をして頂いた方々に対して感謝申し上げる次第である．

　まず，執筆者の先生方には，お忙しい時期，とくに大学における最も重要な学年末および入試時期と原稿締切日が重なり，一方では，執筆期間は短く，十分な内容の説明や調整をしないままお引受頂くという無礼の結果になってしまい，誠に恐縮に存じている．本来ならば，不平・不満の声が発せられるところを祝いの企画に免じて頂き，感謝申し上げる次第である．

　次に，この書物の企画の段階から一部校正まで，献身的に係わって頂いた埼玉学園大学　吉村孝司教授，青森中央学院大学　松村洋平助教授，成城大学　相原章助教授，和光大学　福田好裕助教授に謝意を表す次第である．そして本書の統一性・整合性を保つための作業や索引作りなど細部にわたる仕事を夜おそくまでイヤな顔をせず引き受けて下さった和光大学　加藤巖助教授に深く感謝申し上げる次第である．

　そして，もうひと方は，新学期を控えお忙しいなか，本書の出版を引き受けて頂いた，学文社社長田中千津子氏への感謝である．還暦の書物といえば2〜3年前よりじっくり検討を重ね，細部にわたり十分な調整がなされるのが常であるのに対して今回の場合，発行日がすでに決まっており時間的制約があっ

たにもかかわらず，出版をお引受け頂き感謝に耐えない．とくに，執筆者間の連携などに発生する煩わしい事柄を難無く処理し出版に漕ぎつけて下さり，生涯忘れえぬ書物となった．

　平均寿命88歳の今日，還暦祝いのもつ意味は変化してきていると考える．祝いということより，区切りとする方が的確な表現かもしれない．祝いの行事も繁雑で迷惑を撒き散らす結果になり，開催の有無が問題視されているとか．

　しかしながら，この機会に恩師や関係諸兄の学恩を再認識して，謝恩していくことも意義があると考えられる．

　すでに61歳を迎えた今日，研究の原点を再認識して，新たな研究活動と学生指導にあたる所存である．

平成16年3月20日

飫冨　順久

目 次

第1章 経営管理の基礎 ─────────────────────1

第1節 経営管理の意義と新視点　1
(1) 経営管理の意義　1　(2) 経営管理の新視点　2

第2節 経営管理とは何か　3
(1) 経営管理という言葉　3　(2) 経営の職能　4　(3) 管理の職能　5

第3節 経営管理学史　6
(1) 管理学の生成期　7　(2) 管理学の展開期　8　(3) 管理学の発展期　9

第4節 経営管理の学説　10
(1) 代表的学説分類　11

第5節 組織と管理者のイメージと経営管理論　14
(1) 古典的管理論　15　(2) 新古典的管理論　15　(3) 近代的管理論　16
(4) 現代的管理論　16

第2章 経営管理の古典理論 ─────────────────18

第1節 テイラー理論の誕生　18
(1) 経営学前史と科学的管理法　18　(2) テイラーの経歴と業績　19

第2節 テイラーの科学的管理法の内容　21
(1) 課業設定の意義　21　(2) 工場管理論の内容　22

第3節 科学的管理法の現代的意義　25
(1) 「精神革命論」の視点　25　(2) 科学的管理法の展開と現代的意義　26

第4節 ファヨールと経営管理　28
(1) ファヨールの経歴と業績　28　(2) 経営活動の内容　28　(3) 管理活動の特徴　29　(4) ファヨールの法則と管理教育　30

第5節　ファヨールの管理原則論　　32

　　　　(1) ファヨールの管理原則　32　(2) ファヨールの管理手法　34　(3) 管理過程論の特色と限界　36

第3章　経営管理の新古典理論 ────────── 38

　　第1節　前期人間関係論生成の背景とその展開　　38

　　　　(1) 前期人間関係論生成までの社会的・理論的背景　38　(2)「ホーソン・リサーチ」のスタートとその概要　40

　　第2節　前期人間関係論の理論体系と今日的な意義　　45

　　　　(1) メイヨーの理論体系　45　(2) レスリスバーガーの理論体系　46　(3) 前期人間関係論の今日的な意義　49

　　第3節　後期人間関係論の展開　　51

　　　　(1) 後期人間関係論の主題　51　(2) マズローの多元的欲求論　52　(3) 非経済的誘因としての職務　53　(4) 参加による動機づけ　54

　　第4節　後期人間関係論の転換と行動科学の台頭　　56

　　　　(1) 初期行動科学の展開　56　(2) 自己実現人モデルを超えて　61

第4章　経営管理の近代理論 ────────── 63

　　第1節　バーナードの理論　　64

　　　　(1) バーナードの人と業績　64　(2) 人間仮説と協働概念　65　(3)「有効性」と「能率」概念　65　(4) 公式組織の考え方　66　(5) 組織構成員の誘因と貢献のバランス　66　(6) 非公式組織の考え方　67　(7) オソリティの理解　67　(8) 意思決定　69　(9) 経営者の役割　70

　　第2節　サイモンの理論　　71

　　　　(1) 理論の特徴　71　(2) 意思決定前提：価値と事実　72　(3)「限定された合理性」と管理人モデル　72　(4) 意思決定における客観的合理性への接近　73　(5) 意思決定におけるコミュニケーション　74

　　第3節　マーチ＝サイモンの理論　　74

　　　　(1) 受動的機械モデル　75　(2) 動機的モデル　76　(3) 合理的モデル　78

　　第4節　サイアート＝マーチ理論　　79

　　　　(1) 企業組織の意思決定　80　(2) 組織的意思決定への影響要因　80

　第5節　経営戦略・アンゾフの理論　　　　　　　　　　　　　　　　　　81

　　　　(1) 意思決定と経営戦略　82　(2) 戦略のベクトル　82

第5章　経営管理の目標と機能　――――――――――――――――――84

　第1節　経営目的の意義　　　　　　　　　　　　　　　　　　　　　　84

　　　　(1) 経営目的とは　84　(2) 経営目的の体系　85

　第2節　経営理念の機能　　　　　　　　　　　　　　　　　　　　　　86

　　　　(1) 経営理念の意味　86　(2) 経営理念の機能と浸透　88

　第3節　経営目標の多様化　　　　　　　　　　　　　　　　　　　　　89

　　　　(1) 経営目標の質的・量的側面　89　(2) 多元的目標と経営目標システム　91

　第4節　経営管理の機能　　　　　　　　　　　　　　　　　　　　　　94

　　　　(1) 管理要素　94　(2) マネジメント・サイクル　95

　第5節　マネジメント・サイクルの循環過程　　　　　　　　　　　　　100

第6章　組織の構造と文化　――――――――――――――――――――104

　第1節　組織構造の基本　　　　　　　　　　　　　　　　　　　　　104

　　　　(1) ライン組織とファンクショナル組織　104　(2) 職能部門制組織と事業部制組織　105

　第2節　動態的組織　　　　　　　　　　　　　　　　　　　　　　　109

　　　　(1) 戦略的組織　109　(2) 新規事業開発型組織　112

　第3節　企業文化に関する諸理論　　　　　　　　　　　　　　　　　　114

　　　　(1) 企業文化論の背景　114　(2) 企業文化に関する代表的理論　116　(3) 組織文化論研究の2つの方向と課題　120

　第4節　組織文化の機能と逆機能　　　　　　　　　　　　　　　　　　120

　　　　(1) 組織文化の機能　120　(2) 組織文化の逆機能　121

第7章 リーダーシップと経営者 ──────124

第1節 リーダーシップとは何か　124
(1) リーダーシップの重要性　124　(2) リーダーシップの定義　125

第2節 リーダーシップの類型　128
(1) リーダーシップ研究の歴史　128　(2) リーダーシップ行動論　129
(3) リーダーシップの形態論　132　(4) リーダーシップの状況論　137

第3節 経営者のリーダーシップ　145
(1) 経営者のリーダーシップに必要なこと　145　(2) リーダーシップとマネジメントの関係　147

第8章 新潮流(1) 社会的責任と環境・倫理 ──────158

第1節 社会的責任の領域と諸理論　158

第2節 企業環境の定義とその内容　162
(1) 前期環境問題の特徴　164　(2) 後期環境問題の課題　164

第3節 企業倫理学の生成と確立　167
(1) 企業倫理とは何か　167　(2) 企業倫理学の生成・発展　168

第4節 企業倫理学における諸説　170
(1) 道徳的主体としての企業　170　(2) バーナードの企業倫理論とステイクホルダー概念　172　(3) 企業倫理とステイクホルダーへの価値創造マネジメント　173

第5節 企業倫理の実践の方向と新たな課題　174
(1) 企業倫理の実践施策　174　(2) グローバル化・情報化と企業倫理　175　(3) 環境倫理の考え方　176

第9章 新潮流(2) コーポレート・ガバナンス改革 ──────180

第1節 コーポレート・ガバナンス　180

第2節 アメリカのトップ・マネジメント組織　181

第3節 アメリカのコーポレート・ガバナンス改革　185

第4節　日本における株主総会と監査役の改革　　　　　　　　192
　　第5節　取締役会の改革と委員会等設置会社　　　　　　　　　196

第10章　新潮流(3)　企業経営の新展開と情報・イノベーション ――― 201
　　第1節　情報の活用　　　　　　　　　　　　　　　　　　　201
　　　　(1) 情報をとらえる視点の変化　201　(2) イノベーションのための情報活用　202
　　第2節　情報管理の主題と方向　　　　　　　　　　　　　　　202
　　　　(1) セキュリティとリスクの管理　202　(2) システムを評価する尺度　204
　　　　(3) 複雑系の社会への対応　206　(4) 経営イノベーションと情報活用　208
　　第3節　イノベーションの基礎　　　　　　　　　　　　　　　210
　　　　(1) イノベーションの概念　210　(2) イノベーションと組織　211
　　第4節　イノベーションの実践　　　　　　　　　　　　　　　212
　　　　(1) バリューイノベーション　212　(2) バリューイノベーション事例　214
　　第5節　イノベーションの方向と新視点　　　　　　　　　　　217
　　　　(1) イノベーション・ジレンマ　217　(2) これからの企業経営とイノベーション　218

第11章　新潮流(4)　グローバル化の本質と展望 ――――――――― 220
　　第1節　グローバル経営の世界潮流―その現状と方向性　　　220
　　　　(1) グローバル経営からグローカル経営へ　220　(2) 多様性のマネジメント　221　(3) 「個」を活かすマネジメント　222　(4) コミュニティを活かすマネジメント　224　(5) 地球市民としてのグローバル企業　226
　　第2節　現代マーケティングのグローバル化の潮流　　　　　228
　　　　(1) わが国の企業を取り巻く環境変化　228　(2) 流通システムの新たな視点としての関係性マーケティングの枠組み　229　(3) ブランド戦略と顧客価値　231　(4) マーケティングのグローバル化　231　(5) 社会志向性マーケティングの視点　232　(6) マーケティング活動の今後の課題　233
　　第3節　国際財務――為替リスク要因と資産評価　　　　　　233

(1) 国際財務の現状　233　(2) 評価モデル再構築の方向性　236

第4節　グローバルスタンダードとしての国際会計基準　　237

(1) グローバル化と会計　237　(2) 国際会計基準設定の歩み　238　(3) 国際統合が進む会計基準　239

第12章　新潮流(5)　企業の活性化と人的資源管理　　244

第1節　企業の活性化の意義　　244

第2節　活性化の諸条件と人的資源の管理　　246

第3節　人的資源管理の概要　　250

(1) 21世紀の人材像　250　(2) 戦略的人的資源管理の強化　251

第4節　人材開発の新潮流　　255

(1) 個人と企業の新しい関係　255　(2) 変わる能力開発　255　(3) 能力開発をめぐる新しい潮流　256　(4) 自己啓発とキャリア形成支援　256　(5) スキルアップを目指す多様な教育機能　257

第5節　経営教育　　258

(1) 経営者育成　258　(2) 学校教育　261

第13章　新潮流(6)　地域の再生とベンチャービジネス　　265

第1節　ベンチャービジネスの概念　　265

(1) 地域再生の課題　265　(2) ベンチャービジネスの定義と特徴　266　(3) 起業家精神　267

第2節　地域再生におけるベンチャービジネスの意義　　268

(1) これまでのベンチャービジネス・ブームと地域産業の空洞化　268　(2) イノベーションと経済発展　271　(3) 内発的な地域経済発展の担い手としてのベンチャービジネス　272　(4) 第2創業を通じた地域企業のベンチャービジネス化　273

第3節　地域再生の新潮流　　273

(1) ベンチャー企業の育成と「第2創業」　274　(2) 「構造改革特区」の活用　277　(3) 「コミュニティ投資」の拡大　277

第 4 節　逆転の発想に基づく地域再生　　　　　　　　　　　　　279
　　(1) 積極的な高齢者雇用　279　(2) 近隣諸国との連携　280　(3) 農山村の
　　女性起業家　281

索　引 ─────────────────────────── 285

第1章
経営管理の基礎

第1節　経営管理の意義と新視点

(1) 経営管理の意義

　経営管理とは，経営を管理するという意味ではなく，経営体の経営活動を管理するという意味である．経営体とは企業，行政組織，学校，病院など協働システム－組織体であり，管理は，企業をはじめ，あらゆる組織体に存在する．
　また，経営学が事業体（営利および非営利）の「組織的側面」および「経済的・社会的側面」を分析対象とするのに対して，経営管理（経営管理学）は主に「組織的側面」とくに管理の中核である意思決定を分析の対象としている．しかしながら経営管理といった場合，一般に企業経営の活動システムである運営機能を中心に論じている．
　企業経営における経営管理の重要性が高まりをみせはじめたのは，産業革命以降の分業の進化や企業規模の拡大にともなうものであった．そしてその後，生産技術の発展は管理者や，そこで働く労働者の意識改革を促した．こうした仕事の管理を中核にすえたテイラー（Taylor, F. W., 1856-1915）と同時代のファヨール（Fayol, H., 1841-1925）は，「経営とは企業に委ねられるすべての資源から可能な限りの多くの利益を追求するとともに，企業目的を達成するための事業運営を行うこと（技術，商業，財務，保全，会計，管理の諸活動）であるのに対し，管理とは，計画し，組織し，命令し，調整し，統制することであり，とくに人

的資源に係わる機能である」と定義づけ，経営管理と管理を区別することにより管理の重要性を提唱した．1970年代にはわが国では公害問題が提起され，1990年代には反倫理的事件が多発し，これらの社会的倫理問題は経営の指導原理や管理の問題として早急に解決が迫られている．

経営管理は，仕事→人間→組織とその主題は変化してきている．今日，変化する環境への適応や地球規模で考察するとき，その重要性はますます増大するものと考える．

(2) 経営管理の新視点

管理の対象は，経営体＝企業の成長や発展過程と当該の時代的特徴と深い関係がある．

1800年代後半から1900年初頭のアメリカでは，産業革命により生産の機械化や能率増進の諸施策など管理の中心は仕事（課業）が対象であった．その後，労働者に対する関心が高まり人間が管理の対象となった．こうした「仕事の管理」と「人間の管理」の側面に対してアーウィック（Urwick, L. F., 1891-1983）は，仕事―課業の統合，人間―個人と集団の4つの側面の集合体を管理の領域とすることを主張している．

1930年代後半はバーナード（Barnard, C. I., 1886-1961）の協働システムに依拠しながら，環境もまた管理の対象とする見解があり，「仕事の管理」と「人間の管理」そして「環境」の3側面の集合体を管理の対象とする．しかしながら，経営体＝企業は環境に対して適応または順応することであり，管理の対象にはなりえないという主張もある．

変化が激しく多様化する現代社会は，企業にさまざまな要請と対応を迫っている．企業の社会的責任，とくに環境保全と倫理的行動，コーポレート・ガバナンス，高度情報化とイノベーション，グローバル化の進展，経営教育と人材開発，地域の活性化とベンチャー・ビジネス，そして高齢化と年金．これらは「環境」問題として，経営管理の「適応論」または「順応論」として処理する

ことはできない.

　管理の対象は，企業の発展，成長に寄与する具体的なものであり，それは普遍的性格より時代とともにまた，企業の発展過程とともに当然変化してくると理解することができる．

(飫冨順久)

経営管理の本質的課題

　経営管理の本質的課題は，効率性，人間性，システム性，適応性，社会性の追求にある．これまでの経営管理学の歴史を振り返ると，管理論の生成期は効率性が重視され，展開期は人間性やシステム性が重視され，そして発展期は適応性が第一に重要視されてきた．これからは「社会性の管理学」として経営管理の社会性を追求するという課題が残っている．

第2節　経営管理とは何か

(1) 経営管理という言葉

　経営管理という言葉は，本来ドイツ語の「経営管理」（Betriebsführung）の邦訳である．英語の「管理」（management）と同義でもあるが，下記するように「マネジメント」は「経営」とも訳される．日本の経営学は「戦前はドイツ，戦後はアメリカ」と双方をとり入れてきたために，言葉にもその影響がみられるのである．

　まずドイツ流の「経営管理」は，〔経営の管理〕という語法であり，それは〔経営という組織体の管理〕という意味である．ドイツ経営学の「ベトリープ」は多義的な言葉で，単純に「組織体」と同義ではないが，ここではわかり易くするために〔経営＝組織体〕としておこう．そこでは「ベトリープ」という概

念の核心が〔組織体の合理性を実現する主体的営為〕にあることを含意している。問題は，経営管理が〔経営体管理〕という意味だとしても，そこでの「管理」は日本語の「経営（する）」を含むものかどうか，という点である。ドイツ語で（日本語のように）「経営」と「管理」を明確に区別することはない。

アメリカ経営学の「マネジメント」も同様である。「マネジメント」は〔経営と管理〕または〔経営ないし管理〕である。英語にもこの両者を区別する個別の言葉はない。とくに 'management' と 'administration' を使い分ける場合もないわけではないが，一般的ではない。要するに，「マネジメント」は「経営」であり「管理」であるから，日本語の意味する「経営」は「トップ・マネジメント」であるのに対し，「管理」は「ミドル・マネジメント」である。

このようにみれば，日本語としては「経営管理」でも「経営」でも，あるいは「管理」でも，いずれでもよいということになる。しかしドイツ流の〔経営体管理〕という用語を採用した場合でも，あるいはアメリカ流の〔経営ないし管理〕を採る場合でも，組織体＝経営体の実際において経営と管理の相違があるかぎり，「経営」と「管理」を概念的に区別することは必要といわざるをえない。

(2) **経営の職能**

「経営」と「管理」は，経営体の合理性を実現する主体的機能という点では共通している。すでに述べたように，「マネジメント」はそうした統一概念であった。

経営体——企業経営体で説明しよう——の歴史（経営史）を概観すれば，元来，出資創業者が事業経営をすべて担当するしくみであった。やがて事業経営が発展するにつれ，出資創業者のみでは事業経営が困難になり，いわゆる「専門経営者」(professional manager) を雇用して彼（ら）に〔マネジメント＝管理〕職能を委譲し，自らは〔経営＝統治〕職能に専念するようになった。つまり，最初は「経営」と「マネジメント」は渾然一体となって出資創業者の職能であ

ったが，そこから「マネジメント」が分離されたのである．

　ところが，さらに事業経営が発展すると専門経営者の職分がますます大きくなり，やがて大企業では出資者は形式的な統治＝支配権をもつだけとなり，「マネジメント」が「管理」のみならず実質的な「経営」職能を含むようになった．つまり，今度は経営者集団が「経営」と「管理」の双方を担当することになったのである．

　このように，「マネジメント」は，はじめ「管理」を意味するにすぎなかったが，次第にその職能が拡大し，「経営」を含むものになった．このことからむしろ明白なことは，「経営」と「管理」の本質は異なるということである．すなわち「経営」とは，本来，経営体の全体的統括機能を意味し，経営体の社会的使命を達成しつつ組織体としての存続を図る機能であって，その性格は，政策的，価値判断的，戦略的である点に特徴がある．ここでは，これを「経営」の戦略的支配機能とよんでおこう．

　経営体の戦略的支配機能を担う専門的職能人が「経営者」(executive)であるが，ここで経営者の忘れられた重要な職能を指摘しておこう．それは出資創業者の「企業者」(entrepreneur)としての職能である．「アントルプレナー」とは，事業経営を通じて自己の創造欲求を実現しようとする革新者であって，単なる経済人でも利害調整者でも，まして自己保身を至上とする権力亡者でもけっしてない．そのことを，こんにちの経営者は正しく認識する必要があろう．

(3) 管理の職能

　管理は経営の下位職能で，「管理者」の専門職能である．管理はかつて親方や職長といった熟練職の中に「作業」と未分化の状態で含まれていたが，しだいに作業から管理が分離され，さらに管理職能そのものが水平的に専門化した．今日，管理はいくつかの階層（管理職位）に分化し，同時に多様な管理職能に専門分化して，それらが全体としてシステムとしての管理組織を構成して経営体の管理機能を担っている．

管理の機能とは，購買，製造，販売という基幹的作業，および人事，管財，財務，会計，庶務，といったスタッフ作業をそれぞれの分野で作業目標を合理的に達成すべく計画し，組織化し，調整し，統制する労務・組織活動である．

管理の重要性は，ここで強調するまでもなく明らかであろう．経営者がいかにすぐれた戦略的意思決定を為しても，あるいは作業者の潜在能力（動機を含む）がいかに豊かであっても，管理が無能無策では，事業は機能し得ない．日本の企業が管理に重点をおいた経営の伝統をもって発展してきたこと，したがって，管理の空洞化は経営体の崩壊につながること，を忘れてはならない．

(小笠原英司)

第3節　経営管理学史

経営管理学の歴史は，まず時代的発展史としてとらえられる．すなわち，管理学の年代史は，①生成期 (1880-1910)，②展開期 (1920-1940)，③発展期 (1950-1970) の3期に区分しうる．管理学はそれぞれの時代的背景と時代的要請の中で展開されてきたのであり，その意味で管理学史は管理史を反映させたものとなっているとみることができる．

次に管理学の発展史は，内容的に一定の課題を追究する中でその本質的な性格を変貌させてきたことを物語っている．すなわち，個々の管理学説は方法的なモデルをもっていると考えられるが，管理学説はさらに内容的なモデルをも有しているのである．ここでは，それを次のようにとらえる．

経営管理の本質的な課題は，効率性，人間性，システム性，適応性，社会性の追求にあると考えられる．それは経営体の本来的な存在性から必然的に要請される管理の永遠の課題であり，したがって同時に，それはそのまま管理学の課題でもあるといえよう．しかしながら実際には，各時代の管理学はその置かれた歴史的制約の中で自己の課題を限定せざるをえなかった．それは，現代管理論においてさえ，その本来的課題に十全に応えるものとなっていないことを

みれば明らかであろう．経営管理学の歴史を全体的統一的にみれば，それは管理学に課せられた上記のテーマを追究する理論的発展の系譜としてとらえられるのである．

(1) **管理学の生成期**

　経営管理学の出発点をどこに求めるかは問題であるが，通説に従えば，時期的には近代経営体の生成期とされる1880年代に，またそれと符合するかのように開始された，かのASME（アメリカ機械技師協会）における管理研究に求めることができる．とくにテイラーの「科学的管理」論こそその嚆矢とよぶにふさわしい．テイラー・システムが生成・確立した1880年代から1910年代にかけてのアメリカ産業界は，その経済的規模を急激に拡大した時代であり，いわゆる独占資本主義の確立を象徴する「トラスト時代」であった．こうした背景と基盤から要請されたアメリカ管理学が，テイラーのそれにみるように，他の何よりも能率＝効率志向の技術的合理性を追求する性格と内容をもつに至ったのは，むしろ時代の必然というべきであろう．エマーソン（Emerson, H., 1873-1931），ガント（Gantt, H. L., 1861-1919），ギルブレス（Gilbreth, F. B., 1868-1924）らにみる課業論や作業組織論も独占形成期における「仕事の管理」論，効率性追求の管理方策論にほかならなかった．

　こうして生成期の管理学は，効率性追求という管理課題に直接的に応えようとしたことを最大の特色としている．他の管理課題はおそらく十分に認識されることはなかったであろうし，あるいは効率性という統一原理のもとに解消されてしまったと考えられる．しかしながら，この時期にあって独自に生み出されたフランス管理学の父ファヨールの管理学説は，基本的には合理性の管理論としての性格をもちながら，同時に人間性，システム性，適応性という管理課題をも自覚していた点で，管理学史上テイラーに優るとも劣らぬものであった．

(2) 管理学の展開期

　1880年代にその萌芽をみせ，1910年代にかなり明確なかたちで生成した管理学は，第1次世界大戦以後，第2次世界大戦にかけて，繁栄と不況，安定と混乱の時代を反映させて多彩な展開を示すとともに，その内部に次第に重大な変化を内包させて次代への新たな展開を胎動させることになった．

　第1に，前の時代にアメリカ産業界を席巻したテイラー・システムは，1920年代においてもその圧倒的影響力を失うことはなかった．そればかりかこの時代には，効率性の追求という点ではテイラー・システム以上の徹底さを誇るフォード・システムが自動車産業以外にまで適用の範囲を広げることになったことは，この時期の管理問題が前の時代と共通する「仕事の組織」の合理的編成と運営問題であったことを端的に物語っている．

　第2に，これとは対照的にこの時代の文献は，従来の工場管理の領域をこえて経営体の全体が問題とされ，より包括的で抽象的な議論がなされるようになったことも示している．たとえば1920年代には，シェルドン（Sheldon, O., 1894-1951）やデイビス（Davis, R. C., 1894-没不詳）らの名をあげることができるし，さらに30年代から40年代にかけてムーニーとレイリー（Mooney, J. D. and Reiley, A. C.），アーウィック，ブレック（Breck, E. F. L.），ブラウン（Brown, A.）らが登場し，伝統的管理学派が形成されることになった．それは，とくに30年代以降，次第に進展した株式所有の分散化と，それにともなう専門経営者の台頭，さらに「事業部制」に代表される経営組織の複雑化と無縁ではない．

　第3に，同じく大規模経営体の経営構造の変化を背景として，より複雑化した管理課題を全体的総合的観点から克服することを意図しながらも，伝統学派とは異なる方法基盤に立脚して動態的組織過程論を展開しうる概念的枠組みの構築を理論的課題とする系譜を見出すことができる．それはフォレット（Follett, M. P., 1868-1933）とウィッスラー（Wissler, W., 1884-没不詳）の動態的組織観と行為論的組織概念を受けついだバーナードや，バーナードの意思決定論を精緻

化したサイモン（Simon, H. A., 1916-2001）へと連なる意思決定学派の勃興である．それは経営体の組織としてのシステム性に注目し，組織全体の内部的変動過程と管理との関連を追究した「近代的」な管理論であったが，人間の意思決定能力を前提とする主体的な人間観を理論的前提とする点でも「革新的」な管理論であった．

　第4に，意思決定学派とともにこの時代の転回期としての特色を決定づけた人間関係論学派の成立を指摘しなければならない．人間関係論を生み出した有名なホーソン研究（Hawthorne Research）の出発点では，その問題意識と基本的発想はテイラリズムからそう離れたものではなかった．しかしそこから「発見」された人間の非合理的側面は，のちにレスリスバーガー（Roethlisberger. F. J., 1898-1974）の非公式組織論の理論的基盤となり，人間性追求の管理論の原理的根拠となったのである．

　こうして経営管理学史の第2期にあたる展開期は，その前の時代に生成した2つの古典的管理学説をのりこえ，合理性からシステム性および人間性へとその管理課題を拡大し，一挙に伝統学派，意思決定学派，心理学派の原型を確立した激動の時代であった．

(3) 管理学の発展期

　第2次世界大戦以後今日までの約50年間は，世界史的にみていわゆる高度産業社会が進展した時代といえる．この間の経済的，政治的，文化的諸環境の変化はめざましく，これに対応して経営体もまた大きくその姿を変貌させてきた．こうした状況を背景として，現代管理論は「経営管理論のジャングル」とよぶべき多彩な展開をみせている．しかしながら，そこにもそれぞれのよって立つ方法的特色と内容の差異を見出すことができ，これを伝統学派，心理学派，意思決定学派の現代的系譜として分類し，これに環境適応学派を追加しうるのである．

　現代の管理学の現状は次節において概観することとし，ここでは現代管理学

とその課題について再確認しておこう．

すでに述べたように，経営管理の本質的課題を効率性，人間性，システム性，適応性，社会性の追求にあるとすれば，上記の諸学派はこのそれぞれの管理課題にほぼ対応して自己の理論的課題を位置づけて展開されており，現代管理学は全体としてその課題に大きな成果を持ち寄っているとみることができる．しかし，ここであらためて現代管理学の最大の課題を点検すれば，管理の社会性の問題が大きく残されていることを指摘せざるをえないであろう．

(小笠原英司)

 経営管理論のジャングル

　管理過程論の代表的論者であるクーンツは，1960年代初め象牙の塔から洪水のように流出している経営管理論のさまざまなアプローチが「ジャングル」のような様相を呈していることを嘆き「経営管理論のジャングル（management theory jungle）」という言葉を使用した．このことばをめぐる論争は現在も続いているといえるが，これからの経営管理の発展の方向性を示すような視点や理論体系を発掘し，再評価することも重要である．

第4節　経営管理の学説

　経営管理のこれまでの発展を，学派やスクールや視点などに類型化することが広く行なわれてきた．たとえば「経営管理論のジャングル」で有名なクーンツ（Koontz, H., 1908-1984），さまざまな学説の起源や特徴を体系化しようとしたレン（Wren, D.），最近ではもっとも標準的な経営学テキストといわれる『マネジメント』の著者であるダフト（Daft, R. L.），などがそれぞれ独自の学派分類を行なっている．

　もちろん学派分類や学説分類を機械的に行なうことが，経営学の発展や進化に役立つかどうかについては疑問がないわけではない．しかし，経営管理につ

いての考え方がどのように発展してきたかを考えることで，それぞれの考え方が経営学にどのような貢献をしたかを評価し，経営学が全体としてどちらに向かっているかを把握し，ひいては経営学の今後の方向性についての鳥瞰図を想定するためには有効である．以下では，代表的研究者による経営管理の学説分類を概観したのち，組織や管理者（マネジャー）をどうみるかという視点から経営管理の発展を考えることにする．

(1) 代表的学説分類

　管理過程論（マネジメント・プロセス・スクール）の代表的主導者であったクーンツは，『ジャーナル・オブ・ザ・アカデミー・オブ・マネジメント』誌 1961 年 12 月号に掲載された「経営管理論のジャングル」という論文の中で，その当時，象牙の塔から洪水のように流出している経営管理論へのさまざまなアプローチが，ある種の混乱した破壊的なジャングル戦へと導いていると嘆いている．そして 1962 年，カリフォルニア大学ロサンゼルス校経営大学院で行なわれた新校舎落成シンポジウムにおいて，マネジメントにかかわる用語のいくつかを明確にし，マネジメントの研究とその基礎的学問を統合し，マネジメントの現象を解明する経営管理の一般理論の発展の先鞭をつけようとした．こうした目的のために，クーンツは，経営管理論のいろいろな学派を 6 つの主要グループに区分している．

　① 経営管理過程学派

　伝統学派あるいは普遍学派ともよばれ，ファヨールが産みの親である．この学派によれば，企業であれ行政であれ，その他の組織であれ，組織化された集団の中で働く人びとの仕事のプロセスとしての経営管理は，本質的に同じと考える．すなわち，どんな組織であれ，経営管理活動はひとつの過程であり，その過程は経営管理者の機能を分析することで明らかになるという考え方である．こうした経営管理過程学派は，その後の人間関係論や行動科学や意思決定論などの発展によって修正されている．またその基本的考え方に対しても，ミンツ

バーグの管理行動論をはじめとする実証的管理者行動論，サイモンなどの意思決定論，によって批判されている．

② 経験学派

マネジャーの経験や経営管理における失敗を具体的ケースとして分析することで，もっとも有効な経営管理技術を学ぼうとする学派である．ただ経験学派と経営管理過程学派の区分は明確ではなく，一般的な管理原則の抽出を考えるかどうかの差にすぎないと考えることもできる．

③ 人間行動学派

人間関係論や行動科学の影響をうけ，経営管理の人間的側面を重視する学派である．とくに組織内個人を社会心理学的存在としてとらえ，そうした個人のヤル気をどのように高めることができるか（動機づけ），ある目的にむけてどのように指揮していけばよいか（リーダーシップ），個人間の関係や変化をどのようにコントロールすればよいか（グループ・ダイナミクス），などを中心に考える．

④ 社会システム学派

この学派は人間行動学派と密接に関連しており，マネジメントを文化的相互作用のシステムである社会システムとみなす．たとえば，この学派を代表するバーナードやサイモンは，組織をひとつの社会システムとみなし，その構造や過程を分析しようとした．しかしこの学派は，社会システムの社会学的研究であり，経営学の領域に入るかどうか疑問であるとクーンツは批判している．

⑤ 意思決定理論学派

意思決定という鍵穴を通してマネジメントを考えようとする意思決定の合理的アプローチが中心である．具体的には意思決定の経済理論，意思決定者の心理的あるいは社会的側面を中心とする研究，企業の意思決定研究など非常に広範囲に展開している．

⑥ 数理学派

マネジメントを数学的モデルおよび数学的過程の体系として理解する学派を数理学派とよんでいる．とくに OR（オペレーションズ・リサーチ）やマネジメン

図表 1-1　組織イメージと管理者イメージの変遷

	組織イメージ	組織の見方	管理者の見方
古典的管理論	機械(マシーン)	決められた目標を達成するために管理者によって設計され造られた「機械（マシーン）としての組織」	機械（マシーン）としての組織を設計して創りあげ操作するエンジニア
新古典的管理論	有機体	変化する環境に適応すべく必要な諸機能を達成するような「生きたシステムとしての組織」	適応システムとしての組織の相互に関係する部分
近代的管理論	文化	共有価値や伝統や慣習を通じて，人間共同体によって創られ維持されている「意味のパターンとしての組織」	組織のシンボルになりうる人工物
現代的管理論	コラージュ	新しいものの見方を創り上げる複数の知識や理解から構成される「コラージュとしての組織」	理論家 芸術家

出所）Hatch, M. J., *Organization Theory,* Oxford University Press, 1997, Table2.4 を参考に作成

ト・サイエンスを中心に，複雑な経営現象を解明する道具として数学的手法を用いることが強調される．

　こうした学派分類は，クーンツ以降も多くの研究者によって試みられた．より仔細で細かい学派分類もあれば，より包括的な学派分類もみられる．ただ管理問題に対する多様な接近方法を基準に，これまでの研究の流れを学派として分類するだけでは不十分である．むしろ経営管理に固有の方法についての学派分類が考えられるべきである．以下では，組織や管理者（マネジャー）をどのように考えるか，という視点から経営管理の発展を考えてみよう．

（佐々木利廣）

第5節　組織と管理者のイメージと経営管理論

　経営管理論の発展は，組織や管理者（マネジャー）をどのようにみるかについての変化の歴史でもあった．経営管理の場としての組織や経営管理の主体としての管理者に対して，これまでどのようなイメージを抱いてきたのだろうか．

　たとえば，組織を宮殿としてイメージする場合と，組織をテントとしてイメージする場合とでは，どのような違いがあるのかを考えてみることにしよう．宮殿とテントという2つの言葉からイメージする組織像はまったく異なる．長期継続的に場所が確保され環境状況もコントロールされているような状況では，環境変化を予測しそれにフィットするような組織をつくることが基本になる．これが組織を宮殿と考えるイメージである．確かに環境が同質で安定しているときには，固定的でピラミッドのような頑丈で強力な宮殿の組織デザインが最適である．

コラージュとしての組織

「盲目の男たちと象」という寓話からもわかるように，これまで提示されてきたさまざまな視点やパースペクティブは現実の現象の一部分を強調している場合が多い．これまでの管理論の多様なアプローチを評価しながら，そのアプローチの一部を利用することで管理論や組織論の新しい考え方を提起しようとする流れがある．複数の知識や理解から構成される「コラージュとしての組織」を前提にした考え方である．

　しかし外部環境が複雑で変化の激しい場合には，一時的にテントを張りながら不要な荷物はそこに残して軽装で行動することが求められるようになる．これが組織をテントと考えるイメージである．すなわち，環境の微妙な変化を察知し適切な対応がとれるような機動的組織であり，自ら組織を再設計しながら変革できる能力をもった柔軟な組織である．環境が安定しているときは，組織を宮殿としてデザインし，環境が変化しているときは組織をテントとしてデザ

インすることが，長期的な成果につながるといえる．組織を宮殿とみるかテントとしてみるかは，ほんの一例であり，経営管理論が発展していく中でさまざまな組織の見方や管理者の見方が登場してきた．

(1) 古典的管理論

古くはウェーバーの官僚制に始まり，テイラーの科学的管理論，ファヨールの管理過程論，さらには管理過程論とよばれる学派はこの範疇にはいる．組織を「職務に基づく権限と責任のシステム」と考え，職務体系としての組織をどのようにデザインし運用していくかが第一義的課題であった．管理者の役割も，機械としての組織を効率的に操作することで最小のコストで最大の成果をあげることが1番の目的になる．職務遂行の主体である作業者は，心（heart）も頭脳（head）ももたないマシーンと考えられており，唯一給与という金銭的インセンティブに動かされていると考える．まさに機械（machine）としての組織であり，エンジニアとしての管理者であり，手（hand）としての作業者である，という見方であった．

(2) 新古典的管理論

ホーソン実験を契機に発展した人間関係論や行動科学，さらには産業人道主義者のモチベーションやリーダーシップの理論はこの範疇にはいる．組織を感情や情緒など非公式的側面の集合と考え，また，感情や情緒でつながった小集団の重複として組織を考える．組織を生きた人間の集合と考えると，管理者はそうした生きたシステムを維持発展するためにソフト・マネジメントやハイタッチ・マネジメントを行なうことになる．また職務遂行の主体である作業者は，手（hand）としての側面以外に，心（heart）としての側面をもつと考えることができる．まさに感情の動物としての人間観である．

(3) 近代的管理論

　バーナードを嚆矢に，サイモンやマーチなどの意思決定論，ウェイクの組織化論，組織文化論，などがこの範疇に入る．パラダイムや共有価値を基本にして結びついた意思決定のパターンあるいは意味のパターンとして組織を考える．

　組織を意思決定のモザイクあるいは解釈システムと考えると，管理者はそうした合理的意思決定を促進したり，意思決定の制約を取り除く促進者として行動することになる．また意思決定の主体である作業者は，自らの価値観や判断基準をもとに，自ら考え自ら問題解決を目指して合理的意思決定を行なう主体性をもった人である．このように，手としての側面や心としての側面以外に，頭脳（head）としての側面を重視するのが近代的管理論の特徴である．

(4) 現代的管理論

　これまでの古典的管理論，新古典的管理論，近代的管理論などの考え方や視点をある一定の考え方のもとに統合しながら新たな視点や見方を創造していくような理論の流れがある．1990年代に入って，さまざまな分野でポストモダニズムの流れが生まれているが，経営管理論の領域でもポストモダンの管理論や組織論が注目されるようになった．

　この考え方をもとに組織をコラージュ（collage）としてみるとはどういうことかを考えてみよう．コラージュとは，シュールレアリスムの一手法であり，画面に紙・印刷物・写真などの切抜きを貼り付け，一部に加筆などして構成する貼り付け絵のことである．広告やポスターにも広く応用されている手法である．画面に紙・印刷物・写真などの切抜きを貼り付けるように，これまで提示されてきたさまざまな視点やパースペクティブの価値を評価しながら，その視点やパースペクティブの一部を利用することで管理論や組織論の新しい考え方を提起しようとする流れがある．そこでは，複数の知識や理解から構成される「コラージュとしての組織」が前提にあり，管理者はコラージュの作者として

の芸術家のイメージである．

「盲目の男たちと象」という寓話がある．6人の全盲の男たちが象を撫でて，脇腹にふれた男は象を壁と評し，牙に触れた男は槍と評し，鼻を触った男はヘビと評し，ひざを触った男は木と評し，耳に触れた男はウチワと評し，最後にしっぽをさわった男は象を縄と評した．それぞれ正しいところもあるが，またどれも間違えていることを示した話である．古典的管理論，新古典的管理論，近代的管理論という経営管理論の歴史も，この寓話と同じである．こうした複数の管理論をどのように統合し，どのようにして複合的視点（multiple perspectives）をもつことができるかが重要である．

（佐々木利廣）

参考文献
三戸公『現代の学としての経営学』文眞堂　1997年
山本安次郎，加藤勝康編『経営学原論』文眞堂　1982年
藤芳研究室編『ビジョナリー経営学』学文社　2003年
雲島良雄『経営管理学の生成』同文舘　1964年
塩次喜代明・髙橋伸夫・小林敏男『経営管理』有斐閣　1999年
髙柳暁・飯野春樹編『新版経営学(2)管理論』有斐閣　1991年
Hatch, M. J., *Organization Theory,* Oxford University Press, 1997.

第2章
経営管理の古典理論

第1節　テイラー理論の誕生

(1) 経営学前史と科学的管理法

　現代経営管理論の起源は比較的浅く，20世紀初頭のアメリカにあるといわれる．その基礎を築いたのが，経営管理の始祖のひとりと称されるテイラー (Taylor, F. W., 1856-1915) であり，彼の提案した「科学的管理法 (scientific management)」にみることができる．まずは，この科学的管理が提案された時代背景を検討してみたい．

　19世紀の後半，南北戦争 (1861～1965年) が終結した後のアメリカは，混乱の時期であった．しかしながら，産業社会においては群雄割拠の時代ともいわれるように，数かずの大企業が勃興する時代であった．いわゆる産業革命 (industrial revolution) が起こった時期である．

　もちろん，イギリスではじまった産業革命の波はアメリカに押し寄せ，この時期，アメリカで数々の革新的技術が発明されている．たとえば，ベル (Bell, A. G.) は電話を発明し，エジソン (Edison, T.) は電球を発明し，ディリエ兄弟 (Duryea, Charles & Frank) はガソリン車の走行に成功した．また，実業界での大成功により大富豪となった人物もこの時期に多く輩出されている．カーネギー (Carnegie, A.) は，五大湖から鉄を運搬するために，船舶，鉄道，炭鉱を次つぎと手に入れ最大のスチール会社を築き上げた．ロックフェラー (Rockefeller, J. D.）は，油田の発掘や石油の精製を行ない，さらに精製された石油を運搬するために，鉄道やパイプラインも買い取って，石油会社の先駆け的存在となった．

このような背景は，当然のことながらアメリカ国内の経済に影響を与えるとともに，名実ともにアメリカはヨーロッパの先進工業国を抜き，世界最大の工業力をもつにいたったのである．

この時期，経済の急速な成長に対応して，工業化が急速に進んでいったのであるが，急速な工業化の背景には，大量生産体制の普及による生産規模の拡大があった．ここで，企業経営において，いかに能率を上げることが可能かという，アメリカ経営学の中心的課題ともいうべき「管理（management）」の問題がクローズアップされるようになったのである．

ところが，大量生産体制の普及は，経営者による企業内部のチェックをむずかしくしたと同時に，増大する業務は方向性を失い混乱に陥るなど数かずの問題を招いてしまった．こうした問題を解決するためにテイラーは，管理を科学的に実施すべきであると主張したのである．

(2) テイラーの経歴と業績

1856年3月20日，テイラーは，アメリカ合衆国のフィラデルフィアに生まれた．幼少時代を海外で教育を受けるといった恵まれた環境で育ち，大学を受験すべく名門のエクセター予備校（Philips Exeter Academy）に入学することになる．1874年，努力の甲斐あって，弁護士である父の跡を継ぐためにハーバード大学法学部に無事合格するも，受験勉強による過度の視力低下のため，大学での修学を断念せざるをえなくなるに至り，テイラーは実業界への道を選んだのであった．

1874年，テイラーは地元の小さなポンプ工場に入社し，4年間の木型工，機械工を経たあと，1878年にミッドベール製鋼会社（Midvale Steel Company）に未熟練工として入社し，13年間勤務した．ここでは，工場内の原価時間係

から,機械工,組長,職長,工場維持職長,設計事務所長,技師長と数かずの役職を経験し,管理者としてのキャリアを積み上げ,1890年に同社を退社した.1893年に Notes on Belting『ベルトの使い方』を,1895年に A Piece Rate System, Being A Step Toward Partial Solution of Labor Problem『ひとつの出来高給制度』を発表した.

1897年,テイラーはベスレム製鋼会社(Bethlem Steel Co.)に顧問として就任,1901年の同社退社後は,1903年に Shop Management『工場管理』,1911年に The Principals of Scientific Management『科学的管理の原理』を著すなど,著述,講演,コンサルティングに専念し,科学的管理の国内外普及につとめることとなる.1915年,生誕の地フィラデルフィアにて永眠,享年59歳であった.

このように,テイラーは管理者ならびに経営者を歴任し,彼自身の長年にわたる経験に裏打ちされた研究・実験から,「科学的管理法」を生み出した.

テイラーが科学的管理法を提案するに至った背景として,当時の企業が抱えていた問題は大別して次の3つに集約される[1].

第1に,経営者が工場において極めて重要とされる生産性に対してまったく興味を示さなかったこと.第2に,労働者たちによる意識的かつ集団的サボタージュ,いわゆる「組織的怠業(systematic soldiering)」が横行していたこと.第3に,経営・管理の問題は,労働者と経営者の双方の満足を実現するべきものであるにも関わらず,現実は乖離したものであったことである.

テイラーの科学的管理法は,19世紀末から20世紀初頭にかけて,アメリカでみられた経営の大規模化・生産の合理化に対して,どのように管理すべきかという問題に正面から取り組んだものであった.科学的管理法を具体化する課業管理,時間研究,動作研究,差別出来高給制度,職能別職長制度をまとめて,「テイラー・システム(Taylor System)」とよんでいるが,このテイラー・システムこそが,彼自身の経験のなかで培われた管理の研究・実験の成果そのものなのである.テイラーは,後に「科学的管理の父(The Father of Scientific Management)」とよばれ，その功績を称えられることとなったのである．

(當間正義)

> **組織的怠業**
>
> 19世紀後半当時の労働者たちは，知的・経済的に劣っている者が一般的であった．労賃は日給制であり，仕事の速度や量は労働者に任されていた．彼らの作業能率を経営者に知られると失業の恐れがあり，作業能率を上げると賃金の減少につながる．それゆえに労働者は組織的に自己の作業を怠るようになった．つまり組織的怠業とは，労働者の意識的かつ集団的サボタージュである．

第2節　テイラーの科学的管理法の内容

(1) 課業設定の意義

　前述した3つの問題のうち，テイラーがもっとも重視したのは，労働者の意識的かつ集団的サボタージュである「組織的怠業」である．敬虔なプロテスタントであるテイラーは，その解決に精力的に挑むとともに，このことが科学的管理法を提案する契機となった．

　テイラーは，この組織的怠業を解決するにあたり，その原因を究明することに努めた結果，自分たちの作業能率を経営者に知られることが，自分たちの失業の機会を生み出してしまうという誤った考えを労働者が有していることに気づいたのである．すなわち，仕事に精を出し，作業能率を上げてある一定の成果を出してしまうと，それが基準となってしまい，賃率を下げられてしまうのではないか，さらに失業に至ってしまうのではないか，という懸念を労働者はつねに心に抱くようになったのである．それゆえ，労働者は組織的に自分たちの作業を怠るようになってしまったのである．

この組織的怠業を解決することを目的に，これまで工場で行なわれてきた管理方法を見直す作業から着手した．従来の管理方法は，経験に基づき，親方とよばれる熟練労働者が恣意的に管理する「成行管理（drifting management）」であった．当時の賃金が日給制を基礎としていたこともあり，作業の速度は労働者の意の向くままに増減されていたのである．まさに労働者の経験と勘に頼った管理であった．

　組織的怠業にみる労働者の誤った考えや従来の管理方法であった成行管理に対して，テイラーは仕事の内容と量について労使双方の思惑から分離し，科学的根拠をもって標準値を設定することによって，客観的に管理する方法を提案しようと考えたのである．そしてこのことによってテイラー自身がもっとも優れた管理方法であると考えた「高い賃金と低い労務費」が達成されるのであり，これが「課業管理（task management）」にほかならない．

課業管理

　テイラーは，労働者の組織的怠業に対する解決策として課業管理を考案した．これは，動作と時間を研究することにより，客観的基準を設定して管理する方法である．一流労働者を基準に取り，1日の作業量を動作ごとに観察し，分析して要素単位を設定する．これをストップ・ウォッチで時間を計測し，1日の標準作業量を設定して労働者を管理しようとするものである．

---

(2) 工場管理論の内容

　テイラーが提案した課業管理は，次の4点に集約される．①大きな1日の課業，②標準的な諸条件，③成功に対する高賃金の支給，④失敗に対する低賃金の支給，である．

　①と②の原則は，「時間研究（time study）」と「動作研究（motion study）」による課業の形成を意味する．最速労働者（一流労働者）の1日に行なっている作

業を観察し，動作を要素ごとに分析した．より具体的には，ストップ・ウォッチを用いて，作業の時間を測定し，作業ごとに記録して標準的な作業の量すなわち課業（task）を設定したのである．

この時間研究と動作研究により科学的に設定された標準的な作業量に基づいて，労働者に支払われる賃率が設定された．この賃金制度は，③や④の原則によるものであり，「差別出来高給制度（differential piece rate system）」とよばれる．この差別出来高給制度とは，仕事の出来高に応じて支払われる賃金制度であり，時間賃金や日給賃金と本質的に異なるものであり，いわば出来高給制度の一種とみなすことができる．単位賃率に出来高を乗じて賃金額が計算される単純出来高給制度が存在しているが，これは出来高に比例して労働者の所得は増大させることを意図したものであり，この方式では，結局のところ雇用者側が増大する労務費の削減を行なうために賃率を下げることとなり，組織的怠業を根絶させるまでには至らなかった．

これに対し，テイラーは新たに差別出来高給制度を提案した．差別出来高給制度の大きな特徴は，テイラーの課業管理の4つの原則の③と④に基づくものであり，高賃率と低賃率の異なる賃率からなる賃金制度であるということである．高賃率か低賃率かの基準は，標準的な作業量である課業を達成したか否かであり，③と④の差別出来高給制度は，①と②による課業にあってはじめて成立するものなのである．

テイラーによれば，差別出来高給制度の実施は，次に挙げる3つの効果が期待されるとした．まず第1に，当該作業に適した工員のみが残る．第2に，平均能率給が引き上げられ，工場全体が活発になる．そして第3に，労使の協調姿勢が高められる．

課業管理とそれに基づく差別出来高給制度は，企業あるいは工場のさまざまな業務活動に実践することにより，当然のごとく管理機構すなわち管理組織が必要となってくる．それが職能別職長制度（functionalized foremanship）である．

当時の一般的にみられる管理組織の形態は，テイラーが「軍隊組織」とよぶ

ライン組織（line organization）であった．ひとりの職長や組長があらゆる仕事に関して労働者に指示・命令を与えるライン型の組織は，企業の規模が小さいときには問題はないが，企業の規模が大きくなるにつれて，職長や組長が増え，経営者から労働者までの指示・命令の系統は長くなるばかりであり，経営者の目が組織の末端まで十分に行き届かなくなってしまうとともに，企業の規模が大きくなるにつれて，仕事も複雑多岐にわたるようになるため，あらゆる仕事に関して労働者に支持・命令を与える管理者の負担は過重となってしまう弊害を有していた．

そこで，テイラーは職長や組長を計画と執行に分け，計画を担当する職長や組長については，現場から切り離して計画部または設計部門の中で専念させるとともに，計画部や設計部門から指導票などの文書が現場に出され，執行を担当する職長や組長が文書に従い，労働者に指示・命令を与えるという指示系統の明確化を図った．

また，計画機能と執行機能をさらに細分化させ，それぞれ職長や組長が専門的に仕事に取り組めるようにするとともに，管理者の負担を軽減し，さらには複雑多岐にわたる業務活動を細かく分けることで，管理者の養成を容易にした．テイラーは，具体的に図表2-1のように，計画に関係する4つの職能と執行に関係する4つの職能に専門化させ，生産工程に即してそれぞれの職長や組長を置いた．労働者にとって指示・命令は，ひとりの職長や組長ではなく，仕事の種類に応じて複数の職長や組長から受けることとなる．

この職能別職長制度に関する管理上の特徴は，次のような点に整理できる．第1に，管理は作業そのものから完全に区分されるようになったこと．第2に，作業管理の支配権が完全に管理者側に集中したこと．第3に，現場職長は，計画部で作成された指導票に即して労働者を監督するようになり，従来の「親方的」職長とは性格的に異なる管理方法を確立できえたこと．第4に，労働者と職長の不熟練化を促すこと，である．

以上のように，工場管理において問題となっていた組織的怠業に対して，テ

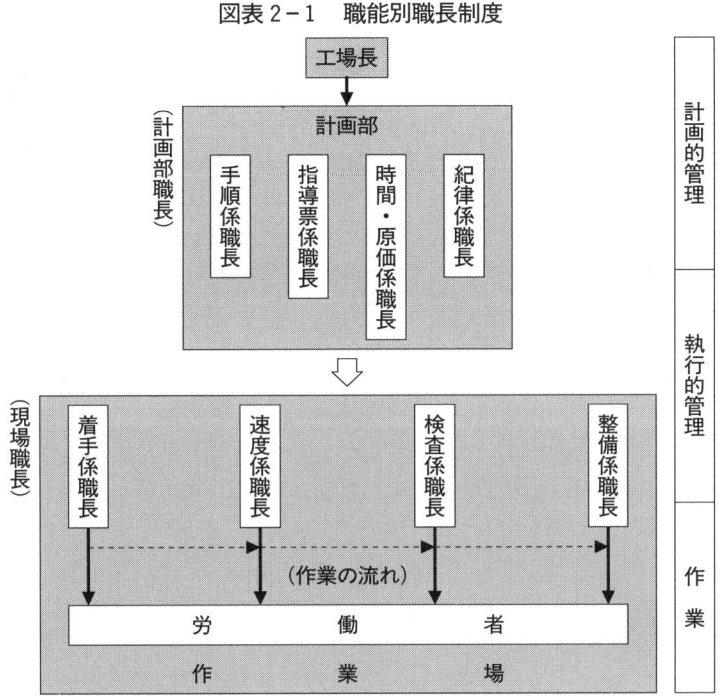

図表 2-1　職能別職長制度

```
                    工場長
                      ↓
(計画部職長)     ┌─────計画部─────┐     計画的管理
              │ 手  指  時  紀        │
              │ 順  導  間  律        │
              │ 係  票  ・  係        │
              │ 職  係  原  職        │
              │ 長  職  価  長        │
              │     長  係            │
              │         職            │
              │         長            │
              └──────────┬──────────┘
                         ⇩
(現場職長)     ┌──────────────────┐    執行的管理
              │ 着   速   検   整    │
              │ 手   度   査   備    │
              │ 係   係   係   係    │
              │ 職   職   職   職    │
              │ 長   長   長   長    │
              │ ↓    ↓    ↓    ↓   │
              │    (作業の流れ)       │
              └──────────┬──────────┘
              ┌─────労　働　者─────┐    作業
              │    作    業    場    │
              └─────────────────────┘
```

出所）藤芳誠一編著『経営管理学事典（増訂版）』泉文堂　1985年　p.79

イラーは課業管理を提唱するとともに，差別出来高給制度に裏打ちされた課業管理を工場の隅々まで浸透させ，体系的に管理を徹底することを目的として職能別職長制度を提案したのであった．

（當間正義）

第3節　科学的管理法の現代的意義

(1) 「精神革命論」の視点

テイラー・システムが一躍有名になったのは，1910年の東部鉄道賃率事件である．この事件は，バルティモア&オハイオ鉄道をはじめとする東部鉄道会

社と荷主側との間で起きた賃上げに対する反対運動であり，荷主側は鉄道会社の非能率性を非難し，商業委員会の公聴会においてテイラー・システムによる合理化の可能性を証言させるに至った．しかし反対派を代表する弁護士ブランディーズは，テイラーの科学的管理法はむしろ高賃金を実現し賃率を下げられると主張し，これが新聞の見出しとなり，アメリカ全土に広く知れわたるきっかけとなったのである．

テイラーは，東部鉄道賃率事件を契機に『科学的管理の原理』を刊行するなど，企業を啓蒙する社会運動に専心するようになった．テイラーは，『科学的管理』の中で，科学的管理の4大原理を次のように示している．① 仕事の科学を発展させ，目分量方式を改善すること，② 労働者の科学的選択，教育，能力開発，③ 管理者と労働者の密接・有効な協力，④ 仕事と責任とを管理者と労働者に均等に区分して配分すること．そして，1911年8月に起きたウォータータウン兵器廠事件をきっかけとし，「精神革命 (a complete mental revolution)」論へと発展することになる．

ウォータータウン兵器廠の鋳物工のストライキは，テイラー・システムに対する反対運動を拡大させることとなった．議会は「特別委員会」を設置し，テイラーの公聴会における証人喚問を実施した．テイラーは，公聴会において差別出来高給制度，職能別職長制度などはあくまで作業現場の管理技法であり，「科学的管理」の本質ではないと主張した．「科学的管理」の本質は，労使双方が仕事と人間に対して根本的に考え方を変革することにあるとして，これを精神革命論と呼んだ．結局，ウォータータウン兵器廠事件は，労働者と雇用者の主張は保留されることとなった．

(2) 科学的管理法の展開と現代的意義

科学的管理法は，のちに人間関係論の研究者たちが批判したように，労働者を機械視しているといった問題がみられた．しかし，科学的管理法が経営学に与えた影響は大きいものであったといえよう．ここでは，科学的管理法がその

後，どのように展開されたのかについてみてみる．

テイラーの支持者・後継者として科学的管理法の発展に大きく貢献したのが，ガント（Gantt, H. L., 1861-1919）やギルブレス（Gilbreth, F. B., 1868-1924）である．

ガントは，テイラーの「差別出来高給制度」を基礎として，「タスク・ボーナス制度（gantt task bounus system）」とよばれる賃金制度や，「ガント・チャート（gannt chart）」とよばれる工程計画統制システムを提案した．ガントの研究は，現在の日程計画法やスケジューリングにおける，PERT手法（Program Evaluation and Review Technique），ジョブショップ・スケジューリング（Job Shop Scheduling），ライン・バランシング（line balancing）などに大いに活かされている．

ギルブレスは，動作研究の創始者である．彼は時間研究よりも動作研究による作業の合理化が重視されるべきであると主張した．ギルブレスの動作研究は，非常に微細な動作の研究にまで踏み込み，作業における基本動作の一つひとつを記録した一覧表を作成するものである．これは「サーブリック（therblig）」と名づけられ，自らの名前を逆さにしたものであった．このギルブレスの研究は，さらに動作特定を精緻化し，PTS（Predetermined Time Standers）やMTM（Methods Time Measurement）などの動作測定法・用具の開発へと発展していった．

これらの研究は，現代における生産工学（IE: Industrial Engineering）における出発点として位置づけられる．

また，テイラーの科学的管理法は，実業界において実践されている．それは，アメリカ産業の中心をなす自動車産業であり，その生産システムに大きな影響を与えた．なかでも，自動車王として有名なフォード（Ford, H., 1863-1947）は，1906年にT型車（Model-T）を開発するが，当時金持ちだけが所有できた自動車を一般大衆に供給することを可能にするという理念，すなわちフォーディズム（fordism）にしたがって大量生産体制を築いたのである．標準化や移動組立法による大量生産体制を「フォード・システム（ford system）」とよび，これが

のちの自動車王国アメリカの礎になったことは周知のことである．

(當間正義)

第4節　ファヨールと経営管理

(1) ファヨールの経歴と業績

　テイラーが生産現場の作業管理を中心に分析したのに対し，企業組織全体を管理するための理論を構築したのはフランスのファヨール（Fayol, H., 1841-1925）である．ファヨールは，1841年にコンスタンチノープルに生まれ，サンテチアンヌ鉱山学校で学び，鉱山技師としてコマントリー・フールシャムボー鉱山会社に就職した．昇進を重ね，1888年，取締役社長に就任し，30年間経営者としての役割を果たした．この経験から，理論的基礎に基づいた管理の方法の必要性を痛感し，1916年に『産業ならびに一般の管理』（*Administration Industrielle et Génélale*）いう本を出版することで，経営学の基本的，理論的枠組みを提供した．テイラーは作業段階中心であるが経営において科学的方法を導入したとして「経営学の父」と称される一方で，ファヨールは管理教育の必要性を主張した最初の人でもあり，アメリカの経営管理，とくに管理過程学派（management process school）に多大な影響を与え，「経営管理論の真の父」と称されている．さらに，ファヨールは，その書名が示すように，企業の経営管理を対象としながらも，他のあらゆる経営体（商業，政治，宗教など）にも適用しうる，いわゆる経営管理の一般理論の基礎を築いたのである．

(2) 経営活動の内容

　ファヨールは，まず企業は本質的に以下の6つの活動を行なっているものと考え，これらの活動を企業の目的達成に向けることが経営機能であると主張した．

① 技術活動（生産，製造，加工）
② 商業活動（購買，販売，交換）
③ 財務活動（資本の調達と運用）
④ 保全活動（財産と従業員の保護）
⑤ 会計活動（棚卸，貸借対照表，原価計算，統計など）
⑥ 管理活動（計画，組織，命令，調整，統制）

　ファヨールによると経営するということは，企業目的を達成すべく経営資源を最大限にいかし，利益を生み出そうと努力しながら事業を営むことであり，①から⑥の活動を円滑に進めることである．①から⑥の経営活動は並立的な存在であり，管理活動も経営活動のひとつにしかすぎない．しかし，経営活動のうち，専門活動とよばれる①から⑤の活動が材料や機械といった「モノ」を扱うのに対して，⑥の管理活動は「ヒト」を扱う点で異なった存在である．

(3) 管理活動の特徴

　ファヨールによれば，管理活動は計画，組織，命令，調整，統制の5つの管理要素（機能）から構成されているという．
① 計画（将来を見通して，活動計画をたてること）
② 組織（計画にそって，職務を割り当てること）
③ 命令（各人が職務を遂行すべく配慮すること）
④ 調整（すべての活動を結合し，統合し，調和させること）
⑤ 統制（計画どおりに活動が進んでいるかチェックをすること）

　そしてこれらの要素は，計画→組織→命令→調整→統制……という過程をなしているとする．
　この考え方は，現在のマネジメント理論のもっとも基本とされるマネジメント・サイクルに大きく影響した．もっとも簡単な形で表わせば，プラン(plan)→ドゥ(do)→シー(see)とされるマネジメント・サイクルは，まず計

図表2-2　経営者および従業員に必要な諸能力の相対的重要性（Ⅰ）

担当者の種類	能力						価値総計
	管理的	技術的	商業的	財務的	保全的	会計的	
大規模工場							
労　　　働　　　者………………………	5	85			5	5	100 (a)
職　　　　　　　長………………………	15	60	5		10	10	100 (b)
係　　　　　　　長………………………	25	45	5		10	15	100 (c)
課　　　　　　　長………………………	30	30	5	5	10	20	100 (d)
技 術 部 長………………………	35	30	10	5	10	10	100 (e)
取　　　締　　　役………………………	40	15	15	10	10	10	100 (f)
多数工場複合体							
取締役社長………………………	50	10	10	10	10	10	100 (g)
国営産業							
大　　　　　　　臣………………………	50	10	10	10	10	10	100 (h)
総 理 大 臣………………………	60	8	8	8	8	8	100 (i)

出所）ファヨール著，山本安次郎訳『産業ならびに一般の管理』ダイヤモンド社　1985年　p.16

画を立て，それを実行して，結果を見直し，次の計画に反映させて，また実行し，結果を見直す，という過程を循環させる．この過程を経ていることをマネジメントととらえる管理過程学派（management process school）の始祖がファヨールである．

(4)　ファヨールの法則と管理教育

　ファヨールは，管理職能と他の5つ（技術，商業，財務，保全，会計）の作業職能とを明確に区別したが，経営者だけでなく，従業員を含めた組織のメンバー全員が管理職能を担当すると考えている．たとえば，技術者は，技術職能だけではなく管理職能をも含めて遂行しているのである．

　しかし，メンバーに要求される能力は，担当する職務，メンバーの地位や経営の規模などによって相対的に重要性がかわってくる．これをファヨールの法

図表2-3　経営者および従業員に必要な諸能力の相対的重要性（Ⅱ）

経営者の種類	能力						価値総計
	管理的	技術的	商業的	財務的	保全的	会計的	
零細事業経営者	15	40	20	10	5	10	100 (m)
小規模事業経営者	25	30	15	10	10	10	100 (n)
中規模事業経営者	30	25	15	10	10	10	100 (o)
大規模事業経営者	40	15	10	10	10	10	100 (p)
超大規模事業経営者	50	10	10	10	10	10	100 (q)
国営事業経営者	60	8	8	8	8	8	100 (r)

出所）ファイヨール著，山本安次郎訳『産業ならびに一般の管理』ダイヤモンド社　1985年　p.17

則とよんでいる．

　たとえば，ファヨールは，大規模な産業企業の従業員に必要な諸能力の相対的重要性を図表2－2のようにあらわした．これによると，下位者に必要な主要能力は，当該企業に特徴的な作業能力（この図表では，工場などのメーカーを想定しているので技術能力となるが，スーパー，デパートなどの流通業であれば商業能力，銀行を代表とする金融機関であれば財務能力が該当する）であるが，上位者に必要な主要能力は管理能力であることがわかる．つまり，メンバー全員が管理能力と作業能力との両方の能力が必要であるが，その割合は職位によって変わってくる．組織の階層を登るにつれて，必要な能力の相対的重要性が管理能力に移ってくることを意味している．

　また，図表2－3は，あらゆる規模の産業企業の責任者に必要な諸能力の相対的重要性を表わしたものである．これによると，企業規模が拡大するにつれて，責任者の管理能力の相対的重要性が増大し，作業能力の相対的重要性が減少することが表されている．

　ファヨールは，このような組織メンバー全員に必要な管理能力を身につけさせること，すなわち管理教育の重要性を唱えたのである．そして管理教育は，人びとの経験によって検証された管理の原理・原則を学ぶことによって可能で

あると考えた．このようにすればうまく経営できるという，いわば道標が経営には存在すると考えた．この道標が管理原則である．

(福田好裕)

第5節 ファヨールの管理原則論

(1) ファヨールの管理原則

ファヨールは，管理能力が実務の経験によって獲得されるものであっても，それ以前に学校教育によって教育しうる，教育すべきであると主張する．しかし，経営管理の一般的原理の欠如が原因で，管理教育は行なわれていないとしている．つまり，管理教育には，経験によって検証され証明された原則・基準・方法・手続の体系という一般原理が不可欠なのである．ファヨールの管理原則は，このような観点から提示されたものであり，管理能力を育成する場合の一般的基準である．もちろん，この管理原則は，経営管理を実際に遂行する場合の人びとが準拠すべき一般的基準でもあるが，それはけっして絶対的なものでもなく厳密なものでもない．そこで，ファヨールは，管理原則を灯台にたとえて，船が航路を確認するために灯台があるように，管理原則は経営の方向づけを可能にするものであると主張した．

ファヨールは，自分がもっともよく用いた管理の一般原則として次の14をあげている．

① 分業の原則（仕事は分業化して行なうこと．それに応じ権限は分割される）

② 権限と責任の原則（権限とは命令権力であり，責任とは権限に付随する賞罰である．基本的に両者は一体であるが，責任の確定は困難である．したがって，管理者は責任をとる勇気をもつ人びとでなければならない）

③ 規律の維持の原則（企業と従業員を明確に結びつける規律を設けること）

④ 命令の一元性の原則（命令はひとりの責任者から受けること）

⑤ 指揮の一元性の原則（ひとりの責任者とひとつの計画のもとに指揮されること）
⑥ 個人的利益の一般的利益への従属の原則（従業員の利益よりも企業の利益を優先させること）
⑦ 報酬の原則（報酬は労使双方が満足する形で公正でなければならない．唯一絶対の報酬制度は存在しない）
⑧ 権限の集中の原則（分業によって分権化された権限は他方において集中させなければならない．分権化と集権化は程度の問題である）
⑨ 階層組織の原則（組織は権限階層に即して形成される）
⑩ 秩序の原則（適材適所の原則）
⑪ 公正の原則（従業員が熱意と積極的貢献を示すためには，公正の意識が浸透していなければならない．そのためには，協約の実現，そして親切と正義に基づく従業員の取り扱いが要求される）
⑫ 従業員の安定の原則（適正な配置転換）
⑬ 創意の気風の原則（知的活動を大事にし，従業員に創意工夫を励行させる）
⑭ 従業員の団結の原則（文書連絡を乱用したりして従業員の心を離反させ，団結力を弱まらせてはならない）

これらの管理原則について，サイモン（Simon, H. A.）は，
① 用語にあいまいさがあること
② 管理原則間に矛盾があること
③ 状況のちがいに応じて適用する管理原則が明確になっていないこと
という問題点を指摘している．

その意味で，管理原則は理論として不十分であるといわれている．ファヨール自身も管理原則が絶対的なものではないと述べ，管理原則の役割を灯台と船のたとえで説明している．すなわち，管理原則は，経営管理の方向を与えてくれるという点で灯台の役割を果たすが，灯台が航路を知っている人びとだけを案内できるように，経営管理を心得た人のみが役立てられるもので，けっして万能薬ではないのである．

⑵ ファヨールの管理手法

　管理の原則が提示されたとしても，管理を実際に遂行するための方法がなければ，原則はその効力を十分に発揮できない．ファヨールは管理過程にそって管理原則を実現する具体的な手法についても言及している．

　① 活動計画（計画）

　活動計画は，合理的に経営管理を行なうために不可欠である．活動計画とは，具体的には，目標とされる成果や活動方針，克服されなければならない問題点，用いられる手段の選択を含む将来像である．経営資源や事業の性格，将来の見通しを記すものである．活動計画を活用するために経営者には部下を扱う技術，活動力，道徳的勇気，安定的な施策，職業的能力，事業に関する一般知識が必要であり，優秀な活動計画には，統一性（整合性），継続性，弾力性，正確性が必要である．

　② 組織図と参謀（組織）

　ファヨールによれば，企業を組織するということは，ヒト・モノ・カネの経営資源を企業に備えることであり，その具体的な形は組織図で表される．組織図は，一見して組織の全体像がつかめ，部門とそれらの範囲が明瞭になっており，階層組織の段階的地位を容易に把握できるものが望ましい．

　参謀またはスタッフとは，全般的経営管理者に対して，専門的見地から補助・助言・援助を行なう者である．企業には，秘書，顧問，企画室などの個人または集団のスタッフが存在する．これらスタッフの機能の重要性を指摘している．

　③ 架　橋（命令）

　命令については，命令の一元性の原則と階層組織の原則から，組織が大きくなればなるほど，コミュニケーションの経路が必然的に長くなり，仕事の実行スピードが遅くなってしまうという短所をもっている．これを解決する方法として，ファヨールは架橋という具体策を提案している（図表2-4参照）．上司

を頂点とする三角形の底辺の部下同士が必要に応じて直接，協議・決定できる架橋を設ければ，階層を昇り降りする無駄がなくなるのである．

また，命令を発する管理者には，部下について研究すること，能力のない者は思いきって解雇すること，労働協約について理解しておくこと，自ら手本を示すこと，組織図を定期的に見直すこと，会議と報告をうまく利用すること，従業員を活性化し，創意工夫をもたせること，の必要性を説いている．

④　部課長会議（調整）

ファヨールは，セクショナリズムによって部門間の調整がとられていない問題を指摘し，克服策として部門責任者による部課長会議を奨励し，会議開催が困難な場合は連絡係制度によってかえられなければならないとしている．連絡係の最適者は社長であるとも述べている．

⑤　統制係（統制）

統制はおのおのの部門管理者によって行なわれるが，統制範囲が広範にわたり，統制の仕事が増大し，複雑化した場合には，統制に関する専門家，すなわち統制係が必要になる．

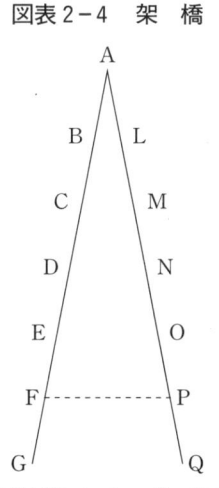

図表2-4　架　橋

```
              A
           B     L
          C       M
         D         N
        E           O
       F-----------P
      G             Q
```

出所）ファィヨール著，山本安次郎訳『産業ならびに一般の管理』ダイヤモンド社　1985年　p.57

(3) 管理過程論の特色と限界

　以上がファヨールの管理過程論に関する概要である．ファヨールの関心は，企業活動の全般的な計画を作成し，メンバーを組織化し，実行のゴーサインを発し，努力を調整し，全体の活動をコントロールするという管理的職能にある．この過程を正しく踏めば，よりよい経営が行なえる．もしうまくいかないとすれば，この過程のそれぞれの場面に立ち返って分析・考察し，次の計画に反映させていくという，管理過程論あるいは管理過程学派の祖を築いたのである．そして，管理的職能以外の他，経営を構成する，技術，商業，財務，保全，会計の5つの職能が材料と機械に働きかけるのに対して，管理的職能は従業員に働きかける．人間の組織の管理を明確に意識していたのである．さらに，原則論を展開することによって，教育可能な規範理論を展開し，その具体的な方法まで提示している．ファヨールの考えたような経営管理論は，やがてアメリカで急速に普及し，より教科書的に整理されて経営学教育に用いられるようになる．

　しかし管理過程論に対しては，ファヨールの提示した計画，組織，命令，調整，統制といった管理職能ならびに，その後の過程論を展開した論者によって，なにを管理職能あるいは管理要素に選ぶのかに関する統一的見解がなく，管理過程論は，理論的根拠が不十分で，科学的・経験的実証性に欠けるとの批判も多い．

　また，管理原則に対しても，上述のサイモンの批判のように，絶対的な経営の法則ではなく，単なる道標あるいはチェックリストに過ぎないのかもしれない．しかし，他の規範論と同様に，経営の実態に即して展開されれば，一定の条件を満たす限りにおいて，有益でありえる．

（福田好裕）

注

　Henri Fayol の苗字のカタカナ表記に関しては，山本訳書では，「ファィヨール」

としており，その他，「ファイヨール」「フェイヨル」「フェィヨール」なども使われているが，ここではもっとも広く使用されている「ファヨール」に統一して表記した．

参考文献
北野信利『経営学説入門』有斐閣新書　1977年
車戸實編『新版　経営管理の思想家たち』早稲田大学出版部　1987年
佐々木吉郎編『経営学全集（ビジネス・マネジメント）』青林書院　1960年
テイラー，F. W. 著，上野陽一訳・編『科学的管理法（新版）』産業能率出版部　1957年
山本純一『科学的管理の体系と本質』森山書店　1986年
Fayol, H., *Administration Industrielle et Générale,* Dunod, 1918.（山本安次郎訳『産業ならびに一般の管理』ダイヤモンド社　1985年）
藤芳誠一編著『経営管理学事典　増訂版』泉文堂　1989年
藤芳誠一監修『最新経営学用語辞典』学文社　1995年
藤芳誠一編著『ビジュアル基本経営学』学文社　1999年
藤芳誠一監修『新経営基本管理』泉文堂　2000年

第3章
経営管理の新古典理論

第1節　前期人間関係論生成の背景とその展開

(1)　前期人間関係論生成までの社会的・理論的背景

　経営管理における人間的な側面に研究の焦点があてられたのは，1927年4月から1932年5月までの5年間に渡り，アメリカの電話機製造のウエスタン・エレクトリック社で実施されたホーソン工場での実験に始まる．その研究は，「ホーソン・リサーチ (Hawthorne Research)」として知られ，メイヨー (Mayo, G. E., 1880-1949)，レスリスバーガー (Roethlisberger, F. J., 1898-1974)，ディクソン (Dickson, W. J.) らによって，前期における「人間関係論 (Human Relations)」として理論体系が構築されてきた．

　この「人間関係論」は，前期人間関係論としての「ホーソン・リサーチ」を中心に構築された理論と，組織における人間行動をテーマとする「行動科学」としての後期人間関係論に一般的に区分される．

　まず，前期人間関係論としての「ホーソン・リサーチ」が生成するまでの社会的・理論的な背景を，20世紀初頭の経営管理の理論と実践の変遷を概観することにより確認していくことにする．

　①　経営管理における人間的側面の序説

　「ホーソン・リサーチ」が始まる以前の経営管理に大きな影響力を与えてきたのは，前章でみてきたテイラーの「科学的管理」であったことはいうまでも

ない．この科学的管理の「課業管理」測定方法である「時間研究」は，経営管理における多くの科学的調査や技法発展の原型として理解され，「科学的管理」を継承するテイラー・システム支持者たちによって，さまざまなアプローチが取られてきた．

まず，テイラーの「科学的管理」の思想を継承するギルブレスは，「動作研究」と「疲労研究」との結合により，作業による疲労の減少から生産性の向上を目指すマネジメントのアプローチ技法を開発し，彼の妻であるリリアン・ギルブレス（Gilbreth, L. M.）の研究は，「マネジメントの心理学」の研究により，夫フランクのマネジメント技法の重要な補完的な役割を果たすとともに，産業における疲労の研究を心理学に結びつけての経営管理における人間的側面の研究アプローチとしての初期の研究として位置づけられる．

また，産業心理学の創始とされるミュンスターベルク（Münsterberg, H.）は，やはりテイラー・システム支持者として，各種の心理テストを用いて人間の行動や能率を測定する技法の学問として発展させた．彼の研究や提言は，その後イギリスのマイヤーズ（Myers, C. S.）などの産業心理学の先駆者たちに継承され，産業疲労や単調感の問題を研究するアプローチとして，人間的側面に関する研究に関心を集める気運をつくるきっかけとなった．しかし，労働と疲労という産業における人間問題を究明し，その応用的な展開を促進するアプローチとしては不十分な点が認識され，心理テストの流行も一時的なものとなった．

さらに，テイラーは，「雇用部」における従業員の選考や解雇，成果の記録等をスタッフの役割として位置づけたが，そのような「雇用管理」の考え方を継承した古典的な人事管理論は，ティードとメトカーフ（Tead, O. and Metcalf, H.）によって展開された．彼らの，人間行動に関する調査を重視した人事管理論は，科学的な選考，配置や訓練等に結合させることにより，人間としての労働者をも問題にすべきことを指摘した点において，先駆的な意義があったと考えられる．

② ウエスタン・エレクトリック社による「照明実験」の試み

そのような時代的な背景の下で，先に確認した前期人間関係論の生成に先立ち，アメリカのウエスタン・エレクトリック社のホーソン工場において，労務担当技師のペンノック（Pennock, G.）を中心として，「産業における作業能率に対する照明の質と量の関係」を考察するために，「照明実験（1924年11月～1927年4月）」が調査研究として実施された．この実施方法として，照度に変化をつけて作業を行なう「テスト・グループ」と，一定の照度のもとに作業を行なう「コントロール・グループ」とに分けて実験が行なわれた．

そして，「照明実験」は，「照明の明るさを高めるならば作業能率は上昇する」という仮説の下に実施されたが，結果は，「テスト・グループ」における照明の照度の変化に関係なく，作業労働者の生産能率は上昇するという，当初の仮説とは異なるものとなった．また，この結果とは無関係に，「コントロール・グループ」の生産能率も上昇を示した．そして，照明の照度と作業能率の間には積極的な因果関係が見出されないまま実験は中止された．

なお，この点について，メイヨーは『産業文明における人間問題』において，「興味ある失敗」と称して，その後1927年4月から開始される「ホーソン・リサーチ」の刺激となったことに触れている．また，レスリスバーガーも『経営と勤労意欲』において，この「照明実験」の結果について，社会的情況下における人間的価値を無視した点を後に指摘している．そして，このウエスタン・エレクトリック社による「照明実験」の失敗を踏まえて，「ホーソン・リサーチ」として各種の実験に受けつがれることになるのである．

(2) 「ホーソン・リサーチ」のスタートとその概要

前期人間関係論の生成の契機となった「ホーソン・リサーチ」は，先にみてきたウエスタン・エレクトリック社のホーソン工場で開始された「照明実験」の失敗を受けて，1927年4月から1932年5月までの5年間の長期にわたって各種の実験が実施されてきた．そして，この「ホーソン・リサーチ」の結果か

ら，ハーバード大学のメイヨー，レスリスバーガーらによる経営管理における前期人間関係論の理論的な形成が図られてきたのである．なお，「ホーソン・リサーチ」の主要な実験は，以下の3つであった．

① 継電器（リレー）組立作業実験（1927年4月～1932年5月）
② 面接実験（1928年9月～1930年9月）
③ バンク配線作業観察実験（1931年11月～1932年5月）

以下に，これらの実験内容およびその経過状況について確認していくことにしよう．

① 継電器（リレー）組立作業実験

この継電器（リレー）組立作業実験室における実験は，「ホーソン・リサーチ」の開始から終了までの1927年4月から1932年5月の約5年間に渡って行なわれてきた．この実験の内容は，各期間を区切ってさまざまな作業条件の変化を加えることにより，6人の女子工員（継電器組立工5人とレイアウト・オペレーター1人）の作業能率との因果関係を観察することであった．具体的には，休憩時間数・回数の増減，100人以上を単位とする集団出来高賃金から6人の集団に対する集団出来高賃金への賃金支払方法の変更，終業時刻の繰り上げ変更による作業時間の短縮，そして軽食の支給および中止などの作業条件に変化を加えることで，生産高や作業能率との関係を，観察記録として残し調査分析したのである．また，この実験において，通常の勤務では禁止されている会話についても，作業に支障がない限りにおいて放任されており，作業中の女子工員の会話なども詳細に観察記録に残されている．

なお，実験の結果は，各期においてさまざまな作業条件の変化を加えてみたが，被験者たちにとってその作業条件の変化が有利になるのと，また不利になるのとにかかわらず，生産能率は向上するという現象を招くこととなった．

とくに，実験開始から約2年間合計13期間に渡って行なわれてきた観察記録から，被験者の心理的態度の変化として，女子工員同士の仲間意識の醸成により友好的関係が深まった点，また，この実験に参加することに対する誇り，

参加意識・責任感などが彼女たちに形成された点等が確認された．さらに，通常の勤務における監督方法とは異なり，実験室における監督方法として，事前に各期に取られる作業条件について女子工員と関係者間の話し合いがもたれており，実質的には観察者以外の監督者は存在していなかったという事実も見逃すことのできない作業条件の要因としてあげることができる．このように，実験の観察記録から確認される感情的・心理的な諸要因により，被験者のモラル（勤労意欲）が高まり，生産能率を上昇させたのではないかという考察が，メイヨーらによって導き出されることとなった．しかし，これらの諸点については，「ホーソン効果」として批判的な見解が加えられる場合がある．

② 面接実験

上記の継電器（リレー）組立作業実験室の第 12 期の実験後，被験者たちの態度や感情の重要性に気づいた研究者たちは，研究方針の転換を迫られた．そして，これまで関心の中心であった物的な作業条件の変化と生産能率との関係よりも，被験者同士の態度や感情を通じての人間関係にその関心が移っていった．このような状況下において，第 2 の実験として，面接プログラムが計画され，継電器（リレー）組立作業実験室と並行して 1928 年 9 月から 1930 年 9 月の 3 年間にかけて実施に移された．

この面接実験は，約 4 万人の全従業員の中から，社内全部門 2 万 1,126 人に対して面接を実施していった．その内訳は，1928 年に検査部 1,600 人，また 1929 年に作業部 1 万 300 人，さらに 1930 年に検査部 514 人，作業部 5,109 人，公衆関係（PR）部 8 人，人事（IR）部 130 人，経理部 637 人，生産部 963 人，技術部 1,166 人，特殊生産部 699 人，となっている．その実施方法は，面接者が一定のルールの下に被面接者に自由に会話をさせ，彼らに不平不満を述べさせるというように進められた．なお，当初面接所要時間は 30 分であったが，面接が進められ，従業員の会社に対する信頼感が増すのにともない，平均の面接時間は約 1 時間 30 分を要した．

結局のところ，面接計画の観察記録から判明したことは，従業員は自分たち

の意見を述べる機会を与えられたことに満足し，それが作業条件や監督方法に反映されることを知り，参加意識の向上をもたらしたという点に要約することができる．たとえば，レスリスバーガーによると，面接担当者が，ある被面接者の食堂の食事についての不平・不満を聞き取った２，３日後に，その被面接者に会った時に食堂の食事が改善されたことを感謝されたという事態が起こったが，実は食堂の食事の改善はその時にはまだ改善されていなかったという逸話を興味深く紹介している．このようにして研究者たちは，この面接調査から新しい人間観また人間行動の理解として，従業員の職場の社会的情況や個人的な来歴・社会経験を踏まえ，改めて彼らの感情（忠誠，誠実，連帯）を切り離して理解することはできないという点を認識するにいたったのである．

③ バンク配線作業観察実験

バンク配線作業観察室における実験は，1931年11月から1932年5月までの期間実施され，その実験内容は被験者たちの作業観察と面接を組み合わせての方法が取られた．また，この実験の仮説としては，これまでの物的な作業条件の変化と生産能率との関係性を確認するものとは異なり，いよいよ被験者たちの態度や感情に焦点を合わせ，彼らの心理的相互作用から生ずる人間関係の本質的な探求を行なうことにその関心が移っていった．

この実験では，14人（配線工：9人，溶接工：3人，検査工：2人から構成される）の男子工員が選ばれ，作業観察室に隔離された．また，観察室には，14人の被験者の他に観察担当者１人と面接担当者１人が配置され，観察担当者が被験者たちの作業を観察してその記録を取り，面接担当者がときどき被験者たちに面接を行なうという方法で実験が進められていった．

なお，この作業観察室に従事する被験者たちには，集団出来高給制度が取り入れられ，おおむね彼らの1日の仕事量を各人が集団で作業して達成する基準としてのレベルが想定されていた．この集団出来高賃金の構造は，個別時間賃率（各自の経験年数・作業能率に基づく）に作業時間をかけた基本給に，グループ全体の生産能率（生産高）に応じた集団奨励金額が追加支給される制度となっ

ていた．したがって，この賃金制度の特徴として，被験者各自の賃金は，自分の個別時間賃率のほかに，他のメンバーの生産能率（生産高）による集団奨励金額によって支給額が影響を受けることになり，メンバー間の協働が必然的に要求される点があげられる．

このような賃金支給制度のもとで，14人の被験者たちは観察室で作業に取り組むという社会的な情況下に置かれたわけであるが，この実験を行なうに当たり，研究者たちはおおよそ以下のような調査の仮説を考えていた．すなわち，研究者たちは，被験者たちにおいて，総生産高を高めるために，作業が速く能率が高い者はそうでない者に対して作業をせき立てるなどの行動をとるというような予想をしたのである．また，合わせて研究者たちは，被験者たちにとって，集団出来高賃金があまり良い印象を抱いていない点などを想定していた．

しかし，このような予想とは逆に，とくに配線工は集団で達成する1日の仕事量を一定水準に維持することに強い関心を示し，生産能率を上げて集団奨励金を増加させることにはほとんど関心を示さなかったということが確認された．また，この実験が進められていくうちに，作業観察室に配置された14人の被験者たちに，大きく2種類のクリーク（派閥）に分かれた小集団の人間関係が形成されていることも確認された．そして，それぞれのクリークには，インフォーマルな対人関係が生じており，これらをインフォーマル（非公式）組織として発見し認識するにいたったのである．

ところで，この2種類のクリークには，ほぼ同じような集団規範がみられ，それが各小集団の成員の行動を規制するという影響力を与えていたことが観察記録より確認されている．その集団規範としては，①働きすぎてはいけない，②怠けすぎてもいけない，③仲間の不利益になる告げ口をしてはならない，④他人のおせっかいをしてはいけない，というものがあげられている．このように，このバンク配線作業観察室の実験からの最大の収穫は，インフォーマル（非公式）組織の発見であったことはいうまでもないことである．

（松本　潔）

第3章　経営管理の新古典理論　45

第2節　前期人間関係論の理論体系と今日的な意義

(1) メイヨーの理論体系

　以上にみてきた「ホーソン・リサーチ」を指導したメイヨーは，「人間関係論」の創始者として，後世に多大な功績と影響力を与えることになった．

　彼は，1880年にオーストラリアのアデレードに生まれ，アデレード大学で医師の父の影響を受けて医学を学ぶが，後に論理学と心理学を学んだ．その後，1911年にクイーンズランド大学で論理学と心理学の講師となり，1919年，同大学教授となった．また，1922年にはアメリカのペンシルベニア大学にロックフェラー財団客員研究員として招かれ，フィラデルフィアの繊維紡績工場におけるミュール紡績部門の高い労働移動率改善のための調査活動にも従事した．さらに，1926年にハーバード大学経営大学院に招聘され，1929年に教授に就任し1947年の退任まで後進の育成と指導に携わった．晩年は，イギリス労働党における産業問題の顧問として従事していたが1949年に没した．

　とくに，彼の代表的な研究は，「ホーソン・リサーチ」に集約され，1933年の『産業文明における人間問題』および1945年の『産業文明における社会問題』（邦訳書名：アメリカ文明と労働）が主要著作としてあげられる．以下に，彼の「ホーソン・リサーチ」を通じた研究から，社会哲学観，人間観，そして経営者観をみていくことにする．

　まず，メイヨーは，社会を協働のシステムとしてとらえた上で，人びとが習得すべき能力として2つをあげている．そのひとつが人間の物的・経済的欲求を充足させる能力であり，それを「技術的技能」とよんだ．もうひとつは，精神的・人間的側面を充足させる能力であり，それを「社会的技能」とよんだ．そして，この両者のバランスが取れている社会が望ましい状態，すなわち正常社会であるとして，とくに後者を十分に発展させることで均衡を回復することを提言したのである．

さらに、自発的な協働を促進しうるように、他者からのコミュニケーションを受け取り、他者の態度や考えに応答する能力として、「社会的技能」の教育・訓練の必要性を説いたのである。

ところで、メイヨーは、伝統的経済学理論の人間仮説、すなわち、①社会は孤立した個人から成る、②個人は自己利益確保のため行動する、③個人は自己目的達成のために論理的に思考する、というものを「烏合の衆仮説」と称して批判する。

それに対して、彼は、①個人は社会的人間である、②所属集団の規範に強く規制されて個人は行動する、③個人は非論理的に思考する側面を強くもつ、という人間の非論理的行動に立脚する協働的な人間観の重要性を主張したのである。

最後に、彼は、経営者の基本的役割を、人間の協働する能力を取り戻すための有効な方法を発見すること、そして自発的協働関係を組織体に確保することであるとして、先の経済上の問題を解決する「技術的技能」と社会的・人間的な問題を解決する「社会的技能」とのバランスを取り、均衡のとれた社会を実現することを経営者の能力として要求している。しかし、当時のこのような能力を有する経営者の存在は非常に少数であるとして、社会的技能習得のためのコミュニケーション訓練の実施、また大学による経営者教育の必要性、などを提言したのである。

このように、メイヨーの「人間関係論」は、その生みの親としての功績のみならず、経営管理研究において「科学的管理」に対してアンチ・テーゼ（反対命題）を提起することになったことも認識すべき重要事項といえる。

(2) レスリスバーガーの理論体系

レスリスバーガーは、前述でみてきたメイヨーと「ホーソン・リサーチ」に携わり、人間関係論の体系的な理論化を試みた点で高い評価を得ている。

彼は、1898年にアメリカのニューヨークに生まれ、1921年にコロンビア大

学を卒業，1922年にマサチューセッツ工科大学で理学士を取得し，化学技師として実務に携わってきた．その後，1925年にハーバード大学で文学修士（MA）を取得後，同大学に勤務し，1927年，メイヨーの指導の下に「ホーソン・リサーチ」に参加することになる．1946年には同大学「人間関係論」担当の教授となり，1967年に同大学を辞職し，1974年に没した．

レスリスバーガーの主要な業績としては，1939年においてディクソンとともに「ホーソン・リサーチ」の展開内容と調査結果の実務への応用を詳述した『経営と労働者』そして1941年において彼自身の人間関係論の体系的な理論化を図った『経営と勤労意欲』がその代表的な著作としてあげられる．以下に彼の企業組織における人間理解および組織理解の新たな試みを概観することにしよう．

まず，レスリスバーガーは，「ホーソン・リサーチ」において展開した「継電器（リレー）組立作業実験室」および「面接計画」の実験を通じて，これまでの研究で支配的な考え方であった，従業員が経済的利害によって動機づけられるという「経済人」仮説を否定せざるをえなくなった．そして，彼は，新しい人間観の仮説として，社会的な交際や家庭生活における慣習を学習する存在，また所属する職場における上司や同僚との社会的接触を有する存在としての「社会人」仮説を検討するにいたったのである．

そして，彼は，組織における個人が，インフォーマル（非公式）組織で形成される社会的な価値や感情をともに共有し，役割認識を踏まえて社会的行動をとる，とその人間仮説を理解する．つまり，そこで理解される人間は，友情や安定感，集団への帰属意識の要求を強くもち，それらに強く影響されて行動する存在であると考えられるのである．

次に，彼は，企業組織における人間問題を実務に適用することを念頭におき，組織を社会的システムとしてとらえるのである．そして，この社会的システムは，「技術的組織」と「人間的組織」から構成されるものとして理解する．また，彼は，「人間的組織」を①「個人」と②「社会的組織」の2つに分類し，

後者の「社会的組織」について解説を加えている．すなわち，「社会的組織」は，「フォーマル（公式）組織」と「インフォーマル（非公式）組織」に構造化され，前者の「フォーマル（公式）組織」は，さらに「相互作用の型」と「観念と信念のシステム」に，後者の「インフォーマル（非公式）組織」は，さらに「相互作用の型」と「観念と信念のシステム」に分けられる．

ここで，「フォーマル（公式）組織」は，企業の経済的機能・技術的目的を効果的に達成するための社会的関係を意味し，「観念と信念のシステム」として会社の経営方針や規則などが規定される．また，ここでは，企業の経済的な目的を合理的に達成するために，「費用の論理」と「能率の論理」によってメンバーは統制され，「論理的行動」をとることが想定される．

一方，「インフォーマル（非公式）組織」は，個人および集団が形成する感情や価値によって統制されている社会関係（フォーマル組織内の自然発生的な人間関係）を意味し，「観念と信念のシステム」としてこの組織（集団）内に自然発生的に生ずる行動規範や慣例などを形成する．ここでは，インフォーマルな人間関係により形成された集団において感情の相互作用が働き，「感情の論理」によってメンバーは統制され，そこでは「非論理的行動」をとることが想定される．

さらに，彼は，企業組織を社会的システムとして認識した上で，経営管理機能の課題として大きく3つの問題に分類し，企業組織における人間問題を処理するための具体的なアプローチ方法を提示している．つまり，

① コミュニケーションの問題，すなわち，組織内の各部，各階層における相互疎通の必要性
② 組織内の社会的均衡の問題，すなわち，企業の「経済・技術的目的」と「社会的目的」，職場の集団間において均衡のとれた状態の必要性
③ 個人の社会的システムへの適応問題，すなわち，従業員個人の職務や職場環境（フォーマル組織とインフォーマル組織）への適応の必要性

といった問題への対処である．そして，彼は，上記の問題に対処するために，

経営管理者の職能として，メイヨーと同様にとくに組織内のコミュニケーションの円滑化およびメンバーのモラルの高揚を目指した社会的学習・技能習得の必要性を強調するのである．

このように，レスリスバーガーの「人間関係論」は，理論的な体系化をはかり，経営管理において「ホーソン・リサーチ」の調査結果を実務に応用するための問題点を提示してきたことなどに，大きな功績を見出すのである．

以上，メイヨーとレスリスバーガーらによる前期人間関係論は，「行動科学」という領域において展開されるモチベーションやリーダーシップの理論，すなわち後期人間関係論として新たな経営管理における人間的側面に大きな影響を与えることになったことも見逃すことができない．

(3) 前期人間関係論の今日的な意義

これまで考察してきた前期人間関係論は，日米の1950年代の高度経済成長期において，人事・労務管理の具体的手法として「人間関係管理」の名のもとに時代的な流行をみることとなった．

その当時において，企業が取り入れてきた「人間関係管理」の具体的手法，つまり人事・労務管理制度への応用例としては，以下のような諸制度の適用が確認される．すなわち，①従業員提案制度の活用，②社内苦情処理制度の活用，③福利厚生制度・施設の拡充，④人事相談制度の整備，⑤社内報などの組織内コミュニケーションの整備，⑥モラール・サーベイの実施，などであり，今日において企業により人事・労務管理上適用されている制度も多く，その有効性は現代の経営管理においても重要視されている．

また，これらの「人間関係管理」の諸制度は，企業の職場内の人間関係を円滑化し，いわゆる従業員の組織への一体感や忠誠心を醸成し，彼らのモラルの高揚をもたらすものとして，積極的に導入されてきたことはいうまでもない．このような背景において，日本企業におけるこの「人間関係管理」の導入は，当時の経営合理化や労使間の協力関係構築の必要性が，企業の経営管理者たち

に痛感されるようになったことと，大学や研究機関と企業との連携のもとに従業員のモラルや帰属意識などの実証的な研究が盛んに行なわれるようになってきたこともその一因として考えられる．なお，わが国における「人間関係管理」の特徴として，家族主義的な考え方に基づく諸施策としての色彩が濃くあらわれており，いわゆる「日本的経営」の特徴のひとつである手厚い従業員福祉施策を助長するものとして認識することができる．

　しかしながら，これらの「人間関係管理」の諸制度導入は，企業組織における人間関係の促進を図るソフト・マネジメントとして，職場環境が快適になるかもしれないが，能力主義の人事・労務管理への関心が高まりつつあったこともあり，1950年代の後半にはそのブームも沈静化していった．また，理論的には，従業員へのモチベーションを考える上で，社会的欲求の充足とモラルの高揚や生産能率とを一義的に結びつけている点において限界があり，まだ人事・労務管理上の施策としては不十分であることが理解される．この点を補う理論や実践的な手法としては，後期人間関係論の展開を待つことになる．

（松本　潔）

☕ 公式組織と非公式組織

　ホーソン実験をまとめたレスリスバーガーは，組織に参加している個人は上司，部下，同僚という組織によって決められた公式的関係で結ばれているだけではなく，公式的関係という枠を超えた自然発生的な相互作用関係が存在し，これを非公式組織とよんだ．レスリスバーガーによれば，公式組織は能率の論理によって支配され，論理的行動をするのに対して，非公式な組織は感情の論理によって支配され，非論理的行動をするという．その上で，組織で働く個人を理解するためには，個人を経済合理性を追求する経済人と仮定するだけでは不十分で，友情や安定感，集団への帰属を追求する社会人と仮定しなければならないと主張する．

第3節　後期人間関係論の展開

(1) 後期人間関係論の主題

　これまでみてきたように，人間関係論で主張されてきた人間行動に対する認識は，動機づけ（motivation）の問題，職場や集団での協働を促進するための管理・監督者の役割，従業員が職務を遂行するうえでみせる感情（sentiments）や非公式的活動の影響などの諸問題を新たに提起した．

　要するに，前期の人間関係論では，組織における人間行動の社会的側面の発見とそれの経営・管理への応用の基礎固めを行なった点に大きな特徴が求められるのである．それに対して，1940年代，1950年代の人間関係論者（後期人間関係論学派）には，学際的視点による研究対象への接近といった基本的スタンスに大きな変更はみられなかったものの，①動機づけについての新しい考え方，②分業成果についての概念の変化，③参加的意思決定を通じて組織目標達成に向けた従業員のコミットメントの獲得などの研究の発展にしたがって，職場や集団における人間に対する見方，すなわち，人間観に変化がみられるようになる．

　また，こうしたポスト・ホーソン実験の時代（post-hawthorne era）の人間関係論は，組織における人間行動といったミクロ的側面だけにとどまらず，マクロ的側面についても研究が展開されていくことになる．ここでいうマクロ的側面とは，その後の組織論の発展の前段階に位置づけられる社会システムの理論的概念の構築を主な研究対象とするものである．

　ここでは，まず前期人間関係論の研究成果を踏まえ，組織における新たな人間観を形成する契機となった，多元的欲求論，非経済的誘因としての職務，参加による動機づけ，について概観していくことにする．

(2) マズローの多元的欲求論

人間の欲求には多次元の階層がみられることを主張することで，動機づけへの多面的な接近を可能にしたのが1954年のマズロー（Maslow, A. H., 1908-1970）の研究である．

マズローによれば，人間の欲求には，①生理的欲求，②安全欲求，③社会的欲求，④自尊欲求，⑤自己実現の欲求，といった少なくとも5つの基本的な欲求が存在する（図表3-1）．これらの欲求は，次元別かつ順序ごとに階層化されると同時に，欲求間の関連が人間行動の相対的優勢度に基づき階層化されている．

たとえば，ある者が生理的欲求を必要最低限充足すれば，その欲求を満たす行為はやがて逓減することになる．というのも，より高次の安全欲求を充足しはじめるからであり，生理的欲求の充足は，その者にとってもはや動機づけの源泉にはなり得ないからである．これは，安全欲求が満たされれば，次の社会的欲求が動機づけの源泉になるというように，動機づけの源泉が順次に高次化していくことを意味している．

人間行動のメカニズムを多次元の欲求概念で説明するマズローの欲求階層説は，その後の動機づけ研究の発展に貢献しただけでなく，人間行動の解明を試

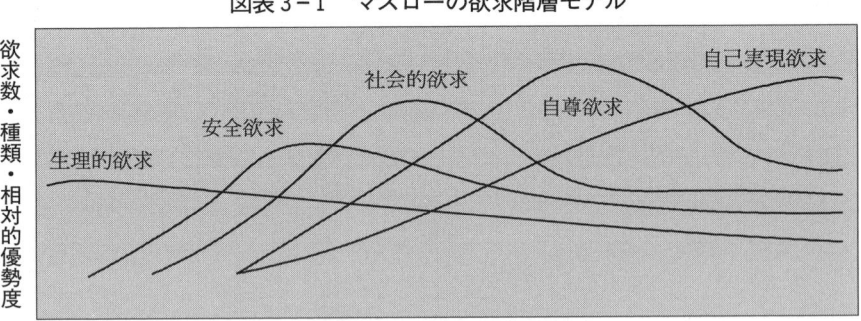

図表3-1　マズローの欲求階層モデル

出所）Maslow, A. H., *Motivation and Personality,* Harper & Row, 1954.

みる多方面の研究に影響を及ぼしてきた．後でみていく初期の行動科学の研究の多くは，マズローが提唱した「自己実現（self-actualization）」概念を基礎とした人間観を想定し，動機づけ論を展開している．

事実，後期人間関係論のその後の展開において，欲求階層説は，人間欲求の発展プロセスを説明する代表的な考え方として支持されてきた．しかしながら，レスリスバーガー（1950）の主張からも明らかなように，組織の一個人の社会的側面，帰属意識を研究の対象にしていても，職場や集団の社会的側面，非公式的関係や相互作用を一層重視する傾向が強くなっていった．

また，これまでの人間関係論が社会人モデルを前提として議論を展開していることから，欲求階層説の社会的欲求に焦点をあてた主張がみられ，自尊欲求や自己実現欲求の高次欲求については少なからず軽視される傾向がみられたことも事実である．

こうした後期人間関係論の動きやシャイン（Schein, E., 1974）の指摘からも明らかなように，中心的人間観であった社会人モデルは，経済人モデルと同様に，マズローの動機づけ理論などの登場によって，過度の単純さ（oversimplification）を露呈することになり，後に新しい人間観を形成していく契機となったのである．

(3) 非経済的誘因としての職務

人間関係論で主張された職場や集団の社会的側面の重要性は，人間行動にみられる多面的な動機づけだけではなく，実際の組織の人間行動の観察によっても支持されることになる．かつて支配的であった経済的欲求の充足を中心とした動機づけが，もはやコアの誘因として機能しないことが明らかにされたためである（たとえば，Walker and Guest, 1952）．

後期人間関係論の研究では，こうした職場や集団のメンバーの生産性低下に対する実態を踏まえた実証研究が進められた．事実は，実際の給与に対する不満はみられないが，遂行している仕事それ自体の無意味さに対して，嫌気がさ

し抵抗を示す従業員が多くみられた．とくに，工場など現場で就労する労働者にとって，他のメンバーとの社会的接点が少なかったり，常に機械主導のもとで就労する日々の状況に対して，違和感を感じ抵抗を示す者が多くみられたのである．

このような実務上の問題を解決するために，効率重視に基づくこれまでの職務編成，分業体制の見直しを進めていく必要性が生じた．その解決策として，職場や集団での人間行動を動機づけるには，今日ではよく知られた職務拡大 (job enlargement)，職務充実 (job enrichment)，ジョブ・ローテーション (job rotation) などが動機づけの仕掛けとして機能すると判断されることになった．事実，ハーズバーグ (Herzberg, F., 1959) によって概念化された職務充実は，賃金や職務の保障よりも動機づけの仕掛けとして有効に機能するという結果を示したのである．

過度に単純化，細分化された職務を再構成し，職務の多様化，有意味化を目指す，職務拡大は，仕事の量的増加をもたらすと同時に，仕事の水平的拡がりを求めるものである．職務充実は，実際の職務の質的向上をねらいとし，仕事の垂直的深化が求められる．担当職務を定期的に変更する，ジョブ・ローテーションは，職務の継続的な反復性，単調性からの開放や広範なスキルの習得，能力向上をねらいとしている．こうした従来の職務構成の見直しによって，没価値状況，無規範状態であるアノミー (anomie) の克服を目指すことが可能になったといえる．

しかし，こうした一連の事実は，職場や集団の社会的側面を重視するだけで解決がみられないことも明らかにした．社会的相互作用ではなく，仕事それ自体の価値，すなわち職務の再編成，再構築が動機づけとして機能する結果を示したからである．

(4) 参加による動機づけ

後期人間関係論の時代には，人間行動の社会的側面を重視する研究成果を踏

まえ，企業組織にその成果を導入し，応用する動きがみられた．これは，人間関係論で主張されてきたことの支持の高さから生起したものである．とくに，企業経営・管理への適用は，個人レベルや職場レベルを主に対象としていたこれまでの人間関係論の研究とはまったく異なる次元での試みであった．

　実際，人間関係論の研究成果を企業経営・管理に適用するにあたり，とくに焦点となったのが組織メンバー間のパワーの同等化（power-equalization）である．これは，メンバーによる組織目標へのコミットメントの獲得や，個々のメンバーや職場の満足を充足するためには，重要な判断を実際に下す場に通常参画資格を有しないメンバーの参加を認めることが重要であると考えられたためである．

　いうまでもなく，一般的な管理・監督者と従業員との関係は，職務を機軸とした上司と部下の関係でしかなく，上司が下した決定に部下が従うという関係がみられるだけであった．要するに，末端のメンバーも含め，組織に参加するメンバーの社会的側面を意識した組織階層の構築はほとんどみられなかったのである．また，経営・管理機能に部下の参画を認め，発言権を与えることから期待される動機づけの側面は軽視されていた．

　実際，ウォーシー（Worthy, J. C., 1950）は，組織構造のフラット化の体験を通じて，分権化された管理機能の促進が，結果として，部下の態度を改善したり，メンバーの責任感やイニシアチブを推奨することに結びついたり，メンバーによる自由な自己表現や創造性を導出する源泉となったことを指摘している．フラット化の効果によるものであると同時に，メンバーに参加機会を提供することによって得た結果であるといえる．

　また，ギブン（Given, W. B., 1949）は，「ボトム・アップ・マネジメント（bottom up management）」概念を提唱し，権限委譲・結果責任の対応，組織階層の壁を越えた意見交換などによるメンバーの参加型の意思決定の重要性を明らかにしている．参加を中心とした企業経営・管理の場への適用は，職場や集団レベルだけではなく，組織レベルにおいても高く評価されてきた．とくに，それ

が組織内の民主化，コミュニケーション・チャネルの開放，権限の委譲，組織目標達成に向けたコミットメント確保の動機づけなどとして，有効に機能することが実証されたからである．意思決定への参加が，組織メンバーの動機づけの源泉であると現象面から支持されたからである．

このような人間関係論に基づく経営・管理思想の実務への適用がみられた一方において，既に触れたように，これまでの人間関係論の機軸である社会人モデルや社会的な相互作用の重要性といった人間関係論の中核的特徴を見直さなければならない時期にさしかかっていたことは事実である． (相原　章)

第4節　後期人間関係論の転換と行動科学の台頭

(1) 初期行動科学の展開

1940年代から1950年代にかけて，人間関係論は，依然としてメーヨー以来の伝統を踏襲し，人間の「感情（feelings）」の論理が組織図，規則，指示の論理よりも重要であると主張していた．しかし，現実には，満足している従業員と生産性には相関がみられない実証研究であったり，生産性が高い集団の凝集性が以前ほど決定的に重要ではなく，仕事それ自体が重要であると結論づける研究が数多くみられるようになってきた．

こうした一連の研究は，人間関係論がこれまで支持してきた社会的側面の適用範囲の限界を示すものであったと同時に，機軸としていた人間観である社会人モデルの限界を指摘するものであった．事実，1957年にデイビス（Davis, K., 1957, p. 4）は，人間関係論を「ひとの経済的，心理的，社会的満足を充足し，生産的かつ協働的な活動を動機づけるやり方によって，仕事と人間の統合を図ることである」と再定義している．また，実際に職場や集団にみられる人間行動が社会人モデルよりも複雑であることが指摘され，自己実現人（self-actualizing-man）モデルを想定した研究が展開されるようになっている．

人間関係論がこうした転換期に直面する主な背景となったのは、人間行動の諸問題を対象とする強力な分析ツールかつ概念を具備した行動科学（behavioral sciences）の発展がみられたことにある。行動科学は、組織における人間行動を分析し、記述する科学であり、学際的アプローチを特徴としている。方法論的特徴としては、経験科学的方法論に立っており、データ収集・分析の手法として、文献研究、観察、面接、実験、シミュレーションなどを採用する。要するに、人間行動の実態を観察・調査し、仮説を構築し、それを検証して理論化を進める点において仮説検証的・記述科学的性格を示すものである。

ここでは、とくに、自己実現に向けた動議づけを経営・管理の問題と関連づけながら、人間行動のメカニズムの解明を試み、行動科学の主要な研究と位置づけられる、①アージリス（Argyris, C., 1923-, 1957）、②マグレガー（McGregor, D., 1906-1964, 1960）、③ハーズバーグ（Herzberg, F., 1923-2000）の諸理論について概観していくことにする。

① パーソナリティーと組織

人間のパーソナリティーは成長していくものである。たとえ組織に属していても、人間はパーソナリティーの成長状況に応じて、自らの考えに基づき行動を展開し、欲求のコンテンツを変化させている。パーソナリティーの成長変化を自己実現ととらえることで、それを仕事や組織と関連づけ、理論化を試みたのがアージリスである。

アージリスは、幼児期から成人期までのパーソナリティーの成長傾向を7つの次元でとらえている（図表3－2）。各次元において成熟への変化がみられるパーソナリティーは、自己実現の方向であると規定されている。

たとえば、幼少期にみられる受動的状態から成人期の活動的な状態への変化、他人に依存した状態から独立した状態への変化、限定的な行動から多様な行動への変化、移り気で輪郭のはっきりしない浅い興味から深く強い明確な興味への変化、などである。組織の人間行動は、こうした7つの次元にそって、未成熟から成熟段階へと向かうと考えられたのである。また、プロフィール分析を

図表3-2　パーソナリティーの未成熟―成熟の次元

未　成　熟		成　熟
受動的	┈┈┈➤	能動的
依　存	┈┈┈➤	独　立
単純行動	┈┈┈➤	多様な行動
浅い興味・関心	┈┈┈➤	深い興味・関心
短期的展望	┈┈┈➤	長期的展望
従属的	┈┈┈➤	対等・優越
自己認識の欠如	┈┈┈➤	自己統制

出所）Argyris, C., *Personality and Organization*, Harper & Row, 1957.

実施することによって，自己実現への状況を確認することができると同時に，どの次元が未成熟段階であるかを明確に示すことができると考えられた．

　アージリスは，これまでの伝統的な公式的組織の原理・原則が人間のパーソナリティーの健全な成長を妨げている点を指摘している．①労働の専門化 (specialization of labor)，②命令の連鎖 (chain of command)，③指揮の一元化 (unity-of-direction)，④統制の範囲 (span-of-control) である．こうした公式組織の原理・原則が過度に適用されている状況では，パーソナリティーの観点からみると，成熟次元にある成人に対して幼少期の行動と回帰させるようなものである．その結果として，離職，能率低下，怠慢行為，非公式集団の結成などといったネガティブな状態をつくりあげることになる．なかには，さらなる自律性を求め，昇進・昇格を目指したり，金銭的欲求を強く求める場合もある．

　こうした状況を克服するためにも，パーソナリティーと組織間の不一致を逓減し，調和を生起させる「健康的な」組織のデザインが求められることをアージリスは主張している．職務拡大や参加的・従業員中心のリーダーシップは，個人の自己実現を目指すことができる同時に，組織目標の達成に向けた活動を確保できると論じているのである．

②　X理論とY理論

　マグレガーもアージリス同様，マズローの欲求階層説を基礎として，X理

論・Y理論という内発的動機づけ理論を構築した．仕事に関する欲求を生理的欲求，安全欲求，社会的欲求，自我欲求，自己実現欲求に分類し，組織のメンバーにやる気を起こさせるためには，社会的欲求や自我欲求などの高次の欲求を充足することが重要であると主張している．

X理論は，マズローの低次欲求（生理的欲求や安全・安定性欲求）を比較的強くもつ人間の行動モデルである．その対比としてY理論は，マズローの高次欲求（尊自欲求や自己実現欲求）を比較的強くもつ人間モデルである．

「X理論の人間モデル」
- 仕事は人間にとっていやなものである．
- 多くの人間は自ら責任を取ろうとせず，ただ命令されることを好む．
- 多くの人間には，組織上の問題を解決するだけの創造力はもっていない．
- 生理的欲求や安全欲求が人間を動機づける．
- 多くの人間は厳格に統制されなければならない．

「Y理論の人間像」
- 仕事で心身を使うのは人間の本性であり，これは遊びや休憩の場合と同じである．
- 人間は自ら進んで身を委ねた目標のためには，自らを鞭打って働くものである．
- 目標達成に献身するか否かは，それを達成して得られる報酬次第である．
- 人間は，条件次第では責任を引き受けるばかりか，自ら進んで責任をとろうとする．
- 創意工夫の能力は，多くの人間に備わっているものである．
- 人間の知的能力はごく一部しか活かされていない．

低次欲求が十分充足されている状況では，Y理論に基づく経営・管理手法の必要性が高まることになる．たとえば，従業員独自の目標設定，自主統制と自主管理，能力開発，参加制度の設定，管理者のリーダーシップの再訓練などを中心とするマネジメントが適切であると考えられるのである．

③ 動機づけ―衛生理論

ハーズバーグの動機づけ―衛生理論は，約 200 人の技師や会計士への面接調査を実施し，職務について「どんなことを不幸と感じ，また不満に思ったか」と「どんなことによって幸福や満足を感じたか」という質問を行ない，その事象について，発生時期と理由，継続期間，仕事や社会生活の影響などに関する自由回答を分析した結果を基礎として明らかにしたものである．

この面接結果は，人間の欲求には 2 つのタイプが存在し，それぞれが人間行動に異なる影響を及ぼすことが確認された．たとえば，人間が仕事に不満を感じる場合，彼・彼女の関心は自らの作業環境を指しているのに対し，人間が仕事に満足を感じる場合には，その関心は仕事そのものに関連している．ハーズバーグは，前者を衛生要因 (hygiene factors)，後者を動機づけ要因 (motivators) と命名した．

衛生要因が主として人間の環境に関するものであり，仕事の不満を予防する働きをもつ要因であるのに対して，動機づけ要因は，より高い業績へと人びとを動機づける要因として作用することを意味する．すなわち，人間の欲求を充足したり，満足度を高めるには，たとえ衛生要因の充足を試みても欲求は満たされることがなく，結局のところ動機づけ要因を充実しなければ欲求は満たされないということである．換言すれば，衛生要因は人間にとって当然ととらえられるものであり，満たされていることが自然の状態であるという要因である．それに対して，動機づけ要因に充足がみられても，衛生要因が満たされていない場合，不満が非常に大きくなってしまうのである．

ハーズバーグの研究では，企業組織の経営政策と経営スタイル，監督技術，作業条件，対人関係，給与などは衛生要因として位置づけられている．というのも，これらの要因は，仕事を遂行する上での与件，環境についての要因であるからである．それに対して，達成感や認められるという感覚，責任の重大さなどは，仕事に内在する要素であって，こうした要因は，仕事の満足感を大きく高めるものとなり，構造的拡がりを示す職務拡大ではなく，職務それ自体に

意味をもたせる「職務充実」を重視する主張を展開している．

(2) 自己実現人モデルを超えて

初期の行動科学を代表する研究について，これまでまったく批判がみられなかったわけではない．とくに，各理論で想定されていた人間観，すなわち自己実現人モデルについて，一般化が可能なのかどうかについて，少なからず疑問が投じられたことは事実である．

まず，ストラウス（Strauss, G., 1963）がアージリスの「パーソナリティーと組織」仮説について批判的見解を述べているように，組織はすべて専制的ではなく，実際，公式組織の原理・原則の適用にも程度の問題がみられるのである．また，多くの組織メンバーにとって，仕事が生活を営む上での唯一の興味・関心事であることはない．

次に，自己実現人モデルは，動機づけの経済的側面を軽視している，といった指摘である．というのも，組織の中のすべての人間が強い独立心を有し，創造性豊かな存在でありたいと願っているかは実際には判断しかねるものだからである．こうした状況を所与として議論を展開していくと，結果として，職務それ自体が人間の欲求を充足させるものである，と結論づける間違いを犯してしまう可能性がある．たとえば，タスクが高度にプログラム化されていたり，仕事が生活の中心に位置づけられていない状況では，組織の中の人間に対する自己実現は，もはや動機づけの仕掛けとしては機能しないと指摘できるのである．ハーズバーグの動機づけ―衛生理論についても，具体的方法論に始まり，動機づけ要因のとらえ方に至るまで批判的見解が示されてきた．たとえば，専門的職種を対象とした調査方法に対する批判，2次元的にとらえる職務要因の単純な理解，職務満足と動機づけ概念の不明確な分類などである．

こうした批判的見解がみられる中，シャイン（1965）は，人間は本来，合理的，経済的，社会的，あるいは自己実現的な存在を超えた複雑な存在であるととらえ，人間を動機づけるためには，多面的な人間観として，複雑人（complex man）としてモデル化することを主張した．これまでの研究に対する批判や，新しい人間観の想定は，行動科学の本来の目的である，組織における人間行動の解明，すなわち，「全人（whole man）」を対象とすることとの間に何の矛盾もみられない．ただし，人間行動を局所的にとらえればとらえるほど，現実との乖離は大きく，捨象してしまう側面が多々みられるのである． 　　　　　（相原　章）

参考文献

Argyris, C., *Personality and Organization : The Conflict between the System and the Individual*, Harper & Row, 1957.

Davis, K., *Human Relations in Business*, McGraw-Hill, 1957.

Herzberg, F., Mausner, B., and Snyderman, B. B., *The Motivation to Work*, John Wiley & Sons Inc., 1959.

Strauss, G., "Some Notes on Power Equalization," in Leavitt, H. J. (ed.) *The Social Science of Organizations*, Prentice-Hall, 1965.

Maslow, A. H., *Motivation and Personality*, Harper & Row, 1954.

McGregor, D., *The Human Side of Enterprise*, McGraw-Hiii, 1960.

藤芳誠一『経営基本管理』泉文堂　1979年

水谷雅一『ヒューマン・リレーションズ―新しい人間管理』日本経済新聞社　1967年

Mayo, G. E., *The Human Problems of an Industrial Civilization,* The Macmillan Company, 1933.（村本栄一訳『新訳産業文明における人間問題―ホーソン実験とその展開』日本能率協会　1967年）

Mayo, G. E., *The Social Problems of an Industrial Civilization, Boston Division of Research, Graduate School of Business Administration,* Harvard University, 1945.（藤田敬三・名和統一訳『アメリカ文明と労働』有斐閣　1951年）

Roethlisberger, F. J. and Dickson, W. J., *Management and the Worker : An Account of a Research Program Conducted by the Western Electric Company, Hawthone Works,* Chicago, Harvard University Press, 1939.

Roethlisberger, F. J., *Management and Morale,* Harvard University Press, 1941.（野田一夫・川村欣也訳『経営と勤労意欲』ダイヤモンド社　1954年）

Wren, D. A., *The Evolution of Management Thought,* 4 th Edition, John Wiley & Sons Inc., 1994.（佐々木恒男監訳『マネジメント思想の進化』文眞堂　2003年）

第4章
経営管理の近代理論

　これまで経営管理に関する経営学説の変遷を古典理論から新古典理論への展開に基づき概観してきた．経験と勘に基づく成行管理を脱して，科学的な経営管理方法の確立をめざしたテイラー（Taylor, F. W., 1856-1915），そして経営管理者育成のために自らの経験に基づき14の管理原則を提案するとともに，経営管理を一連の過程としてとらえたファヨール（Fayol, H., 1841-1925）は，実務家の視点から効率を探求することを通じて経営学の基礎を築いた．それらは古典理論として位置づけられる．他方，シカゴ郊外のウエスタン・エレクトリック社ホーソン工場で行なわれた一連のホーソン・リサーチは，はじめ作業条件と生産性の関係を解明しようとする試みからスタートしたが，ハーバード大学のメイヨー（Mayo, G. E., 1880-1949）やレスリスバーガー（Roethlisberger, F. J., 1898-1974）らの参加によって経営管理における人間的側面や非公式組織の重要性が認識され，人間関係論誕生の契機となり，新古典理論として位置づけられている．

　こうしたなかバーナード（Barnard, C. I., 1886-1961）は，主著『経営者の役割』において組織理論に基づく経営管理の一般理論構築に努力した．彼の試みは，仕事の表面的な分割形態，形式的な命令系統，経験に基づく管理原則，過度に強調された非公式組織などを中心とする古典理論や新古典理論の枠を超え，人間による組織の形成と維持，さらに組織における諸力や人びとの組織的諸活動などを体系的に記述することによって組織を動態的にとらえることに成功した．こうした考察により彼は，近代理論の創始者として位置づけられ，その後の経

営管理論の発展に大きな影響を及ぼした.

　ここではバーナード理論全体を概観するとともに，バーナード理論からの影響を受けたサイモン（Simon, H. A., 1919-2001）の意思決定論，さらにそれらに続く人びとの研究をたどりながら，経営管理の近代理論を明らかにしようと思う．それぞれ理論のすべてをこの限られた紙幅で考察することはできないため，詳細な検討については参考文献を参照いただきたい．

第1節　バーナードの理論

(1)　バーナードの人と業績

　バーナードは，1886年に米国マサチューセッツ州モルデンに生まれた．彼はハーバード大学で経済学を専攻したが，学費を払うための仕事が忙しくなり，卒業要件を満たさないまま1909年に大学を中退した．同年，アメリカ電信電話会社（AT & T）に入社し，統計部門で職歴をスタートさせ，1915年には営業技術者へ昇進した．1922年，ペンシルヴェニア・ベル社に異動し1926年に副社長になった．そして，1927年にはニュージャージー・ベル社の社長に就き，1948年に引退するまでの長い期間にわたりその職にあった．その後，彼は，ロックフェラー基金理事長，全米科学財団の全米科学会議議長，ニュージャージー州のバッハ協会会長なども歴任した．

　バーナードは，ニュージャージー・ベル社長時代の1937年にハーバード大学学長ローウェルに依頼されボストンのローウェル研究所で一連の講義を行なった．その講義をまとめて1938年に出版した彼の主著『経営者の役割』は，彼の経営者としての豊富な経験ばかりでなく，パレート（Pareto, V.），デュルケム（Durkheim, É.），ウェーバー（Weber, M.），パーソンズ（Parsons, T.）などの社会学やホワイトヘッド（Whitehead, A. N.），ヘンダーソン（Henderson, L. J.）などの哲学を独学して得た幅広い知識に基づくものであり，同書によってバー

ナードは経営者としてばかりでなく経営学史上に名を残す第1級の経営学者としての地位も得ることになった．

(2) 人間仮説と協働概念

バーナードは，「経営者の役割」を組織の維持・存続と関連づけて解明しようとした．そのため彼は，「経営者の役割」を明らかにするのに先立ち，組織の一般的で本質的な理解を試みた．彼にとって，人間による協働状況を明らかにすることは，組織の一般的で本質的な理解のために不可欠であった．

彼によれば，人間は「物的，生物的，社会的諸力の合成物」であり，これらの諸力によって規定され制約される存在である．他方，人間には動機に基づき自分の行動を決定する「(限られているが) 選択力や自由意志」があるとみなされる．こうしたバーナードの人間理解は，古典理論の「経済人仮説」や新古典理論の「社会人仮説」を統合した総合的な人間理解であり「全人仮説」とよばれている．人間をこうした2側面からとらえるバーナードは，「目的があるということ，あるいはそう信じること，および個人に制約があるという経験から，その目的を達成し，制約を克服するために協働が生じる」と主張する．

彼は，企業，大学，教会，病院などのそれぞれ異なる目的を持つ協働を「協働システム」としてとらえた．この協働システムは，物的，社会的，人的なサブシステムと，人間による行動から形成される公式組織というサブシステムから構成される．協働システムにおいて公式組織は，物的，社会的，人的サブシステムを形成し，協働システムの均衡を維持して長期的・安定的な存続をめざす主体的で意識的な管理作用を担っている．それゆえにバーナードは，「経営者の役割」を明らかにするにあたり公式組織に焦点をあて，その解明をすることが必要と考えたのであった．

(3) 「有効性」と「能率」概念

公式組織によって協働が長期的に維持存続するためには，共通目的が達成さ

れるばかりでなく，共通目的達成に向けて貢献する組織構成員の動機が安定的に充足されなければならない．バーナードは，そのことを「有効性」と「能率」という概念を案出して説明している．彼によれば，「有効性」とは特定の目的が達成されることであり，「能率」とは動機が満たされることである．協働の長期的な維持存続には「有効性」と「能率」の同時実現が求められる．

協働がスタートすると，個人の目的とは異なり協働はそれ自体の目的をもつようになる．その協働の目的が達成された場合は，協働の「有効性」は実現される．一方，個人が能率的でないと思えば協働への貢献を控えることとなり協働は維持されない．反対に能率的であると思えば協働に貢献し続けるため協働は維持される．つまり協働における「能率」とは，協働に参加する人びとの満足の合成としてとらえることができよう．あるいは提供する個人的満足により協働を維持する協働の能力ともいえよう．

(4) 公式組織の考え方

バーナードは，公式組織を「2人以上の人びとの，意識的に調整された諸活動，または諸力の体系（the system of conciously coordinated activities or forces of the two or more persons)」と定義した．これは古典理論や新古典理論における仕事や職務の体系，人間による集団，あるいは法や規定に基づき生成される組織の理解とは大きく異なるものであり，諸力や諸活動の創出，共通目的の形成，諸力の調整などの主体的で意識的な管理作用を担う動態的組織としてとらえられる．彼は，この公式組織成立の必要十分条件として，① 協働意欲，② 共通目的，③ コミュニケーションの3要素をあげた．

(5) 組織構成員の誘因と貢献のバランス

個人がみずからの活動を組織に貢献するのでなければ協働は維持できない．しかし，組織構成員から協働意欲を獲得することは容易なことではない．バーナードによれば，協働意欲が生じるのは誘因が貢献よりも大きいと個人が判断

するときである．一方，組織は，貢献を上回る誘因を与えなければならない．これは「誘因の方法」といわれる．

バーナードによれば，個人に特定的に与えることができる特殊的誘因として，①物や金などの物質的誘因，②地位・名誉などの個人的で非物質的な誘因，③好ましい物的条件，④個人の理想を組織が満たす理想の恩恵，さらに個人に特定的に与えられない一般的誘因として，⑤社会結合上の魅力，⑥情況の習慣的なやり方と態度への適合という誘因，⑦広い参加の機会，⑧心的交流の態度，などがある．

またバーナードは，協働意欲の獲得にあたり十分な誘因を与えることは通常限りがあるため，説得を通じて動機を修正させることが重要であるという．これを「説得の方法」という．説得の方法としては，①強制力の行使，②機会の合理化，③動機を教え込むこと，などがある．

「誘因の方法」と「説得の方法」により，誘因－貢献≥ 0となるならば，個人は組織への貢献を継続するだろう．

(6) 非公式組織の考え方

バーナードは，公式組織とともに非公式組織の重要性も指摘した．彼は非公式組織を「人間的な接触と相互作用の集まり，そして人びとの自発的な集合」と定義し，それによって一定の態度，習慣，規範などが確立することを指摘した．彼は非公式組織の３つの機能として，①コミュニケーション，②貢献意欲を調整することによる公式組織における凝集性の維持，③品性と自尊の感性の維持，を指摘した．非公式組織が生じて公式組織に影響を及ぼすこともあるが，非公式組織そのものが公式組織成立の３要素を整えて公式組織に発展することもある．

(7) オソリティの理解——権限受容説

公式組織が維持され機能するためには，前にも述べたように，協働意欲，組

織の共通目的，コミュニケーションの確保が不可欠である．その中でも最も重要なことは，コミュニケーションを通じて組織構成員の協働意欲を確保し，組織の共通目的を実現できるか否かである．

　上司の命令や指示は，組織における公式のコミュニケーションとしての性格をもつ．伝統的理解によれば，上司の命令や指示に部下が従うことは自明のことであった．上司が命令や指示を与える権利はオソリティ（ここでは権限と訳すのが適切）とよばれ，ある職位や組織階層上の地位につく人に付与されていると考えられていた．こうしたオソリティは，より上位の上司から部下に順次委譲（権限委譲という）されるものであると考えられており，上位説とよばれる．しかし，こうしたオソリティの理解はコミュニケーションの本質を形式的に説明したものに過ぎない．実際に上司の命令や指示は，部下に従われる場合もあるが，いやいや従われたり，拒否されることもある．

　バーナードは，オソリティ（ここでは権威と訳すのが適切）は命令を与える職位や地位にある人に付与されているのではなく，命令を受ける個人がそれを受容することによって生じるものととらえる．たとえ高い職位や地位にある人からの命令であっても，命令を受ける個人がそれを受容しない場合にはオソリティは発生しないと理解されるのである．この理解は，上司がオソリティをもっているとする上位説あるいはオソリティを非人格化して状況の法則に従うというフォレットの理解と異なるもので，オソリティについての新たな理解としてとらえることができよう．

　バーナードによれば命令が受容されるためには受齢者にとって，①命令を理解できる，②命令が組織目的と一致していると信じる，③伝達が自己の個人的利害全体と両立しうると信じる，④精神的にも肉体的にも命令に従うことができる，などの4条件が満たされることが必要である．

　実際，上司の命令が上記の4条件を満たすかどうかを部下がいちいち判断するわけではない．バーナードは，命令を疑問視することなくオソリティとして受容する「無関心圏」という概念を創出した．この「無関心圏」は，命令を受

容することにともなう誘因が個人にとっての負担や犠牲より大きいかどうかの程度によって広くもなり狭くもなる．通常，上司の命令は「無関心圏」の範囲で出される場合が多いため，それが繰り返されると，あたかも上司の命令にははじめからオソリティがあるような錯覚が生じる．バーナードは，これを「上位オソリティの仮構」としてとらえた．

またある要求をすることが上司の当然の行為であると部下が感じて受容する「職位のオソリティ」，さらに階層や職位に関係なく上司の人格能力への尊敬や信頼により部下が受容する「リーダーシップのオソリティ」が考えられ，両者が結合されると無関心圏はより広くなろう．

こうした「無関心圏」，「上位オソリティの仮構」，「職位のオソリティ」，「リーダーシップのオソリティ」などにより，組織におけるオソリティは安定して確立されているように見えるが，にもかかわらずバーナードは，オソリティが命令を受容する個人に依存することを繰り返し強調する．

(8) 意思決定

意思決定は，それまでほとんど議論されることがなかったが，バーナードは意思決定を通じて公式組織を動態的にとらえようとした．意思決定の理解は後にサイモンによって精緻化され発展することになるが，協働の本質を共通目的達成の合理的な手段選択とするバーナードは，意思決定の視点が組織の本質的理解に不可欠であるとはじめて主張した論者であった．

彼によれば，管理者が意思決定しなければならない機会は，①上位者からの命令によるとき，②部下から意思決定を求められたとき，③自己のイニシアチブによるときである．

そうした意思決定の場面において管理者は，所与の目的達成のために一定の環境のもとで利用可能な手段を選択するのである．この手段選択にかかわる部面は，意思決定の機会主義的要因である．この意思決定は，環境を分析し，取り除くか変化させることによって目的が達成される要因を見つけ出すことであ

り，その要因は「戦略的要因」といわれる．戦略的要因は情況によって変化するが，それを細分化し，順次取り除いたり，変化させることによって問題は解決されよう．

他方，環境があまりにも厳しい場合には所与の目的達成は困難であるため，目的そのものを変更したり，目的を創造する意思決定が求められる．この目的にかかわる部面は，意思決定における「道徳的要因」である．

実際の経営者は，意思決定の戦略的要因を変更したり，道徳的要因を変更したり創造することを繰り返しながら目的達成に努力している．

(9) 経営者の役割

バーナードは，経営管理の役割を公式組織の3要素に対応させて，①コミュニケーションのシステムを提供すること，②個人的努力の確保を奨励すること，③目的を形成し定義すること，とした．さらに彼は，経営者には全体としての組織とそれに関連する全体情況を感得できる能力が必要であり，そのためには主知主義的な方法，および情況の諸要素を識別する技術を越える審美的，道徳的なもの，適合性の感覚，適切性の感覚および責任の能力が求められると主張した．

最後にバーナードは，リーダーシップと管理責任を中心に組織の道徳的要因の考察を行った．彼によれば道徳とは「個人に内在する一般的，安定的な性質をもった人格的な諸力ないし性向であって，このような性向と一致しない当面の特殊な欲望，衝動，あるいは関心はこれを禁止，抑制あるいは修正し，それと一致するものはこれを強化する傾向をもつものである」．こうした複数の一般的性向が道徳準則として組織構成員のなかにある．一方，責任とは「逆方向の強い欲望あるいは衝動があっても，その個人の行動を規制する特定の私的道徳準則の力」であり，道徳準則を遵守する能力といえよう．いくら高い道徳準則をもっていても，それを遵守する能力がなければ意味はない．道徳を責任との関連でとらえたバーナードは，組織における道徳を形式的にではなく，経営

実務家としての経験に基づき実質的に理解しようとしたのであった．

　バーナードによれば経営者は地位が高ければ高いほど，① 道徳性が複雑になる，② 高い責任能力を必要とする，③ 活動量が増大する，④ 他の人びとのために道徳を創造する能力が要求される．こうした情況において，経営者は自分のためばかりでなく，また他の組織構成員のためにも道徳の対立を解決するばかりでなく，道徳を創造するという責任を実現しなければならない．道徳の創造こそが，リーダーシップの本質であり，彼が「経営者の役割」を明らかにするなかで最も主張したかったものである．

（吉田優治）

第2節　サイモンの理論

　サイモン（Simon, H. A., 1916-2001）は，1916年ウィスコンシン州ミルウォーキーに生まれた．シカゴ大学を卒業後，同大学大学院に進学して1943年に政治学の博士号を取得した．1942年からイリノイ工業大学で政治学を担当し，1949年からはカーネギー工業大学（現在のカーネギーメロン大学）で経営管理と心理学，1965年以降はコンピュータ・サイエンスと心理学を担当した．彼の関心は，経営学にとどまらず経済学，行政学，認知心理学，人工知能などにも及んでいる．1978年には経営学関連の研究者ではじめてノーベル経済学賞を受賞し，多数の著作や論文を残して2001年他界した．

(1) 　理論の特徴

　サイモンは，バーナード理論から強い影響を受けて意思決定概念を定式化させ，それを基本的な分析枠組みとして理論構築を試みた．そして1945年には経営学における最初の本格的意思決定論の著作『経営行動』を世に問うた．サイモン理論は，バーナード理論から多くの基本的概念を受け継ぎ発展させたものであるためしばしば「バーナード＝サイモン理論」とよばれる．しかし，バ

ーナードが経営責任の本質として強調した「道徳準則の創造」をサイモンがほとんど扱っていないなどの基本的発想の違いも認められ，両者を一括してとらえることに異議を唱える人びともいる．

またサイモンは，管理過程論の提唱する「管理の諸原則」を諺みたいなものであると痛烈に批判し，管理過程論の科学性に疑問を呈したことでも知られている．彼は，論理実証主義を重視し，理論を経験科学たらしめるよう主張した．サイモンの意思決定論も，こうした彼の科学観に基づき展開されている．

(2) 意思決定前提：価値と事実

サイモンは，行為や活動に先行する意思決定を分析枠組みとすることによって，経営管理における意思決定がどのようになされているのか，さらにどのようにすれば決定がより合理的になるのかを明らかにしようと試みた．彼によれば，意思決定は事実前提と価値前提からなる．事実前提は経験的検証可能な事実命題（組織目的にかかわる問題）についてであり，他方，価値前提は経験的検証不可能な価値命題（組織目的を達成する手段にかかわる問題）に関連している．実際，われわれの意思決定は事実前提と価値前提に基づいて行なわれているが，サイモンは科学が扱う対象は価値判断ではないとし，もっぱら経験的検証可能な事実命題，すなわち目的達成のための合理的な手段選択に限定した議論を行なった．

(3) 「限定された合理性」と管理人モデル

サイモンによれば，意思決定において「客観的合理性」を達成できるのは，意思決定者が①すべての代替的行動を列挙し，②それらすべての代替的行動について，それぞれから生ずる諸結果のすべてを把握し，③それらの諸結果群を比較検討し，すべての代替的行動からもっとも好ましいひとつを選択する場合である．しかし，意思決定者は限られた知識と情報処理能力しかもたないため，問題解決のためのすべての代替的行動を列挙することはできないし，す

べての代替的行動がもたらす諸結果をすべて予測することも困難であり，さらにそれらの諸結果についての知識が完全であっても将来実現される諸結果をすべて現時点で評価することはできないことなどから，意思決定において客観的合理性を達成することは通常できないといえよう．その意味で意思決定における「合理性」は限られているのであり，「限定された合理性」あるいは「主観的合理性」が達成されるのである．

こうした意思決定についてのサイモンの理解は，彼の人間理解によるところが大きい．彼は意思決定者を伝統的な経済学が前提としてきた「経済人仮説」と区別して，「管理人仮説」として提示する．彼によれば，経済人は可能なすべての代替的行動から最善のものを選択するのに対し，管理人モデルは本人にとって満足化基準および許容水準以上の価値があると思われる代替的行動を選択するとして理解されている．

(4) 意思決定における客観的合理性への接近

意思決定者は制約された知識と能力しかないため，意思決定において「限定された合理性」しか達成することができない．そこで意思決定における合理性は，意思決定が，選ばれ慎重に限定された意思決定の心理的環境において行われるなら高まるだろう．どのような方策が考えられるのだろうか．

サイモンによれば第1の方策は，組織目的に合わせて意思決定を行なわせ，さらにその意思決定を正しく行なわせるための情報を与える心理的環境に組織構成員を配置することである．そのためには組織において意思決定の目的—手段の階層をどのように配分・設計するかが問題となろう．第2の方策は，組織が個人の意思決定に刺激を与えたり，個人の心理的要因に影響を及ぼすことである．躊躇—選択型の人間行動パターンに基づく意思決定は，意思決定者の制約された知識と選択能力により合理性を必ずしも高められない．そのためサイモンによれば，個人にある刺激を与えることによって一定の反応を示すような刺激—反応型の人間行動パターンを組織構成員に組み入れ，刺激を偶然に任せ

ず意識的に選択して彼らに与えることが重要であるという．サイモンはこれら二種の意思決定を「管理的意思決定」としてとらえた．

(5) 意思決定におけるコミュニケーション

組織内に配分された意思決定への影響は，組織構成員から組織構成員へ意思決定前提が伝達されるプロセスであり，それはコミュニケーションによって行なわれる．組織における意思決定への影響は大別して2つある．第1は，組織に有利な意思決定を行う態度，習慣，心的状態を組織構成員にもたせることであり，そのためには組織への忠誠心，組織への一体化，能率基準を組織構成員に教え込んで彼らを訓練するものである．第2は，オソリティ，場合によっては示唆，助言，情報サービスによって行われもので，組織構成員に組織の他の場所で行なわれた意思決定を前提として課すものである．前者を内的影響，後者を外的影響とよぶ．

(吉田優治)

第3節 マーチ＝サイモンの理論

サイモンはバーナードの理論を受け継ぎ，前節で解説したとおり，組織における人間行動をより精緻化し，意思決定という概念を機軸として，経営管理の分析を行なう上での枠組み・考え方を明らかにした．

それを組織の活動や企業行動の分析に展開したのがマーチとサイモンの研究（*Organizatios,* 1958, 土屋守章訳『オーガニゼーションズ』ダイヤモンド社, 1977年）や第4節で紹介する，マーチ（March, J. G.）とサイアート（Cyert, R. M., 1921-1998）の研究（*A Behavioral Theory of the firm,* 1963, 松田武彦・井上恒夫訳『企業の行動理論』ダイヤモンド社, 1967年）である．

マーチは，1928年オハイオ州で生まれ，イェール大学で博士号を取得後，カーネギー工業（現カーネギーメロン）大学を経てカリフォルニア大学で心理

第4章　経営管理の近代理論　75

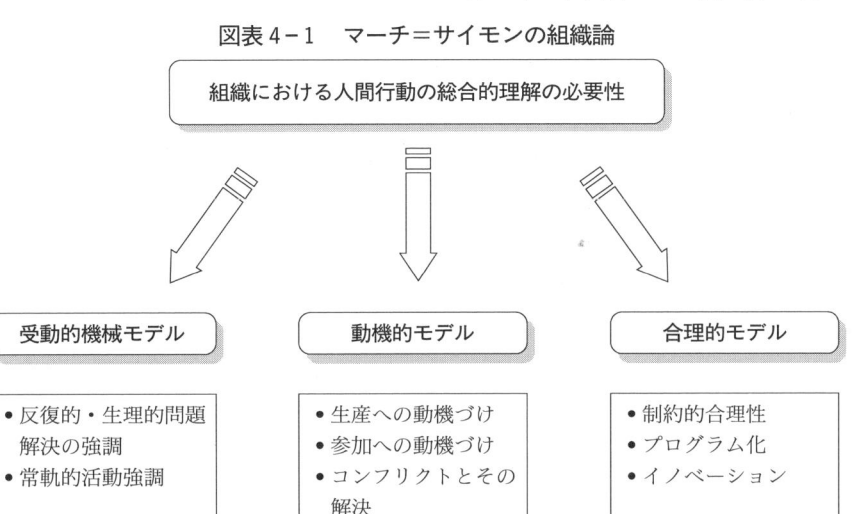

図表4-1　マーチ＝サイモンの組織論

```
            組織における人間行動の総合的理解の必要性
         ↙                    ↓                    ↘
  受動的機械モデル          動機的モデル              合理的モデル

 ・反復的・生理的問題   ・生産への動機づけ       ・制約的合理性
   解決の強調         ・参加への動機づけ       ・プログラム化
 ・常軌的活動強調      ・コンフリクトとその      ・イノベーション
                      解決
```

学・社会学担当をした．

　マーチとサイモンは，3つの命題もしくは仮定を含む3つのモデルから組織における人間行動について検討している．それぞれのモデルおよび命題はお互いに矛盾するものではなく組織における人間行動の多様な側面の一部を強調しているに過ぎないのである．

(1)　受動的機械モデル

　第1のモデルは，人間を「受動的な機械」と見なしているもので，伝統的経営管理論がこれにあたる．たとえば，テイラーの科学的管理論に対しては，人間行動を能率化する目的のプログラム化にはある程度の達成がみられても，問題解決が反復的で単純な作業に限定され，生理学的問題解決のみが強調されていることが批判されている．

　さらに，現在管理過程論といわれているモデルに対して，その中心課題が部門化に関することで，部門化にともなう専門性や自主性によって得られる効率化を検討しているが，部門化における活動が所与であり，常軌的であるとして

いる点に疑問を呈している．

いずれにせよ，このモデルに対しては，① 人間の動機面への認識，② 組織内コンフリクトへの認識，③ 人間の情報処理システムの制約への認識，④ 意思決定における認知や一体化への認識，⑤ 意思決定のプログラムへの認識に関して限界を有していることが指摘されている．

(2) 動機的モデル

第2のモデルは，機械的な反応プログラムを前提とした官僚制が期待した反応とは逆の反応を起こす逆機能現象から，人間行動の複雑性や態度，動機を強調した．とりわけ，組織成果に大きな影響を及ぼす「生産への動機づけ」と「組織への参加の動機づけ」が検討されている．

生産への動機づけの考え方は，サイモンの提唱した意思決定のメカニズムに準拠している．すなわち，生産に対する代替選択肢，それら代替選択肢の結果予測，代替選択肢の評価であり，これらを組織がどの程度統制できるかが生産への動機づけを左右する．

生産に対する代替選択肢は，生産するかそれ以外の代替選択肢の想起に関わっている問題で，代替選択肢の結果予測は，それら代替選択肢が何によって影響されるかの問題である．たとえば，他の就職口の可能性，組織への参加感，仕事の状況，人間関係，報酬などで変化する．

代替選択肢の評価は，主につぎの3つの要因に影響される．① 外部環境の状態，たとえば失業者数．② 組織内・外のグループからの圧力の強さ・圧力の方向性．圧力の強さとはグループへの一体感が強いかどうか，グループの考え方に統一感があるかどうか，周囲に対してグループがどの程度影響を及ぼせるかの問題である．また，圧力の方向性とはグループが組織内外のどこに類似性があるかで決まる．③ 組織の報酬システムにおいては，職位・仕事の自由度・報酬への依存度が関連している．

組織への参加の動機づけの考え方は，バーナードの組織均衡の考えかたに依

拠している．すなわち，組織からメンバーに提供される「誘引」(inducement) とメンバーが組織に対して提供する「貢献」(contribution) との間でバランスが取れているときに個人は組織に参加するのである．誘引と貢献との間のバランスに影響するのが，職務に対する満足度で，個人が描く自分の特性と職務との一致の程度・職務の達成可能性の程度・職務外の活動が両立できる程度が関係している．さらに，組織内での異動の可能性の大きさは，組織間の移動と同じと感じる可能性に通じるので組織への参加の程度を大きくする．もちろん経済活動の水準，技術水準，参加者の年齢・性別・社会的地位・専門性が移動の困難性に影響する．

組織への参加を統制することは，誘引と貢献とのバランスの崩れや従業員の不満に対処することで，コンフリクトとその対処として扱われる．

コンフリクトとは，ここでは，意思決定のメカニズムにおける破綻を意味し，①個人のコンフリクト，②組織コンフリクト，③組織間コンフリクトが存在する．

個人のコンフリクトは，個人が意思決定を行う場合，代替選択肢が受け入れられない場合（受容不可能），代替選択肢を比べることができない場合（比較不可能），代替選択肢がどうなるかわからない場合（不確実）に起きる．

組織コンフリクトとは，メンバー間の意思決定における問題である．つまり，組織の中で個人の行なった選択の結果の間に相違が生じた場合に起きる．これには，個人の経験の量と意思決定の複雑性が関連している．

組織間コンフリクトとは，組織における集団間のコンフリクトのことであり，組織における各集団間・部門間の達成目標と満足水準は同じではなく（目標の分化），個人や集団によって事実に対する認知つまり理解されている情報が分化している（知覚の分化）ことが関連している．

コンフリクトの対処としては，①問題解決，②説得，③バーゲニング（交渉），④政治的手法，がある．問題解決は，目標が共有されていて，情報の共有化によるコンフリクトに対処する方法で，新たな代替選択肢の想起が強調さ

れる．逆に，説得は，目標が共有されていない場合のコンフリクトおいて，目標の共有化を模索することによって新たな意思決定をするものである．バーゲニングは，目標の共有化が不可能な場合，新たに公正と思われる目標を模索し，提示することによって新たな意思決定をするものである．政治的手法は，多様な影響力を利用して意思決定に到達しようとするものである．

(3) 合理的モデル

第3のモデルは，人間行動の合理的側面を強調するもので，意思決定が目的達成のために合理的であるかどうかの問題である．現実の意思決定では，代替選択肢の想起・結果予測・評価において完全なものはない．したがって現実の合理性は制約されている，もしくは主観的である．

その中でも組織は有効な意思決定を行なわなければならない．一方で，日常の問題は多くが反復的であるとすれば，常軌的は意思決定が「プログラム化」され，結果予想が確実になる可能性は高まる．したがって，プログラムは組織の統制や調整の手段として有効になるのである．

他方，組織に生起する事態は必ずしも反復的であるとは限らない．そこでの意思決定問題は「問題解決」反応であり，プログラムの変革・革新（イノベーション）に関わることである．イノベーション (innovation) とは，新しいプログラムの開発によって組織行動を変化させ，変化する状況に適応的な問題解決を可能にしようとするものである．イノベーションが必要となる前提は，満足水準（もっと満足したいという心理）が関わっている．したがって，イノベーションが起こる確率は，環境変化の程度に左右されるが，そのほか，実績が要求よりも少しだけ下回った場合に高くなる．日常業務が革新の障害になることが多いので，あえて革新に関わる目標達成に必要な資源を配分したり，日常業務の達成が革新に関わる問題の解決を待たねばならないことを認識させることによって革新を遂行させることが可能になる．

認知的に制約された合理性のもとで，新たなプログラム開発をするには目的

――手段の分析が必要である．組織の分業体制は目的――手段の関係が要素的に分解されたもので，そこに目的――手段階層が出来上がる．つまり，目的――手段が独立的であるときライン組織が形成され，目的――手段が統一的に働くようにするためには目的――手段を調整するスタッフが機能するのである．

（佐藤一義）

ゴミ箱モデル

　現実の意思決定の場面では，合理性の制約の存在だけでなく，目標や基準があいまいであったり，因果関係の不明・試行錯誤的解決法・先例の重視が存在していたり，意思決定者が流動的であったりするとき，ゴミ箱に投げ入れるよう，さまざまな代替選択肢が提案され，ゴミ箱からごみを手探りで拾うように，問題を残したままの意思決定がなされることがあることを示した．実際，私たちは日常，精緻なプロセスを経た意思決定をしてはいない．もし，意思決定に失敗したとしても，いろいろな言い訳を付けて満足化・合理化をはかることがある．

第4節　サイアート＝マーチ理論

　サイアートとマーチは，サイモンとマーチの理論をより企業行動の理解のための理論へと推し進めた．つまり研究の対象を企業に限定し，企業組織における意思決定や企業行動の予測を可能にするものである．企業組織は企業目的を決定し（組織目的），それを達成するための代替選択肢を探索し，情報を処理し（組織期待），代替選択肢が評価・選択する（組織選択）．さらに，企業における組織的意思決定に影響する，コンフリクト・不確実性・問題解決・組織学習の4つの概念を検討している．

　サイアートは，1921年ミネソタ州で生まれ，コロンビア大学で博士号を取得後，カーネギー工業（現カーネギーメロン）大学で教鞭をとった．

(1) 企業組織の意思決定

　組織目標：目標は主としてメンバーのモチベーションの水準に関わる問題であり，①目標はどんな問題が重要なのかによって決まる，②問題の認識はメンバーの構成，メンバーの経験，部門の特性によっても影響を受ける，さらに，③過去の業績・他社の業績が目標の達成水準を決定する．

　組織期待：組織の認知に関する問題であり，個人や組織が情報をそのように入手し，情報をどのように処理するかで意思決定の有効性が相違する．情報収集・処理は一定のパターンをもつと考えられる．さらに，期待は情報によって裏打ちされるものであるが，実際には，感情的なメンバーの希望にすり替えられることがある．

　組織選択：意思決定のルールに関する問題であり，意思決定は問題が生じたときに必要性が高まるので，問題を認識することに関わる過去の経験によって左右され，標準的な意思決定はルールが利用される．また，意思決定の際には満足基準が用いられる．

(2) 組織的意思決定への影響要因

　コンフリクトの解決：多様な目的を有するメンバーの存在・情報の偏在によって，ほとんどの企業組織はコンフリクトを抱えている．そこでの解決方法と

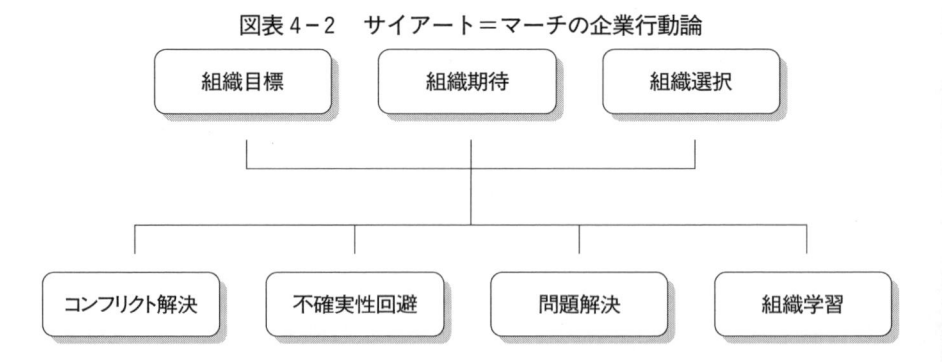

図表4-2　サイアート＝マーチの企業行動論

組織目標　　組織期待　　組織選択

コンフリクト解決　　不確実性回避　　問題解決　　組織学習

しては，企業は，下位単位に権限を委譲し，目標と意思決定を専門化し，複雑で全体的なコンフリクト状態にある問題を単純な問題へと変質させ，局部的には合理性を保とうとする．また，意思決定におけるルールに満足水準のルールを適応させれば，厳密に決定しようとしなくてもすむのである．

不確実性の回避：不確実性とは代替的選択肢の将来の結果が判らない状態なので，現実の意思決定は，不確実性の高い長期的なものよりは予想可能な短期的なものを優先させ，そのとき使用する情報は，確実性の高い短期的な情報を利用し不確実性を回避しようとする．さらに，外部環境に代表される変化が予想されるものにアプローチしながら統制を試み不確実性を回避しようとする．

問題解決志向の探索：目標が許容可能水準にある場合は，代替選択肢や情報が問題になるので，情報探索活動が重要になってくる．とくに，組織が目標達成に失敗したときや失敗が予想されるとき，情報探索活動が動機づけられ，失敗の原因に関わる情報が探索される．ただし，情報探索における訓練の質や経験・探索者の楽観性などによって探索活動に影響が出る．

組織学習：企業組織は存続・成長のために，組織目標・意思決定ルール・情報探索において適応的行動（学習）をとるのが一般的である．過去や周囲の企業の目標が参考にされ，満足いくような基準，すなわち失敗よりは成功に関わった基準を使用した意思決定ルールを採用する．

（佐藤一義）

第5節　経営戦略・アンゾフの理論

アンゾフ（Ansoff, H. I., 1917-2002）は，15年間のロッキード社での実務経験の後，カーネギーメロン大学において教鞭をとった．*Corporate Strategy*, 1965（広田寿亮訳『企業戦略論』産業能率短期大学出版部，1978年）などで経営戦略の概念の重要性を主張した．

図表 4-3　成長ベクトル

		製品・サービス	
		既　存	新　規
市場	既　存	市場浸透	製品開発
市場	新　規	市場開拓	多　角　化

(1) 意思決定と経営戦略

　アンゾフは，企業が目的を達成するためには経営諸資源を商品・サービスに転換して顧客に提供するプロセスに関わる意思決定をしなければならないが，実際には，多くの意思決定が存在することを示した．具体的には，戦略的意思決定（strategic decision），管理的意思決定（administrative decision），業務的意思決定（operating decision）の3つである．

　戦略的意思決定とは，企業と外部環境との関係に関連した意思決定であり，企業が提供する製品・サービスと提供先である市場の選択の問題，つまり，どんな製品をどんな市場に提供するかの意思決定である．そのためには企業目標・企業方針・全体的な経営資源の配分などを決定しなければならない．

　管理的意思決定とは，組織化に関わる意思決定のことであり，垂直的分業体制（権限と責任の関係・上下関係を形成するコミュニケーション）と水平的分業体制（業務の設計・分担）を確立し，職務間の結合，情報の円滑な伝達，人的資源の獲得や配置・訓練，さらに資金の配分などの調整を図るものである．

　業務的意思決定とは，経営目的に大きな影響を与える生産や販売のプロセスに関わる意思決定である．具体的には，部門内での資源の配分，業務の監視，部門内でのコミュニケーションなどである．

(2) 戦略のベクトル

　アンゾフは企業の成功と失敗の決定要因は生産や販売の効率性ではなく，事業そのものの組み合せの意思決定であるとしている．ここで事業とは特定の製

品・サービスを生み出し，それらを特定の市場・消費者・顧客に提供する活動をさす．したがって，事業の組み合せの意思決定とは，まさに製品と市場の選択の問題であり，これを成長ベクトルとよんでいる．

　成長ベクトルにおいては，製品は既存の製品と新しい製品とに区別され，市場も既存の市場と新しい市場に区別される．したがって，成長ベクトルは，それぞれを組み合わせて4つのベクトルに区別される（図表4-3参照）．

　①市場浸透は，既存の製品と既存の市場での事業を重視するもので，販売促進，宣伝・広告や価格操作によって市場占有において有利な立場にあろうとするものである．②市場開拓は，既存の製品によって新しい市場を獲得しようとするものである．スポーツウェアが普段着になったり，国際市場への進出などがこれに当たる．③製品開発は，既存の市場に新しい製品を提供して成長の機会を追求するものである．④多角化は，新しい製品を新しい市場で提供しようとするもので，新事業を創造するものである．

（佐藤一義）

参考文献

Barnard, C. I., *The Functions of the Executive,* Harvard University Press, 1938.（山本安次郎・田杉　競・飯野春樹訳『経営者の役割：新訳版』ダイヤモンド社　1968年）

Barnard, C. I., *Organization and Management,* Harvard University Press, 1948.（飯野春樹訳『組織と管理』文眞堂　1990年）

March, J. G. and Simon, H. A., *Organizations,* Wiley, 1958．（土屋守章訳『オーガニゼーションズ』ダイヤモンド社　1977年）

Simon, H. A., *Administrative Behaviour,* Macmillan, 1945 ; 2nd ed., 1957 ; 3rd ed., 1976．（松田武彦・高柳暁・二村敏子訳『経営行動』ダイヤモンド社　1965年）

William B. Wolf, *The Basic Barnard : An Introduction to Chester I. Barnard and His Theories of Organization and Management,* New York State School of Industrial and Labor Relations, 1974．（日本バーナード協会訳『バーナード経営学入門：その人と学説』ダイヤモンド社　1975年）

飯野春樹『バーナード組織論研究』文眞堂　1992年

第5章
経営管理の目標と機能

第1節　経営目的の意義

(1) 経営目的とは

　あらゆる企業は，必ず経営目的（management objective）をもっている．企業がゴーイング・コンサーン（継続事業体）として長期的に存続・発展するためには，経営目的が必要である．経営目的は，経営者もしくは企業が経営活動の遂行により達成したいと望む水準を示すものであるが，それはその企業におけるあらゆる意思決定を導く指標になるとともに，意思決定に基づく行動や業績を評価する基準となる．また，それは経営活動における基本的な考え方，方向性や目標を利害関係者（ステイクホルダー）に対して表明するものでもある．

　その経営目的として，古典的には利潤最大化目的があった．それは，企業が経済的合理性を貫徹する原理から収益性の追求を目指すものであった．しかし，企業を取り巻く利害関係者の多様化にともない利潤最大化は否定され，個々の利害関係者の目的や動機を考慮し，それらを経営目的に反映させることが必要となった．

　企業を取り巻く利害関係者には，出資者，従業員，消費者，取引先，金融機関，地域社会，行政機関などが含まれる．利害関係者の貢献を継続的に確保していくためには，個々の利害関係者の要求を調整しながら，それらを同時に実現できるような多元的な経営目的を構築・追求しなければならない．なぜなら，

企業の社会的存在意義が高まるにつれて,利害関係者への社会的責任としての出資者の要求する収益性の他,社会性を含めた経営目的が求められるためである.企業は,そのような経営目的を構築することで,社外に向けて企業の進むべき方向性や追求する目標を,社内に対しては従業員の意思決定および行動の指針を示すことができるのである.

(2) 経営目的の体系―経営理念と経営目標

　経営目的といった場合,それはいかなる概念であり,どのような要素から構成されているかを明確にする必要がある.そこで,経営目的の構成要素やその体系を中心に説明したい.

　経営目的は,企業が経営活動の遂行により達成したいと望む水準,経営活動における基本的な考え方,方向性や目標を示したものであるが,経営目的には,抽象的・永続的な側面と具体的・可変的な側面がある.前者をあらわすものが経営理念(management philosophy)であり,後者をあらわすものが経営目標(management goal)である.すなわち,経営目的は,経営理念と経営目標を統合する上位概念として,それら2つの要素から構成されると考えられる.[1]

　経営理念とは,経営者が経営活動を遂行する上で抱く信念,信条,理想,価値基準などを示したものであり,とくに創業者の制定した創業者精神や企業の発展に寄与した中興の祖の訓示などに典型的に表明される.「人々の生活を豊かに」(日産自動車)[2]や「世界中のお客様に喜びを提供したい」・「人間尊重」(本田技研工業)[3]などは経営理念の例であるが,比較的抽象的な内容を示すものが多い.経営理念は,企業を取り巻く経営環境,その企業の業種や事業内容にあまり関係なく表明され,一度表明されると長期間にわたって継続し変更されることは少ない.このように,経営理念は抽象性・永続性にその特徴が見出されるものである.

　一方,経営目標では,経営者の掲げる経営理念を実現するために,「何をいつまでにどのくらい達成するか」といった企業が達成すべき質的・量的基準が

設定される．すなわち，経営目標は，売上高，利益額，利益率，成長率などに数値目標化され企業の目指すべき具体的な到達水準の期間や数量を明示するものである．その他，コスト削減，品質やサービスの向上，環境への配慮などの達成水準を経営目標として設定する企業も多い．経営者は経営目標の設定にあたり，経営環境の中でもとくに利害関係者の多元的な要求を経営目標に反映させることが求められる．したがって，一旦設定された経営目標でも経営環境の変化や所有する経営資源などに応じて変更され，その内容が見直されることが多い．このように，経営目標は，経営理念に比較していうならば，具体性・可変性をその特徴とするものである．

このようにみると，経営理念は経営目標に反映され，それを設定する上での指針となる．すなわち，経営目標は経営理念に即したものおよびそれに反しないものとして，その内容が制約され設定されることになる．しかし，経営目標が経営理念の内容に影響を及ぼし，それに変更をもたらすこともありうる．それは，経営環境の変化によって経営理念と経営目標との間に相違が生じ，両者が互いに別べつの方向性を示すことになった場合である．その場合には，現実に即した具体的な経営目標が経営理念を制約し経営理念そのものの変更をもたらすこととなる．このように経営理念と経営目標は相互にその内容を制約する関係にあるが，それらはともに同じ方向性を示すこと，経営環境の変化に適応するよう見直されることが求められる．

（飛田幸弘）

第2節　経営理念の機能

(1) 経営理念の意味

前節で述べたように，経営理念とは，経営者が経営活動を遂行する上で抱く信念，信条，理想，価値基準などを示すものである．それは，特に創業者の制

第5章　経営管理の目標と機能　87

図表5-1　トヨタ自動車の経営理念

1	内外の法およびその精神を遵守し，オープンでフェアな企業活動を通じて，国際社会から信頼される企業市民をめざす．
2	各国，各地域の文化，慣習を尊重し，地域に根ざした企業活動を通じて，経済・社会の発展に貢献する．
3	クリーンで安全な商品の提供を使命とし，あらゆる企業活動を通じて，住みよい地球と豊かな社会づくりに取り組む．
4	様々な分野での最先端技術の研究と開発に努め，世界中のお客様のご要望にお応えする魅力あふれる商品・サービスを提供する．
5	労使相互信頼・責任を基本に，個人の創造力とチームワークの強みを最大限に高める企業風土をつくる．
6	グローバルで革新的な経営により，社会との調和ある成長をめざす．
7	開かれた取引関係を基本に，互いに研究と創造に努め，長期安定的な成長と共存共栄を実現する．

出所）トヨタ自動車ホームページ（http://www.toyota.co.jp）より

定した創業者精神や企業の発展に寄与した中興の祖の訓示などに典型的に表明され，経営者が交替しても維持されることが多い．経営理念は，企業理念，経営哲学，経営信条，経営思想などともいわれるが，それらは基本的には同じような意味をあらわすと考えられる．そして，日本の企業においては，社是，社訓，綱領，指針，方針などの形で，経営理念が社内外に浸透するよう明文化されることが多い．

ここで，経営理念の具体的事例をみてみよう．図表5-1はトヨタ自動車㈱の経営理念である．

トヨタ自動車は，法令・規則の遵守，誠実かつ公正な企業活動，地域社会への貢献，顧客・従業員の尊重，環境・社会との調和・共生，革新的・創造的な研究・経営，グローバル経営への対応，長期的な存続・成長などを経営理念に謳っている．この事例をみるとわかるが，経営理念は比較的抽象的・規範的な内容を示すものであり，多岐にわたる複数の内容から構成されている．

なお，経営理念の内容としては，主に次のようなことを表明する企業が多い．それは，①追求する価値・理想，②存在意義と存在目的，③社会的使命，④製品・サービスを通じた社会への働きかけ，⑤企業活動や経営のあり方・姿

勢，⑥従業員のあり方・行動規範，⑦利害関係者との関係やそれへの配慮などであるが，これらは多くの企業に共通する普遍的なものであるといえる．しかし，その具体的な内容については，その企業や経営者の価値観や目指す理想，経営環境あるいは利害関係者との関連などによって企業ごとに異なるため，それぞれの企業独自の経営理念が表明されることとなる．

　一度表明された経営理念は長期間にわたって継続されることが多いが，利害関係者を含む経営環境や時代背景の変化により見直されることもある．具体的には，企業規模の拡大にともなう事業内容の変化・増加，海外進出・環境問題への対応，企業の社会的存在意義の向上にともなう社会的影響力の増大，および利害関係者の価値観の多様化といった要因により，既に表明された経営理念は陳腐化し，その修正・変更を必要とされることがある．しかし，経営理念はその企業の基本的価値を表明するものであるため頻繁に変更されるべきではなく，長期間にわたって受け継がれその企業の拠りどころとなるよう社内外に定着・浸透されるべきものである．

⑵　経営理念の機能と浸透

　ところで，なぜ多くの企業あるいは経営者が経営理念を表明するのであろうか．そして，それをなぜ社内外に浸透させようとするのであろうか．経営理念は，とくに経営者個人が抱く信念，理想，価値観などを示すものであるため，その企業の内外に浸透されてはじめてその機能が発揮されることになる．

　では，経営理念はいかなる機能や役割を果たすのであろう．経営理念の果たす機能に関しては，それぞれの企業が表明する経営理念の内容によって多少異なってくるが，おおよそ社会や利害関係者などに対する対外的な側面と従業員に対する対内的な側面に大別した2種類の機能があると考えられる．

　まず，経営理念の対外的機能としては，①自社の進むべき方向性の提示，②社会における自社のアイデンティティの獲得，③自社の経営や企業活動の正当性の強調，④利害関係者との信頼関係の構築，⑤社会の人びとからの親

近感や支持・理解の獲得などをあげることができる．一方，対内的機能としての経営理念は，⑥従業員の意思決定や行動の指針・基準・方向性の提示，⑦企業活動全体の整合性の付与，⑧従業員の企業への一体感・帰属意識・忠誠心の高揚，⑨従業員のモラールやモチベーションの向上，⑩従業員間のコミュニケーションの円滑化，⑪自社の企業文化（経営文化，組織文化あるいは企業風土）の醸成などに寄与する．

　以上のような機能を果たす経営理念が，社会や利害関係者に対して浸透し，それが理解されれば，その企業の存在意義および企業活動は支持され，企業の長期間にわたる存続・発展が可能になるといえる．ただし，経営者は，表明した経営理念を利害関係者の中でもとくに自社内の従業員に対して浸透させることに注意を払わなければならない．なぜなら，従業員が経営理念を認識し，それをひとつの共通の価値観として共有することで，全従業員に共通する行動様式が生まれるためである．それは企業文化といわれるものであるが，経営者は経営理念を企業文化として企業全体に浸透させ，従業員が共通の価値観のもとでその意思決定や行動を遂行するよう導くべきである．

　経営理念は，単なるスローガンに終わることも多い．経営者は建前としての経営理念ではなく，経営理念を従業員の行動や社内におけるあらゆる活動に浸透させ，それを体現化することを通じてはじめて経営理念を表明した意味が生じ，社内外においてその機能が発揮されることになるのである．

（飛田幸弘）

第3節　経営目標の多様化

(1) 経営目標の質的・量的側面

　経営理念と並んで，経営活動の方向性を示し経営目的達成の拠りどころとなるものに経営目標がある．それは，比較的抽象的な内容を示す経営理念を実現

するために，その企業の目指す達成水準の期間や数量などの内容，すなわち企業が達成すべき質的・量的基準を具体的に明示するものである．たとえば，「毎年の売り上げの30％は，最低でも4年以内に販売された新製品から生み出されたものでなければならない」（3M）といった新製品の導入目標，「2010年代の早い時期にグローバル・シェア15％」（トヨタ自動車）といった市場占有率に関する達成目標，あるいは新規に立ちあがったベンチャー企業の「創業3年後に単年度黒字化，5年後に累積損失解消」といった経営目標がある．

このように，経営目標には，その企業が達成すべき質的・量的基準が具体的に明示されているが，経営者は，企業を取り巻く利害関係者の多元的な要求を調整し経営目標に反映させなければならない．その際に問題となるのが経営目標の質的・量的基準である．そこで，質的・量的側面からみた経営目標の内容について検討する．

経営目標の質的側面は，経営目標を設定する際の「何を達成するか」の「何」にあたる達成項目にかかわる．これに関して，たとえば，ドラッカー（Drucker, P. F., 1909-）は，経営目標として，①マーケティング，②革新（イノベーション），③人間組織，④財務的資源，⑤物的資源，⑥生産性，⑦社会的責任，⑧利益追求という8つの主要領域に関する目標を設定する必要性を唱え，アンゾフ（Ansoff, H. I.）は，企業の経営目標として，①自社の資源転換の全プロセスの能率を最適化することを目指す経済的目標，②自社の利害関係者のニーズと要求に対応する社会的目標ないしは非経済的目標という大別すると2種類の経営目標があることを指摘する（図表5-2参照）．経営者が何を経営目標とするかについては，利害関係者の多様化にともなう多元的目標，すなわち経済的目標だけではなく非経済的目標，企業の社会的責任に関わる社会性をもつ経営目標を設定することが求められる．

一方，経営目標の量的側面は，設定した目標項目を「どのくらい（どの程度）達成するか」という達成の度合いに関わる．経営目標をどの水準で達成しようとするかを示す原理には，①最大化原理，②最小化原理，③必要最小原理，

④満足化原理，⑤適正原理などがあげられる[8]。①最大化原理は，極大化原理もしくは最適化原理ともよばれ，一定の条件の中で実現可能な最大の水準を達成しようとするものである．②最小化原理は，最大化原理の反対概念であり，原価や費用などを最小化する目標に関連する．③必要最小原理は，最低限必要とされる水準を達成しようとするものである．④満足化原理は，最大を目指すのではなく満足できる一定の水準を達成しようとするものである．なお満足化原理による目標水準は，必要最小原理のそれを下回ることはない．⑤適正原理は，標準的な水準を達成しようとするものであるが，その「標準」の意味するところは，社会的公準であるとともに，企業にとっては必要最小原理の水準以上，すなわち，満足化原理の水準と理解できる．これらの原理は，主として利潤との関連で用いられることが多いが，企業を取り巻く利害関係者の多様化にともなう多元的目標追求の必要性から，経営者にとっては満足化原理や適正原理の水準に基づく経営目標を設定することが重要になってくる．

(2) 多元的目標と経営目標システム

　企業がどのような経営目標を重視したり設定するかは，企業の制度的性格や利害関係者などの経営環境によって企業ごとに異なる．生業・家業といった程度の企業形態であれば，経営目標として利益額や利益率といった単一目標を設定することもあるが，企業の発展・成長とともに経営目標は単一目標から多元的目標に移行する．なぜなら，企業活動の多様化にともなう社会的影響力の増大により，利害関係者を含む経営環境に対処せざるをえないためである．そこで，多くの企業が利害関係者の種々の要求を同時的に実現するために多元的目標を設定するのである．

　多元的な経営目標は階層を成している．それは，頂点に位置する最上位の目標から下位の目標までが相互に関連づけられて，経営目標全体でひとつの体系（システム）を形成する．すなわち，下位の目標がその上位の目標の手段となるような階層状の体系である．

さて，経営目標の多目標体系の事例として，ここではアンゾフの経営目標システムを取りあげる[9]。

アンゾフによれば，企業は，①自社の資源転換の全プロセスの能率を最適化することを目指す「経済的目標」，②自社の利害関係者のニーズと要求に対応する「社会的目標」ないしは「非経済的目標」という，大別すると2種類の経営目標をもつ。

経済的目標は，企業の行動に対して最大の影響力を及ぼし，経営者が指揮・統制する上で明示する目標の主要母体を形成するものである。その内容として，長期の投資利益率（ROI）の最適化が中心に位置づけられる。一方，非経済的目標は，経営者の行動に対して修正・制約するという意味で副次的な影響力を及ぼすものである。その他，経営者の行動に影響を及ぼすものとして，経済的目標と非経済的目標という本来の経営目標の他,「責任」と「制約」[10]があげられる。

そこで，アンゾフの経営目標システム全体の階層を図示すると，図表5－2のような体系になる。以下，その内容について要約する。

① 経済的目標は，その設定期間により短期目標，長期目標に区分される。短期目標は，投資利益率を唯一その内容とし，長期目標には，長期の投資利益率の維持・増大のために，社外における競争地位確立の指標，社内能率の維持の指標が呈示される。

② 経済的目標には，短期目標，長期目標とともに，予測不能な不測事象に対処するための社外および社内の柔軟性目標が設定される。前者は製品・市場投資のパターンの多様化，後者は経営資源の流動性に関する指標から構成される。

③ 非経済的目標および責任と制約は，非経済的な影響力として経済的目標を修正する。それらは，制度面での影響力・制約と個人（経営者など）の目標をその下位指標に包含する。

以上のように，アンゾフの呈示する経営目標の体系は，経済的目標―非経済

第5章　経営管理の目標と機能　93

図表5-2　アンゾフの経営目標システム

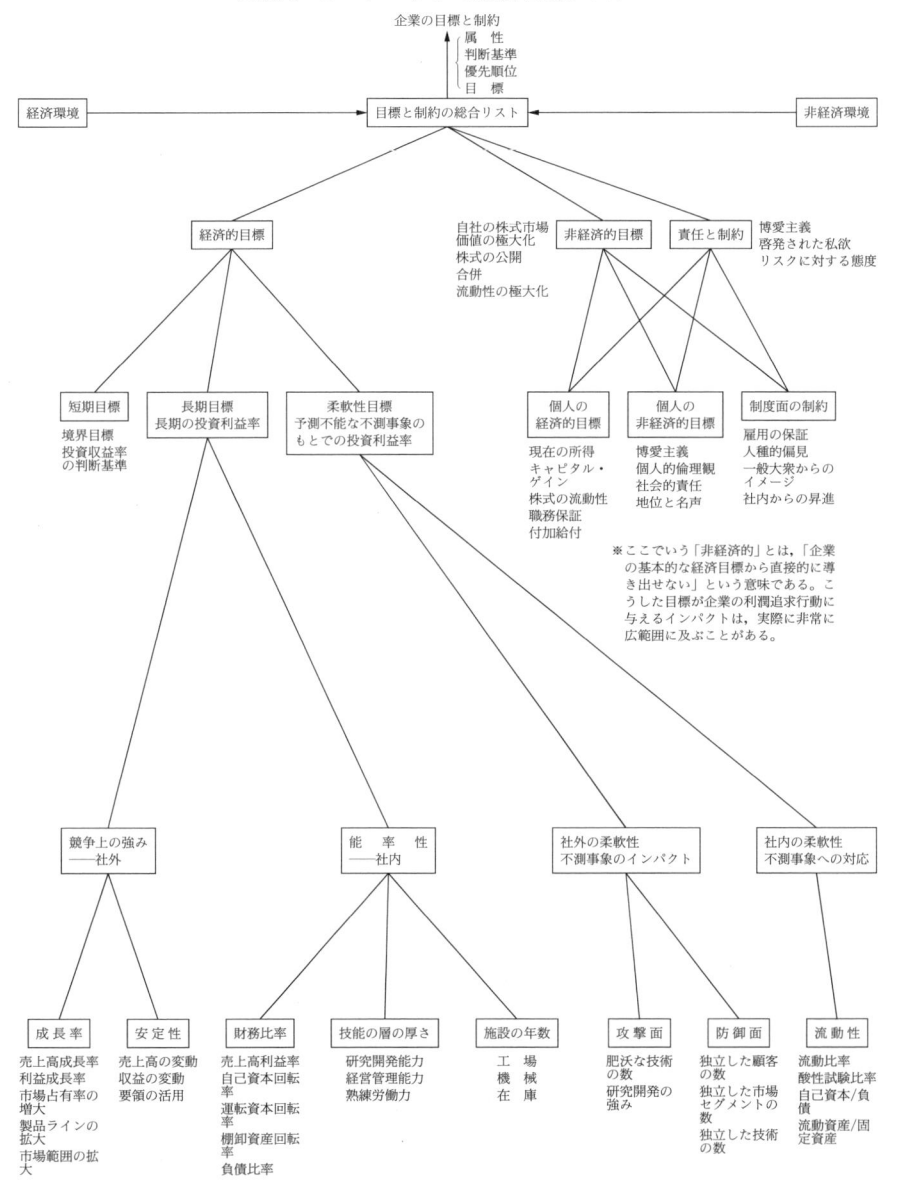

```
                                        企業の目標と制約
                                               属　性
                                               判断基準
                                               優先順位
                                               目　標
                                               ↑
  経済環境 ─────────────→  目標と制約の総合リスト  ←───────────── 非経済環境
                                        ↙    ↓    ↓    ↘
                                経済的目標          非経済的目標   責任と制約
                                         自社の株式市場                       博愛主義
                                         価値の極大化                         啓発された私欲
                                         株式の公開                           リスクに対する態度
                                         合併
                                         流動性の極大化
          ↙           ↓            ↘                ↙        ↓        ↘
    短期目標      長期目標        柔軟性目標         個人の     個人の    制度面の制約
    境界目標      長期の投資利益率  予測不能な不測事象の 経済的目標  非経済的目標
    投資収益率                    もとでの投資利益率
    の判断基準                                       現在の所得  博愛主義    雇用の保証
                                                    キャピタル・ 個人的倫理観 人種的偏見
                                                    ゲイン      社会的責任   一般大衆からの
                                                    株式の流動性 地位と名声   イメージ
                                                    職務保証               社内からの昇進
                                                    付加給付
```

※ここでいう「非経済的」とは、「企業の基本的な経済目標から直接的に導き出せない」という意味である。こうした目標が企業の利潤追求行動に与えるインパクトは、実際に非常に広範囲に及ぶことがある。

```
   競争上の強み       能　率　性        社外の柔軟性        社内の柔軟性
   ──社外          ──社内          不測事象のインパクト  不測事象への対応
    ↙    ↘        ↙        ↘         ↙       ↘          ↙       ↘
  成長率  安定性   財務比率  技能の層の厚さ 施設の年数  攻撃面   防御面    流動性

  売上高   売上高の  売上高    研究開発能力   工　場   肥沃な技術 独立した顧客 流動比率
  成長率   変動     利益率    経営管理能力   機　械   の数     の数       酸性試験比率
  利益高   収益の    自己資本  熟練労働力    在　庫   研究開発の 独立した市場 自己資本/負
  成長率   変動     回転率                          強み     セグメントの  債
  市場占   要領の    運転資本                                 数         流動資産/固
  有率の   活用     回転率                                   独立した技術  定資産
  増大             棚卸資産                                  の数
  製品ラ            回転率
  インの            負債比率
  拡大
  市場範
  囲の拡
  大
```

注）アンゾフ, H. I.（中村元一・黒田哲彦訳）『最新・戦略経営』産能大学出版部　1990年　pp. 76, 81, 89, 91の図を一部修正・合成

的目標の階層体系を成している．そして，経済的目標および非経済的目標はそれぞれ多元的目標をもった集合体であり，経営目標のサブ・システムを構成しているのである．

(飛田幸宏)

第4節　経営管理の機能

(1) 管理要素

　管理は，経営の各分野において広く取り扱われている概念である．経営における機能（functions）といった場合，研究開発から調達・購買，製造を経て流通し，最終的には消費者にいたる価値連鎖過程の各段階を機能とよぶことがある．より具体的にはこの価値連鎖の段階ごとに部門を設けてデザインされた組織の形態を，機能部制組織，職能部門別組織あるいはファンクショナル組織とよぶ．

　一方，経営管理の役割，内容あるいは構成要素を機能とよぶことがある．これは一般には，管理機能（management function）または管理職能とよばれる．ファヨール（Fayol, H., 1841-1925）が，計画，組織，命令，調整，統制といったものを循環過程として提示して以来，多くの研究者によって，追加，修正する形で論じられている．ここでは，ファヨールを祖とする管理要素としての機能に限って論じることにする．

　ファヨールの管理要素は，アメリカの管理過程学派に脈々と受けつがれている．管理要素は，管理過程学派の中でも3要素から7要素ぐらいまで相違がみられるが，もっとも簡略化したものが，一般に広く知られている．すなわち，Plan（プラン：計画する）— Do（ドゥ：実行する）— See（シー：評価する）というマネジメント・サイクル（management cycle）としての過程（プロセス）である．

第5章　経営管理の目標と機能　95

(2) マネジメント・サイクル

　すでに第2章第4節で述べているようにファヨールは経営活動を，技術，商業（販売），財務，保全，会計，管理の6つに分けて，最後の管理（マネジメント）は他の5つとは明確に区別すべきとして，管理とは，計画し，組織し，命令し，調整し，統制することであるとした．これを現代では，マネジメント・サイクルとよんでいる．もっともシンプルな形のマネジメント・サイクルはPlan（プラン：計画する）— Do（ドゥ：実行する）— See（シー：評価する）の3要素過程と，Plan（プラン：計画する）— Do（ドゥ：実行する）— Check（チェック：点検する）— Action（アクション：対処行動をとる）の4要素過程として表現される場合である．それぞれ英語の頭文字をとって，PDSサイクルまたはPDCAサイクルとよばれることもある．PDCAの4要素過程はSeeの過程がCheckとActionに細分化されたものと考えられるので，以下の説明は，PDSの3要素過程を中心に説明する．

　① Plan（プラン：計画する）

　計画するとは，経営における諸活動のコースを目標に向かってもっとも有利に到達するように事前に決めるはたらきであり，目標や方針の設定，予測・企画活動を必要とする．これが不適切であると，その結果も不適切なものになることはいうまでもないことであろう．計画は，具体的には長期計画・中期計画・短期計画，全体計画と部門計画，戦略的計画と業務的計画などに分類できる．長期計画は，通常5年から10年のスパンで，中期計画は3年のスパンで，短期計画は，現存の機械設備，その他の条件に基づく一営業年度以下の業務計画をいう．

　長期計画は変化の激しい企業環境に挑戦，適応していくための創造的な構造改革的性格の強い将来計画であるが，近年，環境の変化の加速度が増すにつれて，計画期間が短くなりつつある．そして，計画に重なりをもたせた見直し可能なローリング・プランが主流となりつつある．

将来の環境変化を見越した変革の決定，経営資源の蓄積，配分などの基本的方向づけの決定は，戦略計画（strategic planning）あるいは戦略策定（strategy formulation）とよばれ，戦略形成のスターティング・ポイントとなっている．

　計画作成では，過去のデータを分析して改善するべき問題を発見し，仮説が正しいかどうかを検証することが重要となる．そのために計画作成手法の精緻化に努力が払われてきた．問題発見や仮説検証などでは，大量のデータから価値のある情報を入手するデータ・マイニング（data mining）の手法，実際の状況をコンピュータ・モデルにして机上実験を行なうシミュレーション（simulation）の手法に加え，グループウェア（groupware）による情報の共有化やインターネットなどにより外部の情報を収集する方法もより高度により簡便なものになりつつある．

　しかし，計画は，とくに期間の長い計画においては，ときとしてその無機能さを露呈し，限界が生じることがある．以下の計画の限界を常に考慮して計画を設定する必要がある．

　予測の信頼度：計画は将来を予測して行なわれるが，いくらコンピュータなどの道具が発展しても，時間的空間的範囲が広くなればなるほど，不確実性は高くなる．

　変動の速度：変動の速度が速ければ，計画のパターン化が困難になる．

　固定化の傾向：いったん作成された計画は固定化されやすい．特に広範詳細な計画の場合，計画変更・改定への心理的な抵抗も強くなる．

　計画設定の費用：計画策定のためには，データの収集と分析が必要となり，また，計画決定のプロセス上，会議や打合せなどが行なわれる．その過程で多くの費用が発生し，後戻りできなくなる．

　計画に要する時間：単に長い時間をかければよいというものではなく，タイミングが重要となる．

　自発性の減退：計画が進行する過程で，自分ではなく他の人が計画を立てることに慣れてしまい，いつの間にか他人任せになってしまうことがある．自発

性の減退は，創造性やモラルの低下にもつながりかねない．

② Do（ドゥ：実行する）

Doは，実行過程である．計画は実行されなければ意味がない．しかも，効果的・効率的に行なう必要がある．組織のみならず，個人がものごとを行なう際にも，多くの人びとは計画を立てて実行するという過程をとる．個人の場合，実行する主体と管理する主体が同一であるので問題はない．自らの努力で効果的・効率的に実行しさえすればよい．

しかし，組織の場合は，若干，これら主体の関係がずれていくことになる．すなわち，実際の作業を行なう主体と，作業を管理する主体との機能分化が発生する．完全な機能分化はみられないとしても，作業者と管理者のとがある程度明確に分かれてくる．組織階層の機能分化が始まるのである．管理者の立場からこの実行過程をみていくと，自ら直接作業をすることもあるとしても，多くは他の人に仕事をやってもらうことになる．すなわち，他の人びとが，効果的・効率的に行なえるようにリードしていくことが，この過程の中心的な機能である．そしてこの過程には，リードしていく管理者自らも含んだ組織化，動機づけ，指令などの機能を含んでいる．

(a) 実行のハード面

組織化は，人と仕事，仕事と仕事，人と人とを結びつけ，仕事が効果的・効率的に達成できるようにはかるはたらきである．すなわち，作成した計画にしたがって，ヒト・モノ・カネ・情報の経営資源をいかに獲得・配分・蓄積し，システムとして構造化していくかということである．その過程には，専門化の原則により，職務分担や権限，責任を明確にする．あわせて，職務権限規定，手続きマニュアルなどのさまざまな手続きを制定し，職務記述書などに記載する．人びとを適正に配置し，職務相互の関係を合理的にデザインすることを含んでいる．と同時に，個性と感情をもった人間相互のコミュニケーションを良好にし，できれば，相互行為過程を通じてプラスの相乗効果がでてくるようにすることが重要である．ハード面の確立といってよい．

(b) 実行のソフト面

　ハードさえしっかりとしてしまえば，計画されたことが自動的に実行されるのであろうか．手続きのしっかりした官僚制は，組織形態の理念系としてとらえられているが，その官僚制も時として逆機能を露呈することがある．ソフト面の充実あるいは実行過程での人びとに配慮することなしには，組織として効果的・効率的に計画は実行されないであろう．

　リーダーシップ論においても，オハイオ州立大学の研究以降，仕事（タスク）と人間（配慮）との両方に基づいて行動するリーダーの有効性が確認されている．配慮とは，すべての部下を平等に扱ったり，友好で真摯なふるまいをする等の態度も含むが，高いモラルの重要性を説き，メンバーの動機づけに配慮することが主となる．メンバーの動機づけの高さは，優れたリーダーシップのあらわれであり，優れたリーダーの下には，モラルの高いメンバーが育つのである．この意味でリーダーシップとモチベーションは同じコインの裏表の関係にある．

　動機づけとは，組織メンバーに対して仕事を遂行する意欲を引き出すことである．そのためには，上位者は下位者の参加機会・自由裁量の増大をはかり，再度繰り返すが，仕事だけでなく人間に対しても関心を払うことが必要である．ハード面とソフト面とがともにそろって，はじめて，指令したことが適確な経路に乗って当該の部署に伝えられ，伝えられた内容を実現しようと，メンバーが努力して，その行動の結果が，報告という形でフィードバックされるのである．指令とは，部下を導き，監督することによって，部下の秩序ある活動を維持するはたらきである．指令が上位者の一方的な発令あるいは命令としてなされるだけでは機能しない．指令は実行されてはじめてその意味をもつのである．バーナード（Barnard, C. I.）は，上司に権限があるかどうかは，指令された部下の裁量しだいであるとする権限受容説をとる．指令した内容が実行されれば，その上司には権限があったのであり，命令されても実行されなければ，その上司には権限がなかったことになる．権限のあるなしは，リーダーシップにも大

きく関わる問題である．

③ See（シー：評価する）

マネジメント・サイクルの最後の過程が See の機能である．この過程は，状況の把握と，調整，統制の機能を含んでいる．この過程を Check（チェック：点検する）段階と Action（アクション：対処行動をとる）段階に分ける場合もある．

まずは，経営活動が計画通りに実行されているかどうかを把握しなければならない．チェック段階である．チェックは計画と結果を照らし合わせるだけなので，一見容易に思えるが，客観的に正確な結果情報を収集することはなかなか困難である．よい結果は強調され，悪い結果は報告されずに詐称されたり，廃棄されたりすることがけっして少なくないからである．昨今頻発する企業の不祥事は悪い結果の隠蔽に端を発していることはいうまでもないであろう．結果を受けて次の段階に入っていく．調整，統制段階あるいはアクション段階である．状況把握の結果，計画が達成できないようであれば，なんらかの対策をとる必要がある．それにはまず計画と実績の差異分析をして，原因を明確にする必要がある．また，計画が達成できるようなら，さらに目標を高くするとか，次の目標を考えるといったことも必要になる．

調整とは，相対立する諸活動を，相互の意思疎通をはかることによって，共通の目標に向かって調和させ統一するはたらきである．職能が分化し，業務内容が複雑化かつ専門化するほど調整のはたらきは重要になり，具体的には，長期計画と短期計画の調整，部門間における業務分担と権限関係の調整，企業内の個々の集団間，集団内の個人と個人の調整などである．また昨今では，企業と社会的秩序の間にも社会的責任などの見地から，調整が存在する．

一方，統制はいろいろな活動が計画にしたがって行なわれているかどうかを検討して，自薦に設定された計画値と実績値との差異を明らかにし，差異があれば，それを是正するはたらきである．統制は，計画とか統制の基準があってはじめて合理的に行なえるものであり，原価統制・品質統制・在庫統制などか

ら全般的な経営計画に対する各部門活動の統制まで多岐にわたる．

　この調整と統制の過程は，最終的な結果が出てから行なう場合もあるが，実行過程で問題が発生した場合には，手遅れにならないように，実行を中断して，調整・統制を行なう臨機応変な対応が時として必要になる．

（福田好裕）

☕ 計画のグレシャムの法則

　貨幣論の中に「悪貨は良貨を駆逐する」という法則がある．この言葉を発したエリザベス１世女王の財務顧問官の名前を取ってグレシャムの法則とよばれている．質の違う２種の貨幣に，同一の名目価格をつけて流通させると，実質価値の高い貨幣は蓄蔵されたり，地金として使用されたりして市場から姿を消し，実質価値の低い貨幣のみ残るというものである．計画においても，日常業務に多忙を極めると，将来を見込んだ革新的業務が駆逐されてしまう．目先の問題が，将来の備えを蝕んでしまうのである．

第５節　マネジメント・サイクルの循環過程

　マネジメント・サイクルが Plan — Do — See の過程を経るならば，最後の See の過程の後には，再び Plan に戻ってくることになる．そうした一つひとつのサイクルをきちんと完結させることが，適切な経営活動であるといえる．See の段階で発覚した問題点を改善していくことによってより精緻な管理システムが出来上がるであろう．

　しかし，日常のルーチンな業務であれば，昨日起こったことがそのままの状態で再び発生することも考えられるが，長期の計画においては，それまでの一循環過程から得られた経験がそのまま役立つとは限らない．長期的な環境適応の結果の存続・成長を考えるのならば，次の計画の段階での何らかの飛躍が必要になる．この飛躍がイノベーション（innovation）なのである（図表５−３参

図表5-3　マネジメント・サイクルとイノベーション

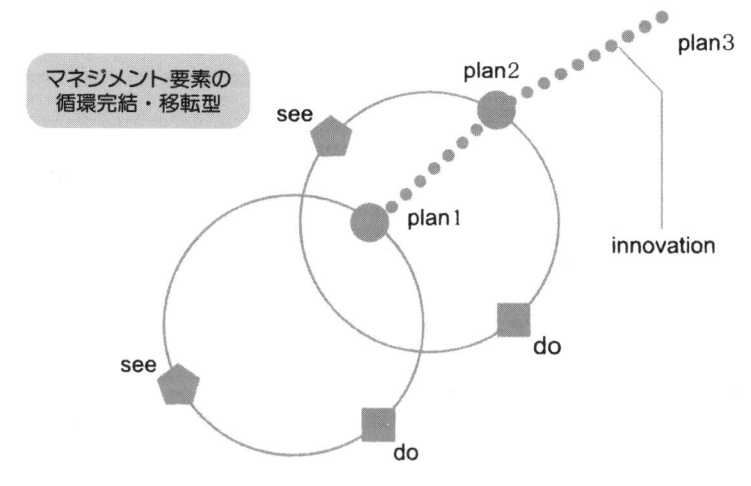

出所）藤芳誠一編『ビジュアル基本経営学』学文社　1999年　p.7

照）．

　環境が安定しているならば，サイクル循環の精緻化により，「よりうまく行う」ことができるようになるであろうが，環境の変化が激しい今日の状況においては，イノベーションを行ない，「正しいことを行なう」ことのできない企業は生き残っていくことができないだろう．

(福田好裕)

注

1）藤芳誠一編著『経営管理学事典　増訂版』泉文堂　1989年　pp.15-16
　　森本三男『経営学入門　三訂版』同文舘　1995年　pp.60-61
2）日産自動車株式会社ホームページ（http://www.nissan.co.jp）
3）本田技研工業株式会社ホームページ（http://www.honda.co.jp）
4）ガンドリング・賀川洋『3M・未来を拓くイノベーション』講談社　1999年　p.141
5）トヨタ自動車株式会社ホームページ（http://www.toyota.co.jp）

6) Drucker, P. F., *Management : Tasks, Responsibilities, Practices,* Harper & Row, 1973, pp. 95-102.
ドラッカー, P. F. 著, 野田一夫・村上恒夫監訳, 風間禎三郎・久野桂・佐々木実智男・上田惇生訳『マネジメント（上）―課題・責任・実践』ダイヤモンド社 1974年 pp. 153-165
7) アンゾフ, H. I. 著, 中村元一・黒田哲彦訳『最新・戦略経営』産能大学出版部 1990年 pp. 50-65
8) 藤芳誠一編著 前掲書 pp. 19-20
9) アンゾフ, H. I. 前掲書 pp. 50-99
10)「責任」とは，社内の指揮・統制機構の一部を形成しないその企業が遂行を担当すべき義務のことで，たとえば，フォード社によるフォード財団の支援・維持の責任がその例にあげられる。「制約」とは，自由度のある行動の中からいくつかの選択肢を除外する意思決定ルールであるが，法的な最低賃金または労働協約による最低賃金が賃金水準に関する意思決定を制約することをその例としてあげることができる。アンゾフ, H. I. 前掲書 pp. 59-60

参考文献

占部都美編著『経営学事典』中央経済社 1980年
ガンドリング・賀川洋『3M・未来を拓くイノベーション』講談社 1999年
経営学史学会編『経営学史事典』文眞堂 2002年
神戸大学大学院経営学研究室『経営学大辞典第2版』中央経済社 1999年
藤芳誠一編著『経営管理学事典 増訂版』泉文堂 1989年
藤芳誠一編著『ビジュアル基本経営学』学文社 1999年
藤芳誠一・飫冨順久編著『新経営学教科書』学文社 1995年
森本三男『経営学入門 三訂版』同文舘 1995年
森本三男『経営学』放送大学教育振興会 1995年
Ansoff, H. I., *The New Corporate Strategy,* John Wiley & Sons, 1988．（中村元一他訳『最新・戦略経営』産能大学出版部 1990年）
Drucker, P. F., *The Practice of Management,* Harper & Brothers, 1954．（野田一夫監修・現代経営研究会訳『現代の経営（上）（下）』ダイヤモンド社 1987年）
Drucker, P. F., *Management : Tasks, Responsibilities, Practices,* Harper & Row, 1973．（野田一夫他監訳・風間禎三郎他訳『マネジメント（上）（下）―課題・責任・実践』ダイヤモンド社 1974年）
Barnard, C. I., *The Functions of the Executive,* Harvard University Press, 1938．

（山本安次郎・田杉競・飯野春樹訳『新訳経営者の役割』ダイヤモンド社　1968年）

Fayol, H., *Administration Industrielle et Generale,* Dunod, 1917, Edition presentee P. Morin, Dunod, Paris, 1979．（山本安次郎訳『産業ならびに一般の管理』ダイヤモンド社　1985年）

Porter, M. E., *Competitive Advantage,* Free Press, 1985．（土岐坤・中辻萬治，小野寺武夫訳『競争優位の戦略』ダイヤモンド社　1985年）

野中郁次郎『経営管理』日本経済新聞社（日経文庫）　1985年

藤芳誠一監修『最新経営学用語辞典』学文社　1995年

藤芳誠一監修『新経営基本管理』泉文堂　2000年

経営学検定試験協議会監修『経営学検定試験公式テキスト①経営学の基本』中央経済社　2003年

第6章
組織の構造と文化

第1節　組織構造の基本

(1)　ライン組織とファンクショナル組織

　業務をいくつかの職務に分け，職務に最適な人材を充てる．職務と職務の関係，職務と人材の関係，人材と人材の関係が織りなす世界が組織の世界である．こうしたもろもろの関係が，たとえば，日本と欧米の組織に差異を生む．

　職務は個人に充てられた業務の一部であるが，職務は業務における機能をひとつあるいは複数有している．機能は役割と言い換えると理解しやすいかもしれない．業務を構成する機能あるいは役割は，職能とよばれ，職能はある一定の専門的知識や熟練を必要とする．以上のことを踏まえ，ここでは上司と部下の関係に焦点を当て，組織の世界への理解の一歩を踏み出そう．

　ひとつの業務がいくつかの職能に分化したとしよう．複数の職能をひとりの上司が担当した場合，上司は業務全般（複数の職能）について部下の面倒をみる．逆にいえば，部下は業務全般について，ひとりの上司から命令を受け，ひとりの上司に報告をする．上司が自分の決定に部下を従わせる影響力を権限というが，職能を遂行するためには権限が必要不可欠である．また，権限に照応して職務を遂行する責任も生じる．ここでの権限と責任は全体的で単一的なものとなる．このような組織をライン組織（line organization）とよぶ．

　ライン組織では，権限と責任が明確で，命令が一所から出るため混乱が生じ

にくい，規律や秩序が維持しやすいという長所がある．逆に，専門的知識が犠牲となり，上司の負担も大きい，横の連絡がとりにくいといった短所も有する．

ライン組織と違って，ひとつの職能だけを上司が担当し，複数の上司が部下の面倒をみることで業務を遂行する組織がある．部下は複数の上司からおのおのひとつの職能について命令をうけ，上司に報告をする．ここでの権限と責任は部分的かつ複合的なものとなる．このような組織をファンクショナル組織とよび，テイラー（Taylor, F. W., 1856-1915）の職能別職長制度に端を発している．

ファンクショナル組織（functional organization）は，専門的能力を高められ，上司の負担も軽減される一方，上司の意見が食い違ったりすると混乱が生じやすく，業務に支障をきたすなど，ライン組織と相反する長短所を有する．

ライン組織とファンクショナル組織を掛け合わせた組織がライン・アンド・スタッフ組織（line and staff organization）である．その組織は，ライン組織を基本とする．すなわち，ひとりの上司が業務全般について部下を監督し，部下に命令を下すことにかわりはない．そういった上司とは別に，専門的見地から先の上司を補佐したり，部下に助言を与えたり，支援する上司，いわゆるスタッフを付加するのである．こうすれば，混乱を避け，規律や秩序を維持しつつ，専門的知識をも高められる．しかし，スタッフの影響力が大きくなれば，ラインとの摩擦が生じ，逆にスタッフの影響力が小さくなれば，専門的意見が反映されなくなる．

(2) 職能部門制組織と事業部制組織

前節で学んだ上司と部下の関係を応用して，部や課の関係，すなわち組織構造について検討していこう．

組織は，その規模を拡大するにつれて職能を分化させていく．職能の分化には，水平的なものと垂直的なものがある．水平的分化には，研究開発部・製造部・販売部といった資本の運動過程別の分化＝過程的分化，人事部・経理部・総務部といった構成要素別の分化＝要素的分化，企画部・調査部・管理部とい

った管理機能別の分化＝部面的分化とがある．また，地域別，市場別，製品別の分化は単位的分化である．これら水平的分化は部門化ともよばれる．水平的分化にともない，垂直的分化も生じる．トップ・マネジメントとよばれる最高経営者層，ミドル・マネジメントとよばれる中間管理者層，ロワー・マネジメントとよばれる現場管理者層である．この垂直的分化は階層化ともよばれる．

さて，過程的・要素的・部面的分化によって部が構成される組織は職能部門制組織（functional division organization）であり，地域別・市場別・製品別の単位的分化によって部が構成される組織は事業部制組織（divisionalized organization）である．これらの組織について家電企業を例に，具体的にみてみることとする．

職能部門制組織においては，たとえば，まず研究開発部，製造部，販売部（過程的分化）に組織が分けられ，さらにそれぞれの部の中でテレビ課，オーディオ課，パソコン課（単位的分化）に組織が分けられる．テレビ，オーディオ，パソコンについて研究開発部が一括して研究し，開発する．ここから技術や機械が共有されやすく，資源の無駄が少なくなる，あるいは，専門的知識や熟練が高めやすくなるといった職能部門制組織の長所が想像できよう．しかし，テレビを研究開発し，部品を購入し，組み立て，製品として販売するという業務の流れを円滑にするためには，研究開発部・製造部・販売部のミドル・マネジメント間の調整が不可欠であり，トップ・マネジメントの負担が大きくなる．また，販売部のテレビ課が，売れ筋商品・死に筋商品を見極めることができても，それを研究開発のテレビ課に伝えるためには，部長を通さなくてはならず，情報が混乱したり，伝達が遅くなる危険が生じる．

職能部門制組織に関して，長所として，①専門性が高い，②資源を共通化しやすい，といった点があげられ，短所として，①責任と権限があいまいで，評価がしにくい，②セクショナリズムに陥りやすい，③部門間の調整にコストがかかる，といった点があげられる．

事業部制組織においては，たとえば，テレビ事業部，オーディオ事業部，パ

ソコン事業部（単位的分化）に組織が分けられ，さらにそれぞれの部の中で研究開発課，製造課，販売課（過程的分化）に組織が分けられる．テレビについて研究開発から販売まで一貫してテレビ事業部で取り扱えるので，正しい情報が迅速に伝わり（部長を通さず販売課から研究開発課へと市場の感触を伝えることができる），他の事業部との調整は要らない．反面，他の事業部で開発された技術や導入された機械を活用することが困難になる．良い意味でも悪い意味でも，他の事業部からの影響を受けないのである．

事業部制組織に関して，長所として，①市場に対する反応が機敏である，②責任と権限が明確である，③競争原理が働きやすい，といった点があげられ，短所として，①資源の重複が起こりやすい，②短期志向になりやすい，③専門家同士のコミュニケーションがむずかしい，といった点があげられる．

ところで，迅速な決定が行なわれ，権限を委譲された部下のやる気が向上することから，ある範囲内において部下に判断を任せ，上司の権限の一部を部下に与えるということが組織では頻繁に行なわれる．このこと権限委譲（delegation of authority）という．この権限委譲の程度が大きく，かなりの部分で下位に権限を譲り，下位の自由裁量を大きく認めている場合，分権化（decentralization）という．逆に活動の統一性を維持するため，権限はできるだけ最上部に残し，自由裁量の余地が少ないことを集権化（centralization）という．

職能部門制組織は，前述したように研究開発部，製造部，販売部は相互に依存しており，部門間の調整が必要不可欠である．ミドル・マネジメントの自由裁量の余地は限られ，トップ・マネジメントに権限と責任が集中する集権化された組織なのである．対して，事業部制組織は，部長に研究開発から販売までの責任と権限が与えられ，独立採算の利益センターの色が濃い，分権化された組織なのである．

職能部門制組織と事業部制組織とでは，結果として出来上がるおのおのの課単位の業務にかわりはない．販売部のテレビ課もテレビ事業部の販売課も業務の中身は同じだ．しかし，過程的・要素的・部面的な職能分化と地域別・市場

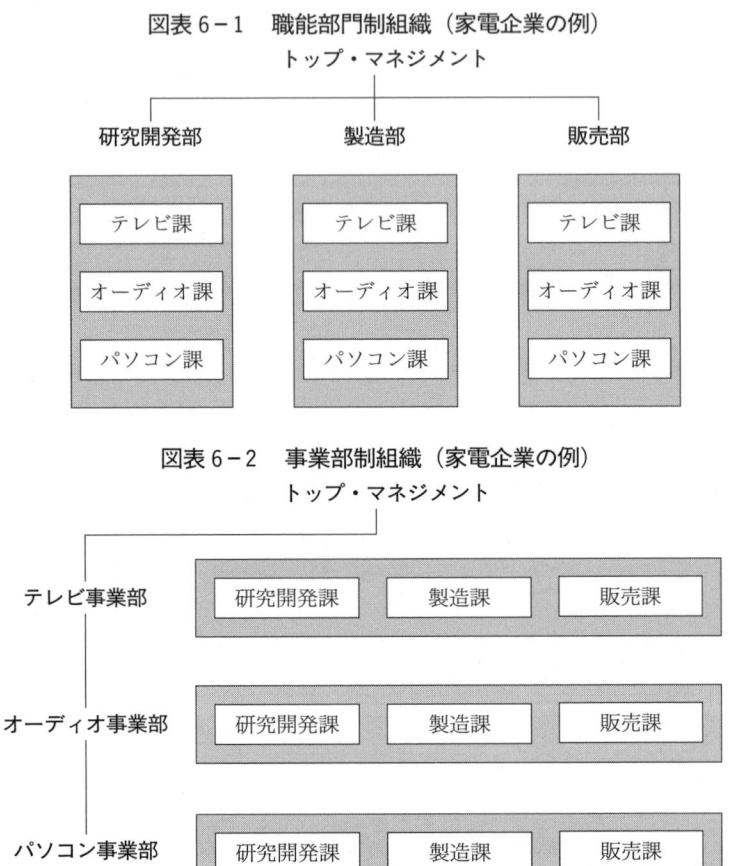

図表6-1　職能部門制組織（家電企業の例）

トップ・マネジメント

研究開発部／製造部／販売部

各部に：テレビ課、オーディオ課、パソコン課

図表6-2　事業部制組織（家電企業の例）

トップ・マネジメント

テレビ事業部：研究開発課／製造課／販売課
オーディオ事業部：研究開発課／製造課／販売課
パソコン事業部：研究開発課／製造課／販売課

別・製品別の単位的な職能分化のどちらが上位の部を形成し，下位の課を形成するかによる違いによって，業務のやり方に違いが生じてくる．この業務のやり方の違いが環境の変化に対する組織の対応の違いを生むのである．

(松村洋平)

第2節　動態的組織

(1) 戦略型組織

　組織は業務をいくつかの職務に分け，職務に最適な人材を充てることで成り立っているが，職務と職務，職務と人材，人材と人材の関係がある程度固定されることになる．固定されなければ，職務が日々違ったものとなり，衝突が頻繁に起こるようになり，職務についての経験も蓄積されない．組織は安定を求めるものなのである．しかし，組織を取り巻く環境は変化しやすいものである．

　経営学では変化する環境と安定を求める組織の間に衝撃吸収剤として戦略を用意する．環境の変化を予測し，組織の強みと弱みを把握し，経営資源の配分と蓄積のパターンを決める．環境からの不確実で矛盾だらけの情報は，戦略というフィルターによって組織で扱いやすい確実で矛盾のない情報へろ過される．

　環境の変化がよりいっそういちじるしくなってくると，戦略による対応だけでは不十分になる．たとえ事前に戦略で検討されなかったことでも，臨機応変

戦略と組織の関係

　「組織は戦略に従う」という命題がある．チャンドラー（Chandler, A. D. Jr）が，多角化戦略をとっている企業が管理上，事業部制組織を採用していることをつきとめた．組織は戦略を実行するための道具であり，戦略が立案されれば，適した構造が形成され，適した制度が導入されるのである．

　これに対して，アンゾフ（Ansoff, H. I.）は「戦略は組織に従う」と異なる見解を示す．戦略が立案されても，戦略がもたらす変化に抵抗が生まれ，構造が形成されても，制度が導入されても，機能しないことがあるからである．戦略は，組織による実行に注意を払いながら，立案しなければならず，アンゾフは戦略の立案と組織の実行を不可分なものと考え，戦略経営とよんだのである．偶然から生まれる草の根の戦略があること，組織には構造だけではなく，文化もあることを勘案しなければならないのである．

に組織で対応し，組織による試行錯誤の積み重ねが事後に戦略を生むといったこともみられるようになるのである．安定を求める組織から変化に強い柔軟な組織が動態的組織（dynamic organization）として検討されるようになった．以下，動態的組織としてプロジェクトチーム，戦略事業単位，マトリックス組織について解説していく．

① プロジェクトチーム（project team）

プロジェクトチームは，新規の問題や突発的に発生した問題を解決するために，さまざまな部署から横断的に専門家を集め，期間を限定して編成される少人数の精鋭部隊である．そして，問題が解決された後は解散し，元々所属していた部署に戻るのが一般的である．

無から有を生み出すような課題に取り組む場合，異なる専門を有する者が自由に議論し，多種多様な発想を認め，思い切った試みに挑戦するといったことが必要であろうが，既存の組織の枠組みにこだわっていては不可能である．部署間で競争原理が働いているときはなおさらである．問題を解決するためにもっとも適した専門家を拠出してもらい，市場や技術の最新の動向に目を光らせながら，研究開発・購買・製造・販売などの課題を集中的に検討することで，組織の安定を維持しつつも，環境の変化に機敏に対応しようとするものである．

プロジェクトチームは，検討すべき課題が明確であり，課題が成し遂げられたかどうか結果がはっきりと確認できるので，組織の士気は高まりやすい．しかし，もともと異なる部署から集めた専門家の間で円滑なコミュニケーションをはかるのは困難であり，チームの管理者の負担は大きい．

② 戦略事業単位（strategic business unit）

ボストン・コンサルティング・グループが開発したプロダクト・ポートフォリオ・マネジメント（PPM：Product Portfolio Management）の前提となる組織である．プロダクト・ポートフォリオ・マネジメントは，個々の事業の企業への貢献度を市場成長率と市場占有率から客観的に評価し，事業間での適切な経営資源の配分と蓄積を可能にするものである．そのためには，資源の配分と蓄積

の対象となる事業が明確に識別されなければならず，ボストン・コンサルティング・グループは，戦略事業単位として以下の条件を満たす自己完結的な組織を定義している．その条件とは，① 単一事業である，② 明確な使命が課せられている，③ 競争相手が存在する，④ 責任ある経営管理者が存在する，⑤ 独立して計画を立案できる，⑥ 計画にしたがって経営資源をコントロールできる，というものである．

戦略事業単位は，あくまで部門戦略ではなく全社戦略の観点からいくつかの組織単位を束ね直したものである．たとえ地域別，市場別，製品別にまとめられた組織単位であったとしても，製品・サービスの戦略的な位置づけや競争相手の動きを勘案すると，関連する組織単位を束ねて戦略事業単位に統合することもあれば，きめ細かく市場の変化に対応するために組織単位を戦略事業単位に分割することもある．

③　マトリックス組織（matrix organization）

前述した職能部門制組織と事業部制組織を縦と横に組み合わせて格子状にし，限られた経営資源の効率的な展開と市場の変化への迅速な対応を可能とする組織構造がマトリックス組織である．高度な技術を必要としながら，臨機応変に問題を解決しなければならない，航空・宇宙産業などで採用された組織構造である．これは，①のプロジェクトチームのような一時的なものではなく，②の戦略的事業単位のような再構築をともなうものでない．マトリックス組織の最大の特徴は，下位組織には職能部門（研究開発部など）の命令系統と事業部門（テレビ事業部など）の命令系統が並存する，ツー・ボス・システム（two-boss system）であることである．

マトリックス組織は，① 経営資源の効率を展開しつつ（経営資源の重複が避けられるなど），市場の変化に機敏に反応できる，② 人材が流動的に活用できるようになる，③ 専門的な知識や経験が活用できる，といった長所が考えられる．逆に，① 職能部門の上司と事業部門の上司の間で意見の対立が生じると，混乱してしまう，② 調整のために意思決定が遅延しやすい，③ 権限と責任があ

図表6-3　マトリックス組織（家電企業の例）

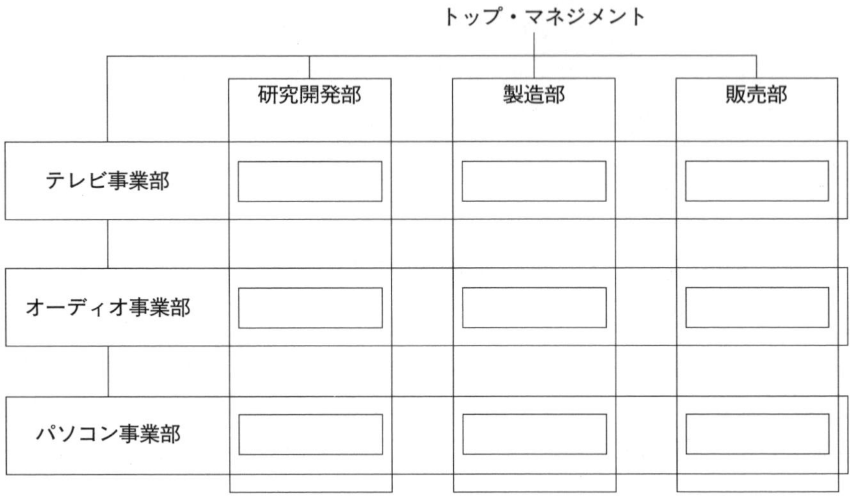

	研究開発部	製造部	販売部
テレビ事業部			
オーディオ事業部			
パソコン事業部			

トップ・マネジメント

いまいになりやすい，といった短所が考えられる．

(2) 新規事業開発型組織

　動態的組織が追求する課題の中で重要なもののひとつに新製品開発あるいは新規事業開発がある．新製品開発や新規事業開発においては，不確かであいまいな情報の断片をつなぎ合わせ，今までの経験も活用できない状況下で，試行錯誤のうちに問題解決策を見出し，意思決定の後は，的確な指示のもと，一致団結して行動することが求められよう．ここに至っては，既存の事業や組織が通用しないことも多いのである．

　以下では，社内・社外ベンチャーとネットワーク組織を検討し，動態的組織についてさらに接近してみよう．

　① 社内・社外ベンチャー

　組織が成立して年数がたつにつれ，そして規模が大きくなるにつれ，さまざまな障害が生じる．組織の年数が増すにつれて組織を構成する個人の機能（役割）が固定的なものになったり，思考や行動の様式が均質化したり，興味や関

心が外界から内側へと向かうといった現象がみられるようになり，個人は変化を嫌い，変化に抵抗するようになってしまう（集団硬直化とよばれる）．

また，組織の規模が大きくなるにつれ，組織を束ねるのに規則や手続きに頼らざるを得なくなることから，規則や手続きが絶対となってしまい，目的と手段が転倒してしまったり，人間関係が希薄なものとなったり，自分たちの存在を脅かすような変化に抵抗するようになる（官僚制の逆機能とよばれる）．

組織の年数や規模から生じるこれらの現象は，市場の変化や技術の変化を読み取り，新製品開発や新規事業開発を断行していく局面ではマイナスの影響を組織に及ぼす．既存事業からのマイナスの影響を最小限に食い止めるため，既存事業から隔離した形で，事業の芽をみつけた企業家精神旺盛な個人（社内起業家といわれる）を中心に事業を立ち上げ，次世代を担う事業に育成するのが社内ベンチャーである．社内ベンチャーの成功体験が既存事業に波及することで，既存事業の体質を改善することも可能であろう．

しかし，新規事業と既存事業との関係はむずかしい問題を含んでいる．新規事業は時として既存事業にとって脅威になり，新規事業は既存事業の培ってきた技術を否定することからはじまることもある．さらに，多くの場合，新規事業に必要な経営資源を既存事業から移転しており，既存事業から完全に隔離することは困難である．既存事業から邪魔されず，新規事業を立ち上げ，軌道に乗せるためには，別組織を形成して独立して経営することも必要になる．新規事業の開発と育成のために独立した法人格として新規事業を営む組織が設立されるのが，社外ベンチャーである．本社は社外ベンチャーに投資するベンチャーキャピタルとして機能するのである．

② ネットワーク組織

上司と部下，部と課，親会社と小会社といったように，個人と個人，組織と個人，組織と組織が上下関係で結ばれ，職務と人材が固定的に組まれているが一般的な組織の姿である．組織はヒエラルキーをなすもの，といえよう．しかし，個人と個人，組織と個人，組織と組織が対等関係で結ばれ，職務と人材が

流動的に変わっていく組織がある．これをネットワーク組織（network organization）という．ネットワークは網もしくは網の目を意味し，AのもとにBとCが連なっている組織ではなく，AとBとCが網の目のように互いに結びついている組織をいう．そして，AとBとCのうち，ある時にはCが離れ，ある時にはDとくっつくといったように，ネットワーク組織への参入と退出は自由である．あくまで，ネットワーク組織における個々は自律した存在であり，上下関係ではなく，対等関係で結ばれているのである．さらに，ネットワーク組織は同質な個々ではなく，異質な個々が結びついており，異質な個々の相互作用から新しい製品・サービスが誕生するのである．

　ある製品・サービスに関して競合する組織が，別の製品・サービスに関しては協力し合うということも十分にあり得る（戦略的提携）．また，研究開発，購買，製造，販売などの業務の一部を外部組織に委託する事例も増えてきている（アウトソーシング）．さらに，組織と組織が相互に不足する経営資源を補完しながら，おのおのの組織がもっとも得意とするコアコンピタンスを提供しあって，緩やかに結びつき，あたかもひとつの組織のように振る舞う仮想企業体（バーチャル・コーポレーション）も競争が激化する今日，散見されるようになった．これらはすべてネットワーク組織の発想から生まれたものである．

（松村洋平）

第3節　企業文化に関する諸理論

(1) 企業文化論の背景

　「企業文化」とは何だろう．「企業文化」に類似した「組織文化」とは何だろう．さらに「企業文化」あるいは「組織文化」は企業にどのような影響を及ぼすのであろうか．組織構造が組織のハードの側面であるのに対して，企業文化は組織のソフトの側面として位置づけることができる．本節では，まず，「企

業文化」と「組織文化」の違いに触れ，代表的な諸研究をとりあげながら「企業文化」の概念および機能について明らかにしていくことにする．

一般的に，「企業文化」という用語は企業自体の文化を分析の対象にしているのに対し，「組織文化」は「企業文化」より社会的意味合いの強い，つまり組織一般の文化を分析対象とする用語とされている．ただ，経営学は企業のみならず組織一般も研究領域としており用語の違いはあっても，ほぼ同じ概念として扱われている．

「文化」の概念は文化人類学や社会学でも論者によって，「要求の充足手段」や「シンボル」などさまざまに定義されている．「企業文化」もまたさまざまに定義されているが，一般的には「企業文化とは組織構成員に共有された価値および行動パターン」と定義されることが多い．ここでは主に「組織文化」という用語を用いることにする．

シンボル

組織文化における「シンボル」は，パースペクティブの違いにより2つの意味・側面をもつ．まず第1に機能主義においては「シンボル」は何らかの事柄の代替としてのシンボルという側面をもつ．一方，解釈主義においてはシンボルは事柄のウラにある「意味」として扱われる．たとえば「鶏闘」は飼主の強さを競う競技として解釈され，人びとはこの意味を介して互いにコミュニケーションをはかり，社会を構成する

1980年代に企業文化（論）あるいは組織文化（論）についての議論が活発化してきたが，その背景には，まず第1に，国家や地域レベルにおいて文化が存在するように，たとえば，関東と関西の文化の違い，各都道府県の文化の違いが存在する．組織レベルにおいても文化が存在するのではないかという認識がある．第2は，個別企業の文化の多様性である．たとえば，同じ国，同じ業界においても各企業の企業文化は多様性に富み，同じ日本人でもそれぞれ個性や，異なった性格ないしパーソナリティがあるのと同じ考え方である．第3は，組

織文化と企業の経済的成果の関連性への認識である．経営戦略を実施するのは組織である．また同時に経営戦略を策定するのは組織である．組織文化は経営戦略の実施主体にもなりうるし，また阻害要因にもなる．したがって，企業の経済成果への組織文化の影響，さらには企業にとって望ましい組織文化は何かということに関心がよせられるようになった．以下，代表的な先行研究をみていくことにする．

(2) 企業文化に関する代表的理論

① ディール＝ケネディの研究

1980年代に入ると，高業績をあげた優良企業は独自の文化をもっているというディール＝ケネディ（Deal. T. E. and Kennedy A. A.）の『シンボリック・マネジャー』やピーター＝ウォーターマン（Peters, T. and R. H. Waterman, Jr.）『エクセレント・カンパニー』などの著作が出版された．ここではディール＝ケネディ研究をとりあげる．ディール＝ケネディの研究は大きく2つに分けることができる．ひとつは「強い文化」に関する研究であり，2つめは企業文化の類型化である．

まず，ディール＝ケネディは，①企業環境，②理念，③英雄，④儀礼と儀式，⑤文化のネットワークを文化の要素としてあげている．そして以下の調査から「強い文化」は高い業績を示すと提唱している．

- 調査した会社のうち3分の1が，明確な信念をもっていた．
- その3分の1が文化的信念，あるいは理念をもっていた．
- 文化的信念をもっている18社は，めざましい業績をあげている．

ディール＝ケネディは「強い文化」とは何を明確に定義しているわけではなく，あいまいな概念であるが，「強い文化」とは，概ね組織の中心的な価値あるいは信念の組織メンバーの共有度の高い，つまり組織メンバーに広く共有されている文化であるといえる．

次に，ディール＝ケネディは，企業を取り巻く環境特性を，①企業活動に

図表6-4　ディール＝ケネディによる企業文化の分類

	短い ← 結果のフィードバックの時間の長さ → 長い
大　リスクの大きさ　**小**	**マッチョ文化** （建設・広告・映画・出版） 個人主義 持続力よりもスピード 厳しい内部競争 タフな態度をもつ英雄 ギャンブル性 ／ **会社を賭ける文化** （エネルギー関係・素材メーカーなど） 慎重な気風 集団・会議を通じた分析的決定 情報重視 熟練 **よく働き/よく遊ぶ文化** （販売会社・コンピュータ会社など） 努力に価値をおく 集団一体感 スタミナ ／ **手続き文化** （電力・ガス会社・銀行・保険） 手続き 慣例 技術的な完璧さ

出所）ディール, T.=ケネディ, A. 著, 城山三郎訳『シンボリックマネジャー』新潮社 pp. 149-176 より作成

ともなうリスクの大小，②仕事の成果がわかるまでどれだけ時間がかかるかという2つの次元で，図表6-4に示すように企業において発達する企業文化を4つに分類している．この類型化の特徴は，先の2つの次元について各企業の属する業界の特徴によって分類していることである．

　第1は，「マッチョ文化」である．マッチョ文化は，つねに環境のリスクが高く，行動が正しかったのか，間違っていたのかについて速やかに結果が得られる個人主義者の世界である．

　第2は，「よく働き/よく遊ぶ文化」である．この文化は陽気さと活動が支配する文化である．この文化が発達するのは環境のリスクが小さく，結果がすぐにわかる環境である．このような文化のもとでは努力が一定の業績に結びつく可能性が高く，またその評価も容易である．

　第3は，「会社を賭ける文化」である．これは，大金がかかった意思決定という会社の運命がかかるような環境リスク高く，結果がすぐにはわからない環境下で発達する文化である．したがって慎重な気風や集団・会議を通じた分析

的決定が重視される．

　第4は，「手続きの文化」である．この文化は環境のリスクが小さく結果を得るのに時間がかかるような環境下で形成される．この文化においては何をしたかではなく，どういう手続きを行なったかが重要視される．手続きに対するコントロールが効かなくなったとき，官僚主義とよばれるものになる．

　② シャインの研究

　組織文化に関して，今日もっとも参考にされているのがシャイン（Schein, H. E.）の研究である．シャインは組織文化の形成過程に注目し，組織文化を「ある特定のグループが外部への適応や内部統合の問題に対処する際に学習した，グループ自身によって創られ，発見され，または，発展させられてきた基本的仮定のパターンであり，それはよく機能して有効と認められ，したがって新しいメンバーにそうした問題に関しての知覚，思考，感覚の正しい方法として教え込まれる[1]」として定義している．

　また，シャインは図表6－5に示されるように，文化を，①人工物および創造物，②価値観，③基本的仮定の3つのレベルに区分し，各レベル間の関係を明らかにしている．

　レベル1は，文化の表層である人工物・創造物の領域である．具体的には組織において利用される技術，話されたり書かれたりする言葉，装飾，組織メンバーの行動など視聴可能な組織における事物や現象を示す．

　レベル2は，共有された価値観であり，レベル1より深層にある．この価値観は組織メンバーに対し「どうあるべきか」といった規範的機能として働き，レベル1の人工物および創造物に反映されるが，直接的な観察は困難である．

　レベル3の基本的仮定はレベル2よりもさらに深層，無意識の領域にある．このレベルにおける基本的仮定は組織メンバーにとって当然のこととして受け入れられているため，直接的な観察はきわめて困難である．

　これら3つのレベルは，あるものは深層部へと離脱し，またあるものは心の深層にあるものの反映として表出する．

図表6-5　組織文化のレベルと相互作用

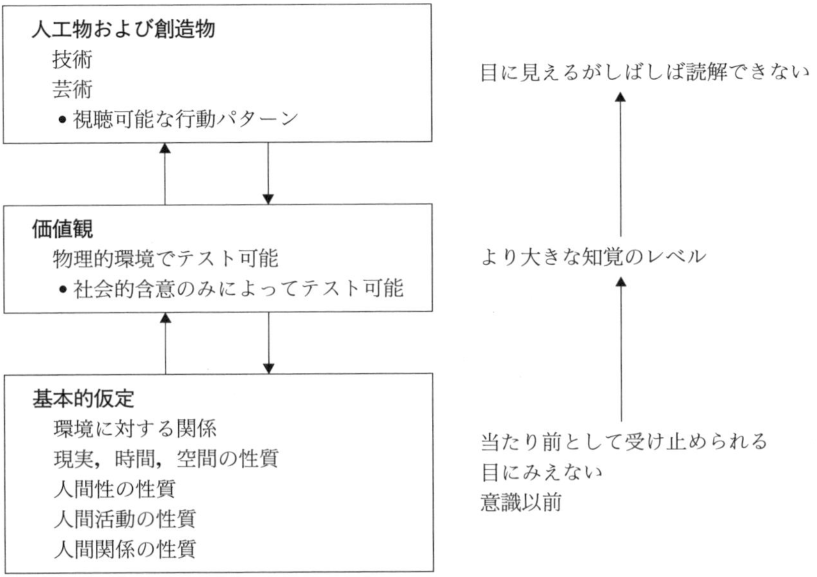

```
┌─────────────────────────────┐
│ 人工物および創造物            │
│   技術                      │      目に見えるがしばしば読解できない
│   芸術                      │
│   ● 視聴可能な行動パターン   │
└─────────────────────────────┘
        ↕
┌─────────────────────────────┐
│ 価値観                      │
│   物理的環境でテスト可能     │      より大きな知覚のレベル
│   ● 社会的含意のみによってテスト可能 │
└─────────────────────────────┘
        ↕
┌─────────────────────────────┐
│ 基本的仮定                  │
│   環境に対する関係           │      当たり前として受け止められる
│   現実，時間，空間の性質     │      目にみえない
│   人間性の性質              │      意識以前
│   人間活動の性質            │
│   人間関係の性質            │
└─────────────────────────────┘
```

出所）シャイン，E. H. 著，清水紀彦・浜田幸雄訳『組織文化とリーダーシップ』ダイヤモンド社 1989年　p.19に加筆修正

③　コッター゠ヘスケットの研究

　コッター゠ヘスケット（Kottrer, J. P. and Heskett, J. L.）は，組織文化と企業業績との関係に関するモデルを，①強い文化モデル，②戦略適合文化モデル，③適応モデルの，3つのカテゴリーに分類し，統計的手法とケーススタディに基づいて実証研究を行なった．

　第1の強い文化モデルでの実証研究では，文化の強さと業績との間には弱い相関関係しかみられなかった．その理由は長期的な期間においては強い文化が一度高い業績をあげると，その成功体験から抜け出すことができず，環境変化に対する戦略的対応が困難となるためである．第2の戦略的適合文化モデルにおいては，たとえば動機づけの方向性や戦略に適合的であるなら組織文化は業績に対しプラスに作用する．しかし，環境は常に流動的であり，したがって戦略も環境の変化にともなって変化していかなければならないのと同時に組織文

化も変化していく必要がある．この戦略適合文化モデルは，戦略と組織文化の適合という静態的モデルであり，環境の変化→戦略の変化→戦略適合文化という視点が欠如し，その結果，低業績になってしまう．第3の適応モデルの特徴は，企業の環境変化の適応に対する組織文化の促進的側面にある．つまり，組織が環境変化を予測し，適応することを支援する組織文化のみが長期的にも高業績をあげるということである．コッターらは，このような組織文化を「適応的文化」とよび，反応的，非創造的な文化を「非適応的文化」とよんでいる．

またコッターらは望ましい組織文化の志向性として，顧客，株主，従業員などのあらゆるステイクホルダーや，管理者のリーダーシップを強調する組織文化をあげ，そのような文化特性を有する企業は，おしなべて優れた業績をおさめていると主張しているとしている．

(3) 組織文化論研究の2つの方向と課題

組織文化研究は大きく2つの方向性に分けることができる．ひとつは組織文化の本質論，つまり組織文化とは何かという研究領域である．一方，文化のもつ志向性（類型化）を追究する研究もある．イノベーティブな文化などの望ましい組織文化の追求などがこれにあたる．前者には，① 交差文化比較，② 企業文化（文化を企業内変数として扱う），③ 認知的組織論，④ シンボリズム，⑤ 構造主義的文化論等のアプローチがある．[3] 後者の文化の志向性に関して，榊原清則は組織文化を理解する特徴の次元として，① イノベーション志向，② 成果志向，③ 人間志向，④ チーム志向，⑤ 攻撃性，⑥ 安定性，⑦ 未来志向，⑧ 規則・手続き志向などの次元による研究をあげている．本質論については，抽象的で難解な研究が多くまた志向性研究に関しては，イノベーションを促進するような組織文化のあり方に関する研究はあるが，イノベーションの非連続性，つまり「イノベーション・ジレンマ」という問題を乗り越えるイノベーティブな文化とはどのようなものかについて理論的に解明される余地が残されている．

(鈴木公明)

基本的仮定

「基本的仮定」は内外の課題の解決が繰り返し成功を収めるうちに，その解決策の礎となっている価値が，当然のものとなり，無意識の領域へと離脱した価値である．レベル2の「価値」は「信奉された価値」ともよばれ，規範的な価値である．それに対して「基本的仮定である価値」は，物事や現象の重要性について組織メンバーの経験に共通の意味を与えることによって，組織メンバーの判断や行動を方向づける働きがある．

第4節 組織文化の機能と逆機能

(1) 組織文化の機能

組織文化の組織に対する基本的機能には大きく分けて，①外部環境への適応，②組織内部プロセスの統合，そして，③組織構成員のコントロール・メカニズムがある．

組織は戦略→目標→手段→戦略→修正というサイクルによって学習し，形成される．そしてこの成功パターンを習得し，それらが繰り返され組織文化として定着する．この定着した組織文化によって外部環境への適応をしていくのである．

① 外部適応機能

組織は，戦略→目標→手段→戦略→修正というサイクルによって学習し，形成される．そしてこの成功パターンを習得し，それらが繰り返され組織文化として定着する．この定着した組織文化によって外部環境への適応をしていくのである．

② 内部統合機能

組織文化は，組織メンバーによって共有された価値・行動パターンである．

組織文化は，各組織メンバーの「接合剤」として機能し，組織の直面する諸問題についてコンセンサスによって組織メンバーの統合をはかる．

③ コントロール・メカニズム

組織文化は，組織の価値・行動パターンを組織メンバーに組織の規範として示すことにより，組織メンバーの行動をある程度コントロールする．この機能によって組織メンバー間の「ダブル・コンティンジェンシー」の解決，つまり，組織メンバー相互間の行動予測が可能となり，安定した相互作用が可能になる．

(2) 組織文化の逆機能

組織文化には，「自己保存的本能」とでもよぶべき逆機能も存在する．①企業を取り巻く環境は常に変化し，流動的である，に対し②組織文化の形成過程でもわかるように，組織文化が有効であればあるほどその組織文化に執着する傾向がみられる．コッター゠ヘスケット研究での，①強い文化モデル，②戦略適合文化モデルでも示されたように，環境の変化を重視しない，そして過去においてうまく機能した組織文化は「慣性」が存在するかのように変化に対して否定的である．環境の変化にともない組織文化の変革が必要な場合には「逆機能」として大きな問題となる．

(鈴木公明)

注

1) Schein, Edger H., *Organizational Culture and Leadership : A Dynamic View Jossey-Bass,* San Francisco, 1985．(清水紀彦・浜田幸雄訳『組織文化とリーダーシップ』ダイヤモンド社　1989 年　p. 12)
2) 文化の「強さ」としてコッター゠ヘスケットは，①企業独自のスタイルや行動様式，②企業のもつ価値およびその到達へのチャレンジ，③CEO（経営最高責任者）から独立した一貫したポリシーおよびその実践，をあげている．
   (Kottrer, J. P. and J. L. Heskett, *Corporate Culture and Performance,* Free press, New York, p. 159)
3) Smirchich, Limda., "Concepts of Culture and Organizational Analysis,"

Administrative Science Quarterly, 28, 1983, p. 342.

参考文献

藤芳誠一監修『新経営基本管理』泉文堂　2000年
金井壽宏『経営組織』日本経済新聞社　1999年
亀川雅人・松村洋平『入門経営戦略』新世社　1999年
工藤秀幸『新版経営の知識』日本経済新聞　1998年
沼上幹『組織戦略の考え方』筑摩書房　2003年
飫冨順久編著『現代社会の経営学』学文社　1999年
綾部恒雄編『文化人類学15の理論』中公新書　1994年度版
梅澤正・上野征洋編『企業文化論を学ぶ人のために』世界思想社　1995年
榊原清則『経営学入門［上］』日経文庫　日本経済新聞社　2002年
咲川孝『組織文化とイノベーション』千倉書房　1998年
高橋伸夫編著『組織文化の経営学』中央経済社　1997年

Deal., T. E and Kennedy, A. A., *Corporate Cultures : Rites and Rituals of Corporate Life,* Addison-Wesley, Reading, Mass, 1982.（城山三郎訳『シンボリック・マネジャー』新潮社　1983年）

Kottrer, J. P. and Heskett, J. L., *Corporate Culture and Performance,* Free press, New York, 1992.

Peffer, J., *New Directions for organization Theory : Problems and Prospects,* Oxford University Press, 1997.

Schei, Edger H., *Organizational Culture and Leadership : A Dynamic View,* Jossey-Bass, San Francisc, 1985.（清水紀彦・浜田幸雄訳『組織文化とリーダーシップ』ダイヤモンド社　1989年）

Smirchich, Limda, "Concepts of Culture and Organizational analysis," *Administrative Science Quarterly,* 28 1983.

第7章
リーダーシップと経営者

第1節　リーダーシップとは何か

(1) リーダーシップの重要性

　書店に行くとリーダーシップに関する書物がいかに多いかに驚かされるが，しかし，1896年頃の米国国会図書館には1冊もなかったという．リーダーシップの科学的研究が盛んになりだしたのは，1930年前後からであった．大恐慌による危機的状況を背景にクローズアップされてきたという．社会学，社会心理学においてリーダーの研究が本格的に始まった．また，産業分野においても企業の大規模化にともなって「所有と経営の分離」論が登場し，経営者の行動を研究する土壌が芽生えてきた．経営学の本を紐解くとリーダーシップに関する記述がいたるところに散見されるほどである．[1]

　さて，企業は社会に大きな影響を与えている組織体である．組織体には他にも学校，病院，行政体，NPO，野球などのチーム等がある．組織体はリーダーの行動の仕方によって成果が大いに左右される．ここでは，企業のリーダーを中心に論じることにする．とくに企業経営者の意思決定の是非が企業の浮沈，存続に多大なる影響を与えていることは言を俟たないことであろう．2004年になってからの企業の動きをみてもカネボウと花王の化粧品事業における統合の失敗，BSE（狂牛病）の影響をうけた吉野家にみられる牛丼専業における経営戦略の課題，ホンダの創業者である本田宗一郎の夢であった航空機事業（小

型ジェット機エンジンでゼネラル・エレクトリックと共同開発し，民間用小型機市場）に本格参入，トヨタ自動車が2003年に世界での自動車販売台数で米フォード・モーターを抜いて世界第2位に躍進（678万台）等のニュースが毎日報道されている．

　このように企業をめぐる多くの動きがあるが，いずれにしても企業成長の成否は経営者のリーダーシップに大きく依存する時代となってきた．とくにビジョン，経営戦略，経営計画，ビジネスモデル，持株会社，分社化，カンパニー制等の組織構造や組織文化，従業員の貢献意欲等の組織に関連する要因をどのように変革するかの経営者のリーダーシップがクローズアップされてきている．このことは時代を超える課題として認識する必要があるが，とくに21世紀に入りグローバル化した中で大変革を遂げている経済・産業の経営環境においていっそうその観を強くする．とくにこれからは社会にどのように貢献できるか，単に一企業のみの利益志向ではすまない時代となってきた．他国の産業政策や環境問題にも配慮することが企業の存続にかかわってきている．いかに経営環境に適応し，新しい価値を創造し，市場を作り出していくかが問われている．このように企業は多面的存在であり，そこに深く関わっているのがトップやミドルのリーダーシップである．まさに，企業の将来を決定づける機能といえよう．

(2) リーダーシップの定義

　リーダーシップの定義は，多くの研究者によって言及されている．これらを踏まえて筆者なりに定義すると，「リーダーシップとは，組織体（企業，大学，病院，野球チーム等）のビジョン（使命・理念）を定め，ビジョン実現の経営戦略・目標を設定し，組織メンバーのエネルギーを束ね，それを達成できるようにする影響力，プロセス」である．つまり，組織に方向性を与え，高い目標に向かってメンバーのモチベーション（意欲）を喚起し，組織メンバーの創造性や課題解決能力を高めるプロセスであるといえよう．ここでいうビジョン

(vision) とは，組織が向かうべき将来像であり，行動する際の価値基準をいう．つまり，従業員に対して行動指針を提供し，それを通じて社会貢献しているという喜びをもってもらう意味がある．それを理念とか使命（ミッション）とか目的とかいう場合がある．そのビジョンに深くかかわっているのが組織文化である．

『ビジョナリーカンパニー』の著者であるコリンズとポラス（Collins, J. C. and Porras, J. L.）は，基本理念といういい方でビジョンをいいあらわしている．基本理念は基本的価値観（core values）と目的（purpose）から形成されている．基本的価値観とは，組織にとって不可欠で不変の主義で，利益の追求や目先の事情のために曲げてはならないものである．たとえば，「顧客をほかの何よりも優先させる」「個人を尊重し，配慮する」「従業員に十分に配慮する，顧客を満足させるために時を惜しまない，最善を尽くし」「個人の自主性を尊重する」「われわれは人びとの生命を維持し，生活を改善する仕事をしている」等であり，時代を超えてかわることはない．そして，もっと大事なことは，組織の全体を通して，この基本的価値観が浸透していることである．

目的とは何かであるが，単なる金儲けを越えた会社の根本的存在理由である．地平線の上に永遠に輝き続ける道しるべとなる星であり，個々の目標や事業戦略と混同してはならない，という．たとえば，「〇〇事業を通じて，科学の進歩と人類の幸福のために，社会に貢献することを目的としている」「人びとを幸せにする」「文化の向上のために」「世界一を目指す」等といったようにその要素は大変広い意味をもち，根本的で，不変的なものとなろう．目的はまったく他社と異なるような独自のものである必要はない．目的の最大の役割は企業を運営する際の指針となり，組織メンバーに対しての活力の源となるものであると指摘している．大競争時代における混迷の時代において一条の光であり，地平線上の星にあたるものである．

GE 前会長のウエルチ（Welch, J.）は，1981 年に会長に就任し，ウォールストリートのアナリスト達の前で新生 GE のビジョン（どこに導こうとするのか）を

発表した．それが有名なナンバーワン，ナンバーツーの考え方である．それは，競争優位の市場支配力，スリムな組織（大企業の中に中小企業のよさを埋め込む），最低のコスト，製品，サービス，品質の面でも世界水準であることに関してナンバーワン，ナンバーツーになるという，方向性つまりビジョンを掲げたこと[2]．その後の GE の発展振りをみればいかにそのビジョンが正しかったか，というよりそれを実現するためにいかに工夫と努力を惜しまなかったかであろう．

さて，コリンズとポラスは，今後 50 年間，100 年間成功を続け経営環境の変化に適応する企業を 1 社あげるとするならば米国 3 M を選ぶといっている．3 M の基本理念をみると，① 革新——「新製品のアイデアを殺す事なかれ，アイデアは本質的に新しく，社会のニーズに合致したもの」（基本的価値），② 絶対的な誠実さ（基本的価値），③ 個人の自発性と人間的成長の尊重（基本的価値），④ 正直な失敗に対する寛容さ（基本的価値），⑤ 製品の質と信頼性（目的），⑥ われわれの本当のビジネスは問題を解決することである（目的）[3]，等はある意味ではすべての企業や他組織体に当てはまることと思われるが，問題はそれをいかに浸透させ，行動のよりどころにしてパフォーマンスを高めているかであろう．とくに，3 M の成長の原動力は新製品の開発力（とくに①の革新）にあるといえよう．それをフォーマルに推進しているのが上司に秘密で進める「密造酒つくり（bootlegging）」と勤務時間の一部を自由な研究につぎ込める「15％ルール」である．有名なポストイットはそこから生まれた[4]．コリンズとポラスが言及しているようにまさに 3 M は，「時を告げるのではなく，時計をつくる（clock building not time telling）」しくみを内包している．すなわち，ある 1 人の経営者がこの世を去ったとしても永遠に時を着実に告げる時計をつくる企業といえる．

ベニス（Bennis, W.）とナナス（Nanus, B.）は，企業の向かうべき新たな方向性を決める場合，ビジョンの重要さについて，「リーダーは第 1 に，組織の実現可能な望ましい未来像をつくりあげなければならない．このようなイメージをわれわれはビジョンとよんでいるが，これは，夢のようにあいまいであるこ

ともあれば，目標や使命のようにはっきりしていることもある．大事なのは，組織の具体的な，納得できる魅力的な未来の姿を明確に描き，いくつかの重要な点で現状よりすぐれているという条件を満たしたビジョンであることだ」と述べている．たとえば，彼らはケネディが月に人間を送り込むと決めたときに，その価値ある実現可能な目的に向けて全力を投入したという．このようにビジョンとは未来の状態，つまり現に存在しない，また過去にもなかった状況を語るものだということを銘記してほしいと述べている[5]．

　以上のことをまとめるとリーダーシップに要求される要素は，①ビジョンの構築と浸透，②ビジョン実現の経営戦略・目標設定，③シナジー（相乗効果）の出る組織構造構築，④組織メンバーの意欲喚起，⑤社会貢献に対する心，⑥革新的組織文化の持続，である．

（加藤茂夫）

第2節　リーダーシップの類型

(1) リーダーシップ研究の歴史

　リーダーシップに関する研究は特性論（資質論，偉人論），行動論，形態論，状況論と，上記したリーダーシップ定義など第3節で取り上げるコッターに代表されるリーダーシップ論に分類できる．リーダーシップ研究の流れをみるとあらゆる状況に適応できる形があるという研究から，状況によって変化させなければならないという研究まで幅広い．このようなワンベストウエイ（唯一最善方法）や状況によって変化するというベターウエイの研究は，1960年代に登場した経営学の新潮流であるコンテンジェンシー理論や行動科学的組織論の研究を反映しているといえよう．たとえば，状況によって変化するとする代表としてはX理論，Y理論で有名なマグレガー（McGregor, D., 1906-1964）をあげることができよう．マグレガーは1960年にリーダーシップの潜在的能力はリー

ダーのパーソナリティつまり個人の特性ではなく，多くの人が持ち合わせており，そのようなものは学習により生後身につくとしている．とくに重要なことはリーダーシップの4つの変動要因が相互に関連しながら，つまり，状況にあったリーダーシップが必要となると指摘している点である．その変動要因とは，① リーダーの特性，② フォロワーの態度，欲求，その他，個人的特性，③ 組織の目標，構造および果たすべき職務の性質などの特性，④ 社会的・経済的および政治的環境である．今後の経営環境の変化を予測し，経営者に必要とされる能力を予測することは不可能であるという．そのために多くの異質のタイプの人材を確保することが経営者の主要な任務であると指摘していることは卓見である[6]．

さて，もうひとつのワンベストウエイ（唯一最善方法）の研究についてはR.リッカートの研究があるがそれは後述する．

リーダーシップの初期の研究である特性論は，リーダーを特徴づけているパーソナリティに研究の焦点が当てられた．たとえば，① 身長，② 体重，③ 外見，④ 知能，⑤ 自信，⑥ 社交性，⑦ 意志（主導性, 持続性, 野心），⑧ 活発さ，等がリーダーのリーダーシップに関係するという研究であったが統一的見解にいたっていない．

(2) リーダーシップ行動論

① マネジリアル・グリッド

行動理論はリーダーの2つの行動次元に注目し，その組み合わせでリーダーシップのあり方を研究する．たとえば，ブレーク（Blake, R. R.）とムートン（Mouton, J. S.）は，図表7-1にあるようなマネジリアル・グリッドによるパターンを開発した[7]．縦軸に「人間に対する関心」，横軸に「業績に関する関心」を置きそれぞれ9つのスケールに分類し，81のパターンでリーダーの行動特性を明らかにしようとした．マネジリアル・グリッドはリーダーが自己のリーダーシップがどこに位置づけられるかを把握することによってのみ理想のパタ

ーンへの行動変容を助けることができるのであり，その行動を映し出す鏡であるという。ブレークらは81のパターンを5つの基本的パターンとしてあげる。図表7－1にあるように1.1型は「貧困のマネジメントスタイル（与えられた仕事を成し遂げるために最小の努力を払えばよい．組織の中で居心地よく安泰に過ごせればいい）」，9.1型「権威屈服マネジメントスタイル（業績のみを考え，人間への関心をほとんど示さない）」，1.9型「田園クラブマネジメントスタイル（部下たちの人間関

図表7－1　マネジリアル・グリッド

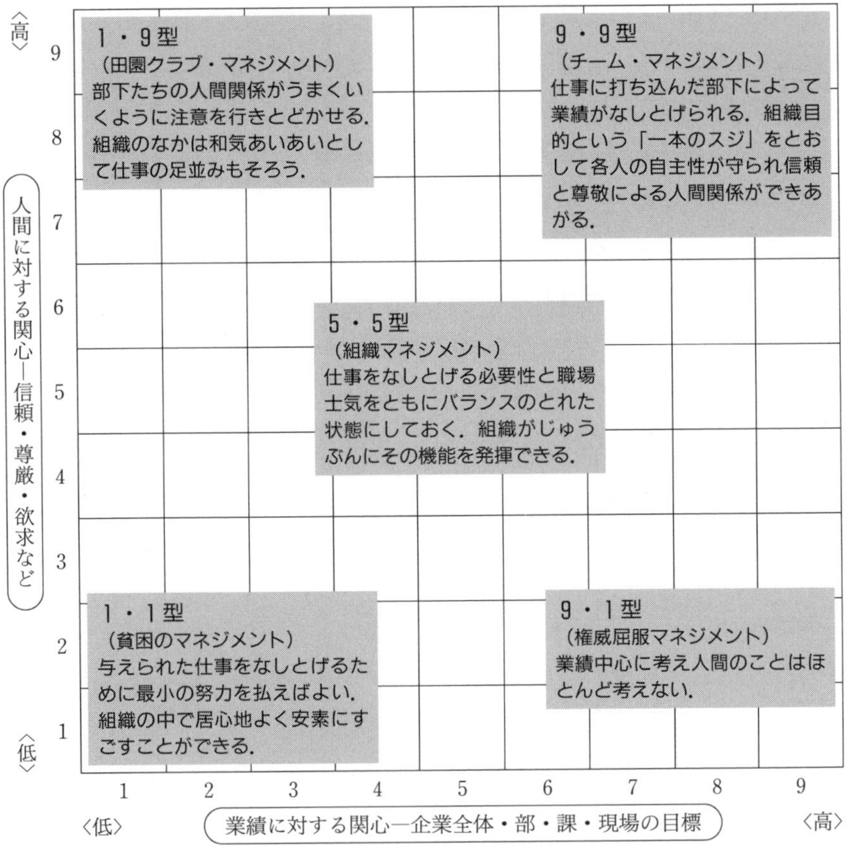

〈縦軸〉人間に対する関心―信頼・尊厳・欲求など　〈低〉→〈高〉

1・9型（田園クラブ・マネジメント）
部下たちの人間関係がうまくいくように注意を行きとどかせる．組織のなかは和気あいあいとして仕事の足並みもそろう．

9・9型（チーム・マネジメント）
仕事に打ち込んだ部下によって業績がなしとげられる．組織目的という「一本のスジ」をとおして各人の自主性が守られ信頼と尊敬による人間関係ができあがる．

5・5型（組織マネジメント）
仕事をなしとげる必要性と職場士気をともにバランスのとれた状態にしておく．組織がじゅうぶんにその機能を発揮できる．

1・1型（貧困のマネジメント）
与えられた仕事をなしとげるために最小の努力を払えばよい．組織の中で居心地よく安楽にすごすことができる．

9・1型（権威屈服マネジメント）
業績中心に考え人間のことはほとんど考えない．

〈横軸〉業績に対する関心―企業全体・部・課・現場の目標　〈低〉→〈高〉

出所）ブレーク&ムートン著，上野一郎監訳『期待される管理者像』産業能率短期大学出版部　1965年，p.14およびハーシィ，P. &ブランチャード，K. H. &ジョンソン，D. E. 著，山本成二，山本あづさ訳『行動科学の展開』生産性出版　2000年　p.114より筆者作成．

係がうまくいくように注意を行きとどかせる．組織の中は和気あいあいとして仕事の足並みもそろう）」，5.5型「組織人マネジメントスタイル（仕事をなしとげる必要性と職場士気をともにバランスのとれた状態にしておく．組織が十分にその機能を発揮できる）」，9.9型「チーム・マネジメントスタイル（仕事に打ち込んだ部下によって業績がなしとげられる．組織目的という１本の筋をとおして各人の自主性が守られ信頼と尊敬による人間関係ができあがる）」である．

② PM式リーダーシップ

一方，日本では，三隅二不二が組織体のリーダー行動について因子分析した結果，２つの基本的因子を発見した．それは配慮的因子（集団の形成と維持の役割）と指導化因子（集団課題の役割）である．三隅は指導化因子を目標達成機能（Performannce ― P機能），配慮的因子を集団維持機能（Maintenance ― M機能）とし，X，Y軸による４パターンのPM式リーダーシップ論を展開し，４つのリーダーシップ・タイプとモラール，生産性との関係を実証的に研究した．

ラージPM型（P・M機能とも強い），ラージM型（P機能が弱い，M機能が強い），ラージP型（P機能が強い，M機能が弱い），スモールpm型（P・M機能とも弱い）の４分類である．調査は部下が上司の行動を評価し，上司が４つのどの型かを職場ごとの平均点を求めてプロットする．たとえば，P機能の質問の例としては「あなたの上司は仕事量のことをやかましくいいますか」，M機能のそれは「あなたの上司は職場に気まずい雰囲気があるときそれをときほぐすようなことがありますか」などの質問をいくつかして上司のリーダーシップパターンを見出したのである．図表７－２にあるように三隅は多くの調査をもとにPM型が集団生産性や成員満足度（モラール）の面でもっとも効果的であり，pm型がもっとも非効果的であるとの結果を証明した．また，他の調査では集団生産性ではP型，PM型，M型，pm型の順番であった．P型がPM型より良かったのであるが，P型は従業員間に敵意感情がみなぎっており，長期的（実験が短期的であるという点から）にみるとPM型が優位になると推測できるであろうと述べている．[8]

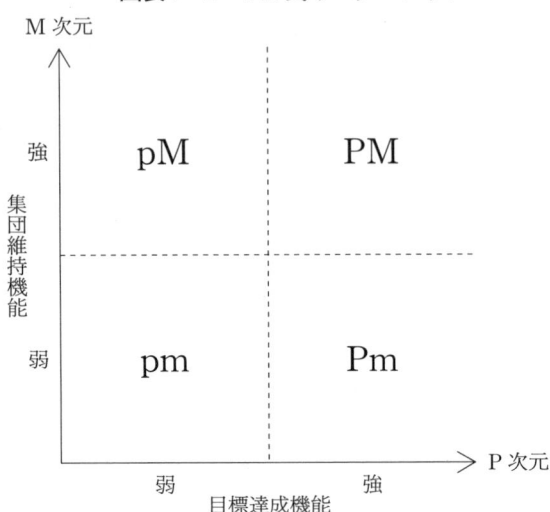

図表7-2　PM式リーダーシップ

```
M次元
 ↑
強  │   pM    │    PM
集団│         │
維持│─ ─ ─ ─ ─│─ ─ ─ ─ ─
機能│         │
弱  │   pm    │    Pm
    └─────────┴─────────→ P次元
        弱        強
         目標達成機能
```

出所）三隅二不二『新しいリーダーシップ』ダイヤモンド社　1966年

　他に，オハイオ州立大学グループの「従業員への配慮」と「組織構造，コミュニケーションの構造」の2次元で把握する研究がある．

(3)　リーダーシップの形態論

①　リッカートのサポート型リーダーシップ──システム4

　形態論には，よくいわれる，①専制的リーダーシップ，②放任的リーダーシップ，③民主的・参加的リーダーシップの3形態と，ミシガン大学のリッカート（Likert, R.）の4つのリーダーシップタイプと組織のあり方の研究がある．

　図表7-3にあるようにリッカートは，リーダーシップと組織のスタイルを4つに分類している．これは，①専制的，②放任的，③民主的・参加的リーダーシップの3形態を組み込んだ理論である．システム1（トップダウンワンマン型リーダーシップ，独善的専制型組織），システム2（説得型リーダーシップ，温情的専制型組織），システム3（権限委譲型リーダーシップ，相談型組織），システム4（サ

ポート型リーダーシップ,集団参画型組織)である.理想のシステムとしてはシステム4であり,ワンベストウエイを追求した理論である.システム1からシステム4は連続した尺度としてとらえられている.そのシステムを根本的にコントロールしているのが原因変数(管理者のリーダーシップ行動,組織行動,経営方針など)であり,リーダーの能力,行動特性を中心とした概念(支持的関係の原則)である.そのリーダーシップ行動が媒介変数(組織内の健康状態を反映するもので,ビジョンの理解と納得状況,コミュニケーションの状態,モチベーションの程度,意思決定の能力など目にみえないプロセス・資源―組織文化)に影響し,最終的に結果変数である財務データ,欠勤・退職率,コスト,生産性などに反映される.リッカートは,このような3変数を定期的に測定・診断することによって組織の現状把握をし,システム4に向けてのアクションプランを立て,実践することを提言している.[9]

② 組織文化の重要性――媒介変数の測定

この3変数間(原因変数→媒介変数→結果変数)にはタイムラグ(時間的ずれ)が存在し,今日盛んに行なわれている短期的業績回復の対処療法的経営手法(たとえば人員の削減,首切り)に警告を示唆しているものと考えられる.というのは,図表7-3にあるようにシステム1のトップダウン型リーダーシップに導かれている組織の場合,媒介変数の状況は不信感が渦巻き,恐怖感で仕事が行なわれている.ノルマ体制,上からの強圧的管理体制であるために一時的,短期的には業績が上がると予測されている.リッカートはその状態を媒介変数の食いつぶし(人的資産の食いつぶし――最悪の組織文化)によって結果変数が一時的に良くなったと分析している.このように組織メンバーのコミュニケーション過程に障害をもたらし,将来に対して不安感を醸成し,意欲の減退につながり(媒介変数),長期的観点からは結果変数に悪影響を及ぼすという構図である.とくに目にはみえないが組織の貴重な財産である媒介変数に注目すべきであり,組織文化の重要な一面をあらわす.定期的に組織測定すべきとするゆえんである.

リッカート理論の特徴は,集団を媒介にして組織と個人を融合させ,機能さ

図表7-3　リッカートのリーダーシップと組織

3変数＼タイプ	システム1 独善的専制型組織	システム2 温情的専制型組織	システム3 相談型組織	システム4 集団参画型組織
原因変数	トップダウン ワンマン型 リーダー	説得型 リーダー	権限委譲型 リーダー	サポート型 リーダー
媒介変数	不信感 恐怖感	疑心暗鬼	妥協と納得	オープン ハート
結果変数	高い欠勤 離職率	長期的な 生産性低下	生産性上昇 スクラップ減少	高業績 低い欠勤 離職率

------は組織変革の方向を示す

出所）リッカート著，三隅二不二訳『経営の行動科学』ダイヤモンド社　1964年より筆者作成

せるところにあり，集団機能重視の理論である．集団メンバー間の相互作用による影響力を重視する．とくに集団のリーダーは当然のことであるがメンバーの意欲を喚起し，集団目標を成就するリーダーシップの役割を担うわけであるが，その機能を十二分に遂行するためにはリーダーの所属している上位集団に対する上向きの影響力を行使しなければならない．つまり，メンバーシップ機能である．すなわち，リーダーはリーダーシップ機能とメンバーシップ機能の2重の機能を果たす人ということになる．もうひとつの視点は，リーダーは上位集団とをつなげる接着剤・触媒としての役割も果たす必要があるということである．いわゆる，連結ピンとしての機能である．

さて，最近は人間重視の意味からワークシェアリングの考え方（賃金を下げても労働時間の短縮をしながら従業員の雇用を維持する方策），終身雇用制を維持しながら年功人事を廃し，実力主義・成果主義による人事政策が注目される．大幅に人員を削減せざるを得ない状況は確かにあるが「ひとを大切にする」「心の見える企業」を目指すにはこのような事態に至る前の経営者のリーダーシップがきわめて重要となることは明らかである．このように現在の組織の状態がどこに位置しているかのポジショニングを明らかにし，理想のシステム4に近づけるにはどこに問題点があるかの解決策を示すことができる．それぞれの組織体には組織文化があり，これを変革することが最終的には組織メンバーの満足度を高め，成果も達成されるというスパイラルな善の循環過程が生まれるのである．

われわれの「社長リーダーシップ・スタイルの調査」によると，社長のリーダーシップ・スタイルを4種類の中からもっとも近いものを選んで回答するよう質問した．4種類のスタイルとは，①指示型リーダー（S1）：仕事の目標や手順を部下に詳しく説明し，役割や責任を明確にして，それに部下を従わせるような組織運営を行なうスタイル，②支持型リーダー（S2）：職場の雰囲気や良好な人間関係の維持に配慮し，各部門が必要とする経営資源を供給するような組織運営を行なうスタイル，③参加型リーダー（S3）：できるだけ，部下の

意見や提案を経営に反映させるような民主的な組織運営を行なうスタイル，④達成志向型リーダー（S4）：全体の経営方針だけを提示し，実際の作用については，部下の能力や自主性を信用して任せ，必要に応じて軌道修正するような組織運営を行なうスタイル（括弧はリッカートのモデル），である．

以上のリーダーシップ・スタイルを比べたところ，指示型リーダー（店頭登録企業：（1995年，1996年以下省略）：25.0％，22.0％：ベンチャー企業（1995年，1996年以下省略）：25.8％，21.5％と達成志向型リーダー（店頭58.3％，52.0％：ベンチャー52.3％，51.9％）に関しては，双方の企業が近似的な結果を示した．しかし，参加型リーダーについては，店頭：16.7％，14.0％がベンチャー企業：8.2％，9.6％の1.5から2倍近くに上り，支持型リーダー（店頭登録：0％，12.0％）：ベンチャー企業：13.6％，21.5％）は店頭よりベンチャー企業のほうが多いことが分かった．調査時点や対象企業が異なるにも関わらず，同じような調査結果であったことは，きわめて興味深い点である．

また，ベンチャー企業の社長には，当初考えられていたようなワンマン型の指示的なリーダーよりも，部下の自主性や能力を尊重したリーダーシップを心掛けた達成指向型が多いことが判明した．同時に，この傾向を従業員数との関係で調べると，従業員数10名以下の比較的小規模の組織では，指示的リーダーが多く，従業員数が増えるに従って，達成志向型の割合が増える傾向がみられた．それはおそらく創業当初から一緒に仕事をしてきた部下との信頼関係が築かれていたとか企業の創業からの時間の経過によってリーダーシップ・スタイルが変化することを物語っている．[10]たとえば，ロスチャイルド（Rothchild, W.E.）は，企業のリーダーシップとライフサイクルについて論じている．誕生期はリスク型リーダー，成長期は維持型リーダー，成熟期は外科医型リーダー，衰退期は整理型リーダーが登場するという[11]．

> **ベンチャー経営を目指すリーダーシップ**
>
> 　ベンチャー企業の定義は「新しい技術，新しい市場の開拓（新製品・新サービスの提供）を志向したベンチャースピリット（創造的で進取な心をもち，リスクに果敢に挑戦する意欲と責任感・倫理感をもつ心の様相―企業家精神）に富んだ経営者にリードされる中小企業」であり，ベンチャー経営とは「組織の規模に関係なく，経営者やリーダーがベンチャースピリットを常にもち続け，その思想が組織全般に浸透し，常に高い目標に向かって業務遂行をしている状態」をいう．あらゆる組織体（企業，NPO，官庁，大学，病院等），階層（トップ，部長，課長，店長，監督等）のリーダーはこのようなベンチャー経営を目指すリーダーシップを発揮すべきである．図表7－4の①から⑧の奇数の矢印が理想である．

(4) リーダーシップの状況論

　1960年代から経営学の分野で新たにコンテンジェンシー理論（contingency theory）が登場した．マグレガーのY理論，ハーズバーグ（Herzberg, F.）の動

図表7－4　ベンチャー経営を目指すリーダーシップと組織の型

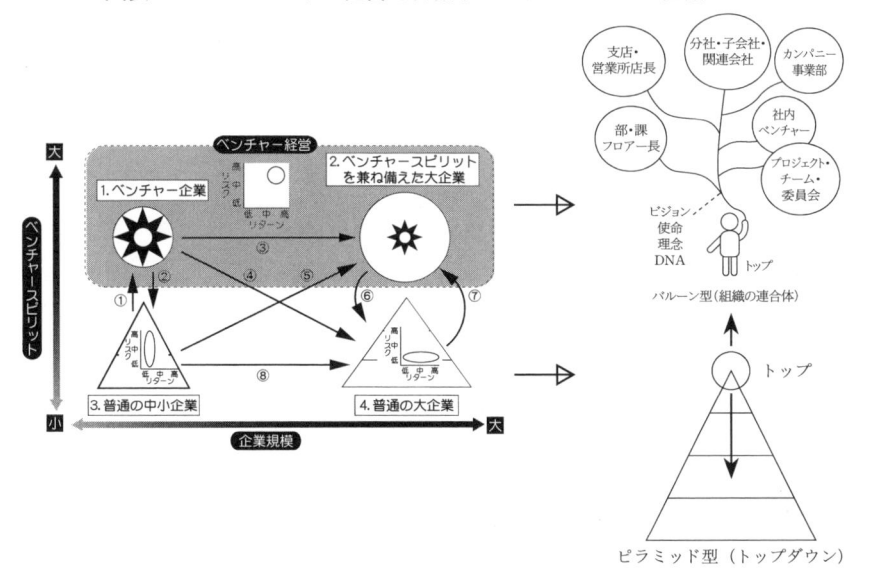

機づけ—衛生理論 (the motivation-hygiene theory)，リッカートの支持的関係の原則をキーコンセプトする参加型マネジメント (システム 4)，アージリス (Argiris, C., 1923-1957) の幼児 (infant) から大人 (adults) への移行モデル，ブレークとムートンのマネジリアル・グリッドなどの行動科学的組織論者といわれている人たちの所論は，あらゆる組織に適合する一般原則を実証研究や理論研究から導出しようと志向している (ワンベストウエイ)．

このような理論に対してコンティンジェンシー理論が上記の理論と時を同じくして登場した．たとえば，バーンズとストーカー (Burns, T. and Stalker, G. M.) は，イギリスの 20 社 (レーヨン会社，エンジニアリング会社，エレクトロニクス会社など) を調査した結果，安定した環境のもとにおいては機械的システム (官僚的で，ルール中心で動く組織) が適合し，不安定な環境のもとでは有機的システム (柔軟性があり，すばやく状況に対応できる組織) が適合することを発見した．[12]

また，ウッドワード (Woodward, J., 1916-1971) は，1953 年から 1963 年にかけて，イギリスの新興工業地帯であるサウス・エセックス (South Essex) において，100 社 (従業員 100 人以上) の製造企業を対象に調査を行なった (サウス・エセックス研究)．ここでわかったことは，技術や生産システムが組織に相当程度の影響力をもつということであった．従来の，古典的組織理論が目指したあらゆる状況やあらゆる組織に対応した理論構築が，ある範囲での妥当性しかもち得ないということが，このウッドワードの研究から判明したのである．端的にいえば，大量生産システムに適合した組織や管理はテイラーやファヨールに始まる古典理論が妥当し，受注生産システムや装置産業には上記した行動科学的組織論が妥当するという．このことは，古典理論を唯一最善の方法 (one best way) という地位から引きずり下し，古典理論に対する神話を打ち破り，実務家や研究者に多大な影響を及ぼしたのである．このウッドワードの研究などがひとつのパラダイム (Paradigm) を形成し，コンティンジェンシー理論を世に問うこととなったのである．[13]

このような大きな組織や管理研究のうねりの中でリーダーシップの研究分野

においても新たな胎動が始まった．リーダーシップのコンティンジェンシー理論であり，以下に2つの代表的リーダーシップ論を紹介しよう．

① フィードラーのリーダーシップ論

フィードラー（Fiedler, F. E., 1922-）は，自らのリーダーシップ論をコンティンジェンシー・モデルと称したのが1963年のことであり，公にされるのが1964年であった．山田雄一が言及しているように，「経営における実務的な見地から見ても，ある場合には民主的リーダーが成果をあげているかと思うと，他の場合には権威主義的なリーダーのほうがむしろ業績をあげているといった現実を，どう考えどう対処していったらよいかは大きな問題であった」[14]ことにフィードラーはひとつの解決策を提示したのである．

フィードラーは異なるタイプの集団は異なるタイプのリーダーシップ・スタイルを必要としているとし，その分類の枠組みを，① リーダーとメンバー間の人間関係が良好か否かの程度（影響力の行使の程度，メンバーからの受容の程度，忠誠心の有無等），② 課業の構造化の程度が明確かあいまいかなど仕事の手順や内容に関わること，③ リーダーの地位にともなう権限が強いか弱いかの程度，の3次元でプラスとマイナスの組み合わせで8つの集団作業状況（オクタントⅠからⅧ）を想定した（図表7-5）．この状況下においてどのようなリーダーシップ・スタイルが有効なのかを多くの実証研究から明らかにした．リーダーにとっての状況の有利性つまり集団に対して影響力を行使し，集団の業績にリンクする度合いについて図表7-6の横軸にあるようにオクタントⅠの左よりリーダーにとって有利，やや（中程度）有利となり，オクタントⅧが不利となる．有利な状況下（人間関係が良好で—プラス，仕事が明確になっており—プラス，大きな権限が与えられている—プラス）と不利な状況下（雰囲気が悪く—マイナス，仕事の内容があいまいで非定型的であり—マイナス，権限があまり与えられていない—マイナス）では課業指向（task-oriented）のリーダーシップ・スタイルが妥当し，オクタントⅣやⅤの中間の有利性の下では関係指向（relationship-oriented）のリーダーシップ・スタイルが適合するという．オクタントⅣは人間関係が良く，仕事があい

まいで非定型的状況にあり，リーダーの権限が比較的弱い場合，オクタントⅤは仕事の内容が明確で，リーダーの権限が強く認められ，職場の人間関係が悪い場合である。

以上これら2つのリーダーシップ・スタイルは，LPC (Least Preferred Co-worker，もっとも好ましくない協働者) スコアと ASO (Assumed Similarity between Opposites，もっとも好ましい協働者ともっとも好ましくない協働者の両極端間のみかけの類似性) スコアで測られ，そのリーダーのスタイルが決定される．ASOスコアが高い場合は気に入った仲間とそうでない仲間を良く似た人間として受けとっている．逆にスコアの低い場合は比較的異なった人間と把握しているという．LPCのスコアは，現在でもいいし過去において知っている人でもいいけれど，もっとも一緒に働きにくい人を考えて回答するわけだが，もっとも嫌いであるとは限らない．いくつかの項目を紹介すると，愉快─不愉快，冷たい─暖かい，

図表7-5　集団作業状況の分類モデル

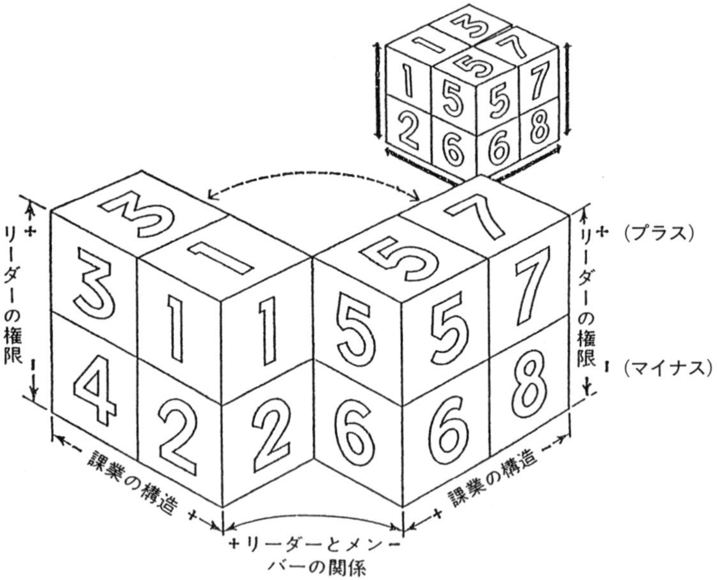

出所）フィードラー, F. E. 著，山田雄一監訳『新しい管理者像の探求』産能短期大学出版部　1970年　p. 48より修正

支持的―敵対的，有能な―無能な，自信のある―おどおどした，暗い―陽気，けんか好き――仲の良い，等であり，各項目を8点尺度で回答する．フィードラーはこのLPC得点とASOスコアには高い相関関係があり，互換性があるという．

さて，LPC得点の高い場合（ASO得点も高い）はリーダーが仕事を一緒にできない人物に対しても立派で，聡明で，有能と判断しており，他人に認められることを通じて自尊心をあがなう．LPCスコアが低いリーダー（ASO得点低い）は一緒に働きたくない人物に対して協調性に欠け，無知で，無能と評価し，仕事でろくな成績があげられない人は，望ましくないパーソナリティーを保持していると判断している．LPC得点の高いリーダーは良好な対人関係を打ち立てることに関心を示す傾向があり，関係指向のリーダーシップ・スタイルが

図表7-6　コンティンジェンシー・モデル

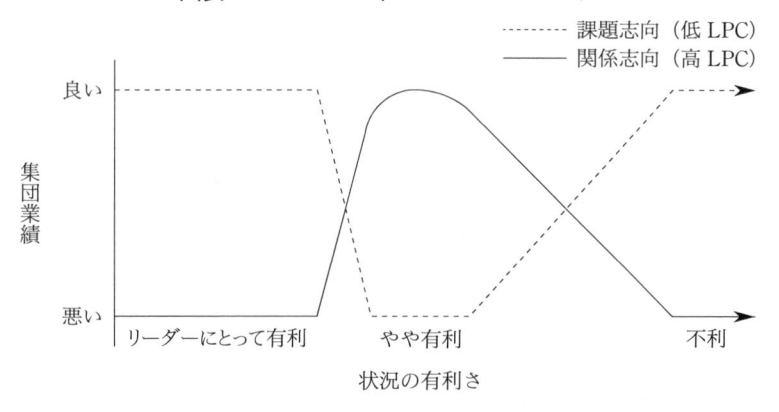

変数	I	II	III	IV	V	VI	VII	VIII
リーダー/成員関係	良い	良い	良い	良い	悪い	悪い	悪い	悪い
課題の構造	高い	高い	低い	低い	高い	高い	低い	低い
リーダーとしての権力	強い	弱い	強い	弱い	強い	弱い	強い	弱い

出所）チェマーズ, M. M. 著，白樫三四郎訳編『リーダーシップの統合理論』北大路書房　1999年　p.45およびフィードラー, F. E. 著，山田雄一監訳『新しい管理者像の探求』産能短期大学出版部　1970年　p.240より筆者修正

適合する．良い人間関係を築くために仕事に関心を寄せるのである．LPCスコアの低いリーダーは業績をあげることに満足を見出し，よりいっそう能率的に目標指向的に振る舞おうとするタイプで課業指向のリーダーシップ・スタイルを体現する．優れた業績をあげることによって自尊心をあがない，その点から人間関係にも気を配る[15]．

このようにオクタントⅠやⅧの状況の時にはLPCスコアの低い課業指向のリーダーシップ・スタイルが有効であり，オクタントⅣ，Ⅴの場合は高LPCスコアの関係指向リーダーシップ・スタイルが業績をあげる有効なリーダーであることが分かった．

② 状況対応リーダーシップ・モデル

リーダーシップ状況論のもうひとつの代表は，図表7－6にあるようにハーシィ（Hersey, P.）とブランチャード（Blanchard, K. H.）とジョンソン（Johnson, D. E.）のSL（situational leadership）理論である[16]．リーダーは，部下の能力の変化に応じてリーダーシップのあり方を変化させる必要があるという考え方で，指示型，コーチ型，援助型，委任型の4つのパターンに分類している．状況の関係性においてリーダーが部下との間で行動を変容する能力があるかどうかがその理論の要諦である．図表7－7の縦軸は協労的行動（relationship behavior, 支援的行動）でリーダーが，意思疎通を図り，聞き，支援し，連帯感を示すなど，双方向的行動をとることの程度，すなわち，支持・支援・意思疎通・折衝促進・傾聴・フィードバックなど関係増進行動をいう．横軸は指示的行動（task behavior）でリーダーが個人，集団の任務や職務遂行について何を，どのように，いつ，どこで，指図して，相手の行動や役割を規制することの程度，また集団をリードする場合は，誰に何を，させるかの指図をも含む．この指示的行動と協労的行動の2軸でできる4象限を指示型（S1），コーチ型（S2），援助型（S3），委任型（S4）と分けるのであるが，それは図表の下にある部下のレディネス（readiness）に関係する．それは特定作業（課題）の遂行に対する準備や用意の程度を表し，年齢，価値観，資質とは関係ない．部下のレディネス

図表7-7 状況対応リーダーシップ・モデル

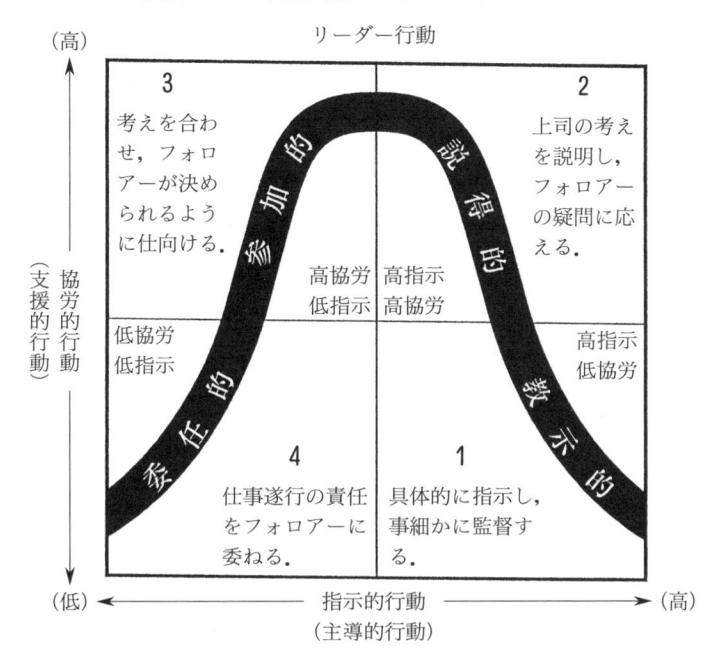

リーダー行動

（高）↑
協労的行動
（支援的行動）

3 参加的
考えを合わせ，フォロアーが決められるように仕向ける．
高協労
低指示

2 説得的
上司の考えを説明し，フォロアーの疑問に応える．
高指示
高協労

低協労
低指示
委任的

高指示
低協労
教示的

4
仕事遂行の責任をフォロアーに委ねる．

1
具体的に指示し，事細かに監督する．

（低）←―― 指示的行動 ――→（高）
（主導的行動）

部下のレディネス

（高）	中程度		（低）
R 4	R 3	R 2	R 1
高能力で意欲や確信を示す	高能力だが意欲弱く不安を示す	低能力だが意欲や確信を示す	低能力で意欲弱く不安を示す

自律的　　　　　　他律的

出所）ハーシィ，P. & ブランチャード，K. H. & ジョンソン，D. E. 著，山本成二，山本あづさ訳『行動科学の展開』生産性出版　2000年　p. 313

の構成要素は能力（ability）と意欲（willingness）である．能力は特定課題の遂行に関して課題遂行者がもつ知識，経験，スキルのことであり，意欲は特定課題の遂行に関して遂行者がもつ自信，熱意，動機の強さのことである．この能力と意欲の4つの組み合わせ（R1からR4）によってリーダーが取るべきリーダーシップ・スタイルが決まる．たとえば，部下がR1（低能力で意欲がなく不安である状態）の場合は，S1指示型行動（具体的に指示を出し，事細かに監督する）が有効とされる．R2（低能力だが意欲はある）の場合は，S2コーチ型（上司の考え方を説明し，部下の疑問に応え，リーダーが決定する，少しでも改善がみられたら励ます）が最有効のリーダー行動である．R3（もともと能力も意欲も備えているのだが何らかの理由で意欲を減退させている）の状況の場合のリーダーの主たる役割は，励ましと対話になる．S3援助型は積極的に話を聞くとか，部下に決定させるとか，冒険を支持してやるタイプである．R4（能力，意欲ともにあり，自信に満ちている個人・集団）の場合は，あまり多くの激励や支援は必要ない．自律を支援し，冒険を自由に試みるように奨励し，必要な資源を準備してやり，成果を認めほめてやることがS4委任型のリーダーシップである．

このようにリーダーは部下や集団におけるレディネスの状況を把握し，それに対応したリーダーシップ・スタイルを採用しなければならない．個人や集団のレディネスが上がっていると判断するときはカーブに沿って左の方に，つまり，S2→S3→S4へ，もしレディネスが低くなっている場合は，カーブの右の方向にリーダーシップ・スタイルを移動しなければならない．状況対応型リーダーシップはリーダーの行動の適否を決めるのはフォロアーで，フォロアーが先に自らの行動を決め，そのフォロアーの行動がリーダーの行動を規定し，また，リーダーの行動によってフォロアーの行動をR4の方向へ導くという相互依存関係にあるといってよいであろう．

この状況対応型リーダーシップの有効性であるが，フォーチュン誌500社中400社以上でこのリーダーシップ訓練プログラムが行なわれており，毎年100万人以上の経営・管理者がこの訓練をうけているという．業績との相関関係も

確認されているという[17]．

(加藤茂夫)

第3節　経営者のリーダーシップ

(1) 経営者のリーダーシップに必要なこと

　新しい情報技術の変化を内包する経営環境が企業の経営戦略やトップのリーダーシップに対して大きなインパクトを与えている．米国インテルのCEO（最高経営責任者）のバレットは，ICタグ（荷札）のような新しい情報技術が新たな産業を創出するとしており，その需要創造のゲームに参加するかどうかは経営者次第であると述べている（「世界情報通信サミット」『日本経済新聞』2004年2月24日付朝刊）．また，インターネットによる新しいビジネススタイルが誕生し（たとえば，デルによるパソコンのネット販売），既存の商慣習や経営のしくみを根本から変革する状況を呈してきている．さらに，企業はグローバル化により，国境を越えたメガコンペテション（大競争）に打ち勝つため，合従連衡・合併などM&Aを推進している．経営者はこれらの事態に対してどう対処するかが問われる．

　日本能率協会「第25回当面する企業経営課題に関する調査」によると，図表7−8のような課題がある．

　これらの課題を解決するのが経営者の役割である．他社との差別化をはかり，市場支配力を高め，競争優位に経営を進めていくのがトップのリーダーシップであろう．ビジョンを掲げ，経営戦略を練り，経営計画を策定し，経営環境の変化に即応してそれを実現させるのがトップのリーダーシップである．そのリーダーシップのパワーによって筆者が提唱しているベンチャー経営を実践し，目指すのである．「ベンチャー経営とは組織の規模に関係なく，経営者やリーダーがベンチャースピリット（創造的で進取な心をもち，リスクに果敢に挑戦する意欲

図表7-8 「現在」と「将来（2006年頃）」において重要な経営課題

	2003年	2006年
1位	財務体質（収益性向上）	新事業・新製品
2位	ローコスト経営	財務体質（収益性向上）
3位	売上高（シェア向上）	CS（顧客満足）経営
4位	CS（顧客満足）経営	事業化戦略・差別化戦略の立案
5位	事業化戦略・差別化戦略の立案	売上高（シェア向上）

注）5,415社（上場企業3,608社，非上場企業1,807社―従業員300人以上）対象回答771社
出所）「第25回当面する企業経営課題に関する調査」日本能率協会　2003年12月

と責任感・倫理感を持つ心の様相―企業家精神）を常に持ち続け，その思想（ビジョン）が組織全般に浸透し，常に高い目標に向かって業務遂行をしている状態」をいう[18]．

このようなベンチャー経営を目指す経営者のリーダーシップをコリンズは第1水準から第5水準のリーダーシップとして展開し，最高のリーダーシップ，指導者として第5水準をあげている．第5水準の指導者は，「自尊心の対象を自分自身にではなく，偉大な企業を作るという大きな目標に向けられている．我や欲がないのではない．それどころか，信じがたいほど大きな野心をもっているのだが，その野心はなによりも組織に向けられていて，自分自身には向けられていない」という．この第5水準の経営者は以下に述べる第1から第4水準の能力を兼ね備えているという．ちなみに第1水準は，「有能な個人」――才能，知識，スキル，勤勉さによって生産的な仕事をする，第2水準は，「組織に寄与する個人」――組織目標の達成のために自分の能力を発揮し，組織の中で他の人たちとうまく協力する，第3水準は，「有能な管理者」――人と資源を組織化し，決められた目標を効率的に効果的に追求する，第4水準は，「有能な経営者」――明確で説得力のあるビジョンへの支持と，ビジョンの実現に向けた努力を生み出し，これまでより高い水準の業績を達成するよう組織に刺激を与える（すばらしい経営者の水準であるが後継者の育成が不十分で，組織としての持続性がないという），である[19]．ミシガン大学のティシー（Tichy, N. M.）は，勝

利する企業とそうでない企業を分けるのはリーダーシップとそれを教える能力に依存すると指摘している．勝利する企業はたえず全従業員にリーダーシップ能力を効率的に育成しようとしているという．第4水準の経営者に欠ける点である[20]．

さて，「企業を成長させた成功要因」は何かであるが，社会生産性本部の調査によると（3つまで回答）[21]，①何かを成し遂げようという経営者の志の高さ（71.6％），②柔軟な発想（67.3％），③優秀な社員の採用，育成（46.2％），となっている．また，日経ビジネス調査（2002.1.21号）の「リーダーに最も必要な能力・素養」は何か（2つまで回答）の回答では，①状況を冷静に分析する能力（46.9％），②自分の信念をもっている（40.9％），③難関を乗り越える気概に満ちている（34.9％）とあり，基本的には高い志をもち，高い目標に挑戦し，成し遂げようというベンチャースピリットがリーダーにとってのキーコンセプトであることがわかる．

(2) リーダーシップとマネジメントの関係

リーダーシップとマネジメントの関係について多くの識者が論じている．先述したベニスとナナスは，リーダーシップこそ進歩を創造し，組織を発展させ，存続させる中心的要素であり，組織にビジョンとそれを実現する能力を与えるものであるという．多くの組織が抱える問題点は，過剰なマネジメントとリーダーシップの欠如であり，それがために組織は衰退し，消滅するという[22]．

激動する経営環境に対応するリーダーシップとマネジメントはどうあるべきか，であるが，コッター（Kotter, J. P.）は，マネジメントとリーダーシップを区別して，激動の時代にはリーダーシップが企業の成否を占う重要な要素であるという．リーダーシップは，「ビジョンと戦略をつくり上げる，戦略の遂行に向けてそれに関わる人びとを結集する，あるいは，ビジョンの実現を目指して人びとをエンパワーメントするなど，障害を乗り越えてでも実現できる力・プロセス」ととらえる．企業の成長・発展はこのリーダーシップに依存してい

ると指摘している．組織変革成功の70％から90％はリーダーシップによってもたらされるのではないかと述べている．

一方，マネジメントとは，「計画立案，予算策定，組織設計，人材配置，コントロール，そして問題解決を通して，既存のシステムを続けることである」と述べている．コッターは，マネジメントがだめでリーダーシップが正しいと考えているわけではない．両者は同じではなく違う目的に適している，と論じている．[23] リーダーシップは人と組織文化に機能する柔軟で熱いものであり，マネジメントは階層とシステムを通して機能する四角四面で冷たいものと表現している．[24] 図表7-9は，リーダーシップとマネジメントの関係をまとめたものである．理想の状態は，「ベンチャー経営」であり，リーダーシップとマネジメントの両機能がうまく融合している．その対極に「場当たり的経営」がある．「カオス的経営」は組織を不安定で，混沌とした状況に陥れる経営スタイルであり，「官僚主義的経営」はルールで運営される機械的組織のスタイルであり，経営環境の変化に対応できない．

ウエルチは，コッターの観点とは違う意味でマネジャー（管理者）よりリーダーという言葉を使っている．管理者は仕事を進めるよりも統制したがり，スピードを上げるよりも調整したがっている人と理解し，リーダーは，業務改善のために明確なビジョンを示すことによって，部下にやる気を起こさせる人だという．優れたリーダーは，オープンで形式張らず，飽きることなく自由に人に語りかける特徴があるという．HPの創業者のパッカード（Packard, D.）は，

図表7-9　コッターのリーダーシップとマネジメントの関係

マネジメント＼リーダーシップ	不　在	あ　る
不　在	場当たり的経営（自由放任型組織）	カオス的経営（リーダー暴走型組織）
あ　る	官僚主義的経営（指示・ルーティン・軍隊型組織）	ベンチャー経営（理想型）

出所）コッター著，黒田由貴子監訳『リーダーシップ論』ダイヤモンド社　1999年より筆者作成

組織が成功するためには能力ある人材を各部署に配属すること，また，あらゆる階層で熱意を保てるようにすることが重要であるという．とくに，管理職にある人は自分が熱心であるだけではなく，部下が熱心になるように工夫しなければならず，何事も中途半端はだめだという[25]．ベニスとナナスもまた，マネジするとは「ものごとをなしとげ，責任を引き受け，実行すること」で，マネジャーとはものごとを正しく行なう人（実践能力にともなう効率重視）であり，リードするとは「指示を与え，方向，手順，行動，意見を導くこと」で，リーダーとは正しいものごとを行なう人（ビジョンと判断の行為にともなう成果重視）であると同様なことを指摘している[26]．

硬直しやすい組織においてはリーダーの存在は欠かせない．安定を好み，現状を良しとし，何よりも前例踏襲で臨む人であるマネジャーからリーダーへと意識変革と行動変革ができる組織が成長できるのである．このことは，経営者のみにリーダーシップ能力を必要とするのではなく，ミドル・マネジメントやロワー・マネジメントにもリーダーシップが必要であるとしている．リーダーシップとマネジメントは区別しなければならないけれど実践の場面においてはその2つを同時に使い分けたり，融合したりする必要があるということであろう．しかし，トップに要求される能力の大部分は，リーダーシップ能力であることは当然であろう．しかし，ミドルやロワーにも当然だがリーダーシップ能力は必要となる．それは，将来の経営幹部の育成，組織力の高揚においても必要不可欠となるからだ．

① GEにおける人材育成

経営者の最大のテーマは後継者の育成と人選である．その課題解決はけっして優しいものではないが，可能であるとの信念と判断がなければならない．GEの人材育成は，ニューヨーク郊外にあるクロトンビルにある緑豊かな経営開発センター（敷地21万平方メートル）で行なわれている．ウエルチは会長職を勤めた21年間に1万8千人近い経営幹部と2週間に1度自ら直接対話し，大企業にはびこる大企業病（官僚主義）と戦い，「シックスシグマ（品質向上運動で

100万分の3.4の確率)」「ワークアウト(問題の発見と除去)」の経営合理化プログラムを開発実践したという。次期後継者もここから輩出している。1994年から次期のCEO (chief executive officer, 最高経営責任者)選びが始まり，45歳のジェフ・イメルトが2001年に抜擢された。2001年9月6日，このセンターは「ジョン・F・ウエルチ・リーダーシップ開発センター」と改名された(「私の履歴書」『日本経済新聞』2001年10月1日付)。このように人材育成の重要性は，ウエルチ・リーダーシップ開発センターの役割やポラスの第5水準の経営者をみれば十分であろう。

② 日本企業の人材育成

日本の企業も有能なリーダー育成にさまざまな工夫をしている。ジュニアボード(青年重役会)の設置，研修所での合宿研修，トップとして子会社への派遣(とくに傍系へ)，カンパニー組織のプレジデント，事業部制の事業部長への登用，前川製作所(冷凍機器製造大手)のように約80社にものぼる独法(別法人で大体従業員10から20名の会社)による経営者の育成等が行なわれている。具体的には，日立製作所：主任以上，毎年250名を通常の役職別研修とは別に「経営選抜研修」実施，富士通：1,000名の部課長から役員候補者100人程度選抜，欧米のビジネススクールで開く短期講座に派遣，ソニー：社内カンパニー制のCEOなど100程度の中枢ポストを選び，候補者をデータベース化，研修施設(ソニーユニバーシティ，2000年11月開設)で世界18万人の社員から200名を選抜し，帝王学を伝授，NEC：主任以上の幹部から1,000名程度を選び，2002年から海外研修，松下電工：40代前半から毎年15名程度を選抜し，国内外のグループ企業に社長として派遣し，その実績をみて本社役員への起用を決定，三菱商事：取締役に自社株を所有させ，株主の立場と経営の厳しさを再確認，他には取締役の任期を2年から1年にして成果を期待，執行役員制を導入し，経営者としての意識をもってもらう等(『日本経済新聞』2001年6月16日付)がある。

リーダーシップとT・O・P革新

組織を成長・発展させるにはT・O・P革新（① Technological Innovation—技術・製品・サービス革新，② Organizational Innovation—組織革新，③ People Innovation—人の革新，④ Top Innovation—経営者の意識革新と行動革新）の4項目が必要である．わが国の企業経営におけるリーダーシップ研究の第一人者である藤芳誠一は，とくに人材面における革新の重要性を説き，これからの企業の成否の決定要因のひとつとしている．経営者はこれらの項目を常に統合し，融合し，課題発見・解決できるようにリーダーシップを発揮すべきである．また，各セクションのリーダーもそのような能力を保持すべきであろう．4項目を常にプラスのスパイラル循環にすることが経営者，リーダーの戦略的マインドであり，社会責任である．以上のT・O・P革新を実践するための条件としては，①トップがビジョン・使命を組織に浸透させ，それを実現させる戦略構想を策定し，人を生かす高潔な心を常に保持し，企業倫理や社会的責任の実践を志向すること，②従業員を意思決定へ参加させること（従業員への成長信頼と権限委譲），③貢献に対して適正に報いてやること（モチベーションの高揚），④ガラス張り経営を実践すること（情報のオープン化—業績，給与，評価システムの開示），⑤従業員に経営者マインドをもたせること（ベンチャースピリットの涵養，ストックオプションの導入，カオスの淵に追い込むことによるリーダー育成），を組織を介して実践する事ができなければならない．

今日の社会は，ベンチャー企業待望論，起業家の輩出，大企業や中小企業からのスピンオフ，学生へのベンチャー企業教育等が盛んに喧伝されており，近未来の経営者育成策が目白押しであるが，一方，多くの課題も山積している．人材教育の提言として，ティシーは，勝利する企業のすべてのメンバーは，①ビジョンを共有化し（values），②アイデアを持ち寄り（ideas），③高い貢献意欲と決断力（emotional energy and edge, E3）の3つの輪をつなげることが重要であり，トップ自身が人材教育に強い関心をもち，資金と時間を使わなければならないという．そして，何よりも大事なことはコンサルタントや人事部門に任せ切りにするのではなく，自ら先生となって勝利，失敗について語り，伝えることが大切であり，後継者育成がきちんとできる企業は勝利すると示唆している[27]．

さて，組織革新の必要性やリーダーシップの重要性に関して新原浩朗は，優良企業の6条件について論じている．その本質は，「自分たちが分かる事業を，やたら広げずに，愚直に，真面目に自分たちの頭できちんと考え抜き，情熱をもって取り組んでいる企業」であり，そのための改革の条件は，①既存の考え方やしがらみにとらわれず発想でき行動できること，②その企業の事業についての現場感覚があることをあげている．[28]

また，ルビンシュタイン（Rubinstein, M. F.）は，上述した過去のしがらみや前例踏襲の経営風土を打破し，企業を革新するためにはカオス（混沌）の縁での経営（operating on the edge of chaos—安定と不安定，混沌と秩序，確実さと不確実さの狭間に置く経営スタイル）を強調する．組織のモデルを「鉄道タイプ」から「タクシータイプ」へ変換することが不安定な不確実な経営環境に対処する方法であり，人を生かすことになると指摘している．カオスと向き合い，カオス，変化こそ組織の成長・発展に繋がるとする．[29]筆者は，以前，「21世紀に存続・成長・発展する企業の条件は，大企業も中小企業もベンチャースピリットを組織や個人にどのように浸透させるかであり，『心の見える企業』をどう構築するかである．それには，企業を『小さな組織』『チーム型』に分割し，自立的に動ける組織の連合体とすることが必要不可欠の条件となる」[30]と指摘したが，それは自立する自己組織化を経営者が築くことに他ならない．指示命令・統制に頼る官僚型・軍隊型・ピラミッド型組織から経営者のビジョンが浸透し，自由に発想，行動できる『小さな組織』『チーム型』の連合体としてのベンチャー経営型・「風船」型組織へと転換しなければならない．

③　リーダーシップの課題

以上，リーダーシップの理論ならびに考え方を述べてきたが，問題は，これらのリーダーシップ研究の成果を経営者を含むリーダーが自ら考え，行動にリンクできるかであろう．そして現状に満足せず，常にビジョンに向かってエネルギーを注力できるかであろう．そのためには，組織の慣性つまり人間の慣性でもある現状をよしとする，安定志向を打破し，イノベーション（革新）を起

こす組織を作り出せるかであろう．創造的破壊ができるかである．

　組織の成長・発展は，ビジョンに向かい，その価値観を行動基準にまで昇華できるかにより決まる．日本の企業の人事制度は大きく変化しているが，あまりにも個人に極端にシフトしている成果主義は，チームのパワーをそぎ，日本の経営の良さである協働意識が萎えるように思えてならない．情報の共有化や組織の価値観の共有化がますます重要さを帯びてきている中で，逆の展開が目に余る．協働する喜びや「心の見える企業」（コミュニケーションが十分に行なわれており，従業員と同じ高さ・目線でもって共に話し合いができる組織．また，経営の内容をオープンにガラス張りにして納得と理解をしてもらう）とは異質の，ギクシャクした個人さえ良ければという競争至上主義の兆候がみられるのは残念なことである．

　最近の企業における不祥事は，この点から再点検する必要がある．筆者は，前述したベンチャー経営のベンチャースピリット（創造的で進取な心をもち，リスクに果敢に挑戦する意欲と責任感・倫理感をもつ心の様相—企業家精神）を今一度肝に銘じてもらいたいと考えている．

④　情報の共有化・価値観の共有化

　さて，価値観の共有化については花王の元社長常盤文克が，社員が自発的に会社の考え方にかなう判断をするためには情報の共有化，価値観の共有化が大切だと述べている．それには，個人の知，集団の知，組織の知のスパイラルなプラスの循環にいかにして高めていくかである．[31] おそらく情報の共有化，価値観の共有化はその知のプラットホームを形成するといえよう．そこにリーダーシップの大きな役割が潜んでいるといえよう．イノベーションは競争によって生じる（innovation by competition）といわれているが，問題解決をする以上に仲間に勝ちたいとの願望が生じ，イノベーションに欠かせない情報の自由な流通が阻害され，共有化よりも隠したいという気持ちが勝ってしまう．イノベーションは共同化（collaboration）によっていっそう活発に行なわれる．それは情報の共有化，価値観の共有化を推進するからである．３Ｍのポストイットもお粗末なすぐはがれてしまう接着剤の情報を隠していたら誕生していないだろう．

3Mは，長年続いているコーヒーとドーナツを囲んでの意見交換の場があり，そこで弱い接着剤の話題が出されたという．このように情報の共有化がフォーマルにもインフォーマルにも行なわれることが重要であろうし，最近では電子ツールでのやり取りも大切であろう．フェイス・ツゥ・フェイス（対面）の情報での制約を打破するデジタルコミュニケーションも必要となる．というのは，フェイス・ツゥ・フェイスではいいたいことが階層の上下関係やその場の雰囲気によって阻害されるからである[32]．

　このように情報の共有化，価値観の共有化を許容するビジョン，組織文化を構築するのがリーダーシップの機能である．

　以上要約すると，リーダーシップはベンチャー経営を目指す機能であり，リーダーシップの根本にあって，リーダーシップへと駆り立てるものは，創造的で進取な心，リスクに果敢に挑戦する意欲と責任感・倫理感をもつ心の様相としてのベンチャースピリット（企業家精神）である．それを経営者のみならず，すべての組織メンバーが持ち合わせていることが肝要である．たとえば，組織のトップ，部長，課長，工場長，フロアー長，店長，子会社のトップ，フランチャイズチェーンの店長，スポーツチームの監督，キャプテン，組合や商店街，地域社会のリーダー等にである．リーダーは人の能力や意欲を信頼し，そのことによって組織体（心の見える企業）の成長・発展を実践する人でなければならない．

（加藤茂夫）

注

1) ギッブ，C. A. 著，大橋幸訳「リーダーシップ」『社会心理学講座』第 5 巻 1958 年
2) ウエルチ，J. 著，宮本喜一訳『ジャック・ウエルチわが経営，上』日本経済新聞社　2001 年
3) コリンズ，J. C.・ポラス，J. I. 著，山岡洋一訳『ビジョナリーカンパニー』日経 BP 出版センター　1995 年

第 7 章　リーダーシップと経営者　155

4）日経ビジネス編『明るい会社 3 M』日経 BP 社　1998 年　pp. 30-31
5）ベニス，W.・ナナス，B. 著，小島直記訳『リーダーシップの王道』新潮社　1987 年　p. 94
6）マグレガー，D. 著，高橋達男訳『企業の人間的側面』産能大学出版部　1966 年
7）ブレーク，R. R.・ムートン，J. S. 著，上野一郎監訳『期待される管理者像』産能大学出版部　1965 年
8）三隅二不二『新しいリーダーシップ』ダイヤモンド社　1966 年，三隅二不二編著『リーダーシップ』ダイヤモンド社　1972 年，集団力学研究所編『組織変革と PM 理論』ダイヤモンド社　1975 年
9）リッカート，R. 著，三隅二不二訳『組織の行動科学』ダイヤモンド社　1964 年
10）加藤茂夫・永井裕久「日本におけるスモールビジネスの組織特性（Ⅲ）―店頭登録企業とベンチャービジネスの比較調査」『専修大学経営研究所報』第 115 号　1995 年．『わが国ベンチャー企業の経営課題』社会経済生産性本部　1997 年．加藤茂夫・永井裕久・馬場杉夫「日本におけるスモールビジネスの組織特性（Ⅳ）―店頭登録企業における組織と人事に関する調査」『専修大学経営学論集』第 66 号　1998 年
11）ロスチャイルド，W. E. 著，梅津祐良訳『戦略的リーダーシップ』ダイヤモンド社　1994 年
12）Burns, T. and Stalker, G. M., *The Management of Innovation,* Tavistock Publications, 1961.
13）ウッドワード，J. 著，矢島鈞次・中村壽雄共訳『新しい企業組織』日本能率協会　1970 年
14）フィードラー，F. E. 著，山田雄一監訳『新しい管理者像の探求』産能短期大学出版部　1970 年　訳者あとがき
15）同上書
16）ハーシィ，P.・ブランチャード，K. H. とジョンソン，D. E. 著，山本成二・山本あづさ訳『行動科学の展開』生産性出版　2000 年
17）同上書　pp. 223-226
18）加藤茂夫「経済発展の担い手としてのベンチャー企業」藤芳誠一編『ビジュアル基本経営学』学文社　1999 年
19）コリンズ，J. C. 著，山岡洋一訳『ビジョナリーカンパニー②飛躍の法則』日経 BP 社　2001 年

20) ティシー，N. M. 著，一條和生訳『リーダーシップ・エンジン』東洋経済新報社　1999年　p. 32
21) 『わが国ベンチャー企業の経営課題』社会経済生産性本部　1997年
22) コリンズ，J. C.・ポラス，J. I. 前掲書　p. 35
23) コッター，J. P. 著，梅津祐良訳『21世紀の経営リーダーシップ』日経BP社　1997年
24) コッター，J. P. 著，黒田由貴子監訳『リーダーシップ論』ダイヤモンド社　1999年
25) パッカード，D. 著，伊豆原　弓訳『HPウェイ』日経BP出版センター　1995年　p. 150
26) コリンズ，J. C.・ポラス，J. I.　前掲書　p. 35
27) ティシー，N. M.　前掲書
28) 新原浩朗『日本の優良企業研究』日本経済新聞社　2003年
29) ルビンシュタイン，M. F.・ファーステインバーグ，I. R.（三枝　匡監訳）『鈍な会社俊敏企業に蘇らせる』日本経済新聞社　2000年
30) 加藤茂夫『心の見える企業』泉文堂　1996年
31) 常盤文克『知と経営』ダイヤモンド社　1999年
32) ファーソン，R.・キーズ，R.著『失敗に寛容な組織を作る』DHBレビュー　2003年12月号

【参考文献】

岡野雅行『俺が，つくる』中経出版　2003年
小倉昌男『経営はロマンだ』日経ビジネス人文庫　2003年
加藤茂夫『ニューリーダーの組織論』泉文堂　2002年
金川千尋『社長が戦わなければ，会社は変わらない』東洋経済新報社　2002年
新原浩朗『日本優秀企業研究』日本経済新聞社　2003年
本田宗一郎『本田宗一郎夢を力に』日経ビジネス人文庫　2001年
三隅二不二『新しいリーダーシップ』ダイヤモンド社　1966年
Bennis, W. and Nanus, B., *Leaders,* Harper & Row, Publishers, Inc., 1985年．（小島直記訳『リーダーシップの王道』新潮社　1987年）
Blake, R. R. and Mouton, J. S., *The Managerial Grid,* Gulf Publishing Company, 1964．（上野一郎監訳『期待される管理者像』産能大学出版部　1965年）
Fiedler, F. E., *A Theory of Leadership Effectiveness,* McGraw-Hill, 1967年．（山田雄一監訳『新しい管理者像の探求』産能短期大学出版部　1970年）

Hersey, P. and Blanchard, K. H. and Johnson, D. E., *Management of Organizational Behavior*, Prentice Hall, Inc., 1996.（山本成二・山本あづさ訳『行動科学の展開』生産性出版　2000年）

Kotter., J. P., *What Leaders Really Do*, Harvard Business School Press, 1999.（黒田由貴子監訳『リーダーシップ論』ダイヤモンド社　1999年）

Likert, R., *New patterns of management*, McGraw-Hill, 1961.（三隅二不二訳『経営の行動科学』ダイヤモンド社　1964年

Tichy. M. & Cohen, E., *The Leadership Engine*, Harper Collins Publishers, Inc., 1997.（一條和生訳『リーダーシップ・エンジン』東洋経済新報社　1999年）

第8章
新潮流（1）社会的責任と環境・倫理

　経営管理の対象は管理者の意思決定過程であり，その内容は仕事→人間→組織そして環境とその焦点が変化してきている。変化の様態については第1章第2節で述べたように，企業の発展過程と時代的特質に起因していると考えることができる。

　この章では，まず第1節で企業の社会的責任の概念およびその研究領域について諸見解を整理し，第2節で社会的責任と環境問題，さらに第3節〜第5節においては，社会的責任論の中核に位置する企業倫理の諸問題を概説し検討を加えたい。

第1節　社会的責任の領域と諸理論

　企業の社会的責任（social responsibility）あるいは企業社会責任（Corporate Social Responsibility = CSR）について，規範論（技術原則論）の立場でもっとも早い研究は，シェルドン（Sheldon, O., 1894-1951）*The Philosophy Management* (1924) であろう。その後ドラッカー（Drucker, P. F., 1909-），イールズ（Eells, R.），デイビス（Davis, K., 1894-没不詳）らによって，理論の精緻化ないし実証による理論化がなされた。

　わが国でも，すでに数多くの研究があるが，理論的根拠やその体系化されたものとして，高田馨（『経営者の社会的責任』1974）と森本三男（『企業の社会責任の経営学的研究』1994）がある。とくに，森本は，関係する諸理論を検討した上で，

独自な接近方法により社会責任理論の体系化を試みている点で高い評価を得ている．

　社会的責任の本質については，イールズおよび高田馨の見解を基礎に次の2つに求めてみたい．① 環境責任——企業の内部環境主体（株主，従業員，労働組合）と外部環境主体（消費者，供給者，地域社会，金融機関，政府など）に対する責任であり，経済的責任のみならず「環境主体欲求のすべてを満足させる責任，全人的責任を意味する」，② 体制責任——資本主義体制を持続し多元社会存続への責任であり，現体制の維持は自由企業体制を存続させることになり，その責任は「企業・経営者の地位の保持に貢献するものである」とされている．

　また，イールズの3つのモデルから社会的責任を次のように類型化できる．
① 　伝統的会社（The Traditonal Corporation）
　　　　　　→社会的責任は利潤の手段としての社会的責任
② 　中道的会社（The Well Tempered Corporation）
　　　　　　→社会的責任は利潤と同格の社会的責任
③ 　母性的会社（The Metrocorporation = Mothercorporation）
　　　　　　→社会的責任は利潤を手段とする社会的責任

しかしながら，社会責任論には反対論や否定論もあり，その内容と本質をみきわめる必要がある．

　社会的責任の具体的内容およびその展開についてもさまざまな研究があるが，ここでは，キャロル（Calloll, A. B.）の見解を修正した図表8-1に示す森本三男の主張を紹介してみたい．

「CRSのあるべき内容項目は第1次元＝水平軸と第2次元＝垂直軸によって整理されたその実践の様相を第3次元＝立体軸によって説明されることになる．したがって，この図は，CRSをめぐる理論と実践の統合を示すものである」社会的責任論が義務論や正義論の立場で論じられ，一方，実践の側面では社会監査，企業社会会計などの研究がなされたり，企業評価の一指標として精緻化されて内容を模索されているのが現状である．

図表 8-1　CSR 修正 3 次元モデル（例示は典型的なもののみ）

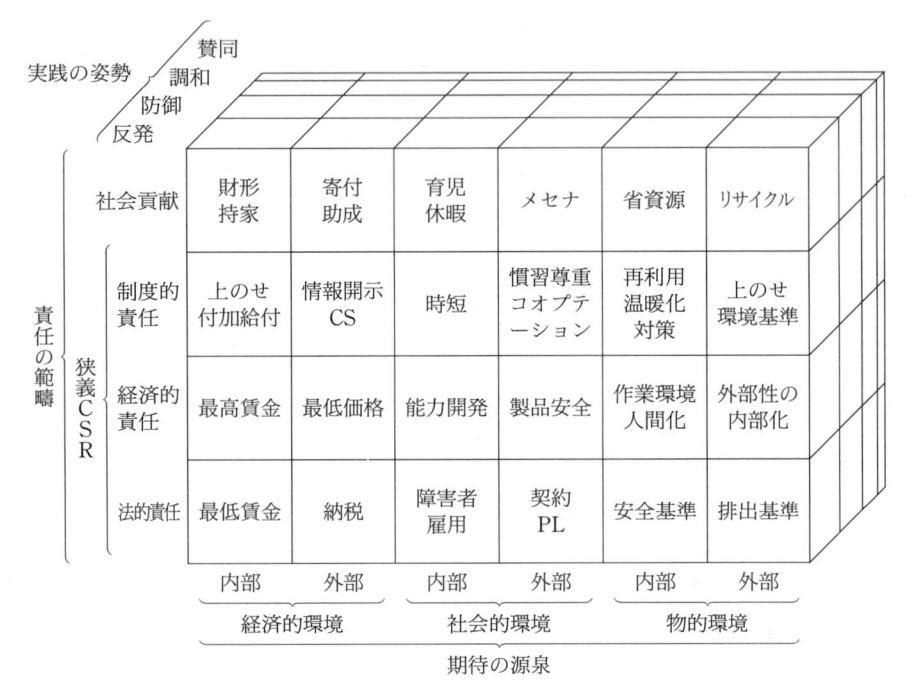

実践の姿勢	責任の範疇		経済的環境		社会的環境		物的環境	
賛同/調和/防御/反発			内部	外部	内部	外部	内部	外部
	社会貢献		財形持家	寄付助成	育児休暇	メセナ	省資源	リサイクル
	狭義CSR	制度的責任	上のせ付加給付	情報開示 CS	時短	慣習尊重 コオプテーション	再利用 温暖化対策	上のせ環境基準
		経済的責任	最高賃金	最低価格	能力開発	製品安全	作業環境 人間化	外部性の内部化
		法的責任	最低賃金	納税	障害者雇用	契約 PL	安全基準	排出基準

期待の源泉

注）CS＝consumer satisfaction
　　PL＝product liability

　また，フレデレックによると企業と社会との問題は，その中に規範的性格（ここでは倫理的，道徳的も同意語として見なしている）を含むものであるからCSRは次の 3 つに類型化できると主張し，社会責任の概念および研究対象を明らかにしている．

　CSR 1（Corporate Social Responsibility）は，1950 年代初期から 1970 年代中期までで，企業と社会の問題を規範論としてとらえた時代をいう．CSR 1 の内容に関する高田の批判は，社会的責任の規範・価値についての認識不足としながらも，『経営の目的と責任』（1978）では，社会的責任を経営理念と経営目的に関係させて論じており，社会的責任を経営の一般的原則に内在せしめている点では評価を与えている．ただし，具体的事例や道徳的規準などは示されず，

理論と実践の乖離がみられ，実務への応用は困難といわざるをえない．しかしながら，フレデレックは企業と社会の問題について，その中に規範的性格を含むものであるから，それを研究する者は，それらの問題に関する道徳的判断を形成し言明する必要があると指摘し，規範論の重要性を主張している．

CSR 2 (Corporate Social Responsiveness) は，1970 年代中期から現在までの期間で，「社会的圧力」や「社会的要求」に効果的に反応するための方法に研究が集中している．この時代への批判として高田は，企業の社会的責任の意味を実践操作的に解釈している点と社会的対応の効果的実行方法に関心が集中した結果，経営文化に従属して保守的となり，価値・規範について認識不足があり，自己導入とポリシーの概念を考慮すると客観性を失うおそれがあると指摘している．しかしながら，実務の側面や現実の企業行動から検討すると，その重要性は高く，とくに社会監査などの議論には一定の示唆をあたえるものと理解できる．

CSR 3 (Corporate Social Rectitude) は，現在および現在以降を想定しており，道徳的価値，倫理的価値など価値前提の側面を強調し，その内容は社会の倫理文化に求め，それを経営倫理に適応することによって伝統的で保守的な経営文化を超えることができるという主張である．

何が道徳的に正しいかの価値判断たる価値・道徳的価値の内容は広く一般の倫理文化のなかに見出されるという見解であると考えられる．

この点について，高田の見解は，社会的責任の社会とは，環境主体の経済的要求と非経済的要求を含むもので，その本質は人間の主体性尊重であると規定しており，道徳の正しさ，すなわち新しい観点＝倫理的観点の導入であるとしている．

CSR 1～3 の関係について，高田は，あくまで CSR 1 が基本であり，あとの 2 つは補足であるとしている．この見解が適切か否かということは別にして，CSR 1 は規範論を中心にしており，CSR 2 は実践的側面を強調し，CSR 3 は価値前提的側面を強調している．

この3つの類型化の意義は，企業と社会あるいは，経営の社会的問題の領域の中心問題を経営者の社会的責任と規定し，さらにその中核となるものは，企業倫理・経営倫理としている点である．

(飫冨順久)

第2節　企業環境の定義とその内容

企業環境といった時，企業を取り巻く自然環境のみを想定して議論する場合がある．また「環境への適応」を論ずる場合，その領域が不明確なために真の適応策が提案されないケースがある．ここでは，いくつかの領域を考察してみたい．

コロンビア大学のアンシェン（Anshen, M.）教授は，「経済的変化の領域は，経営者・管理者にとって重要ないくつかの環境領域のうちひとつにすぎない．このほかにも3つの重要な領域があり，それは技術的環境，社会的環境，政治的環境である」と述べている．また，バーナード（Barnard. C. I., 1886-1961）によれば，環境は，原子と分子，運動する生物の集積からなり，また，人と感情，物理的法則と社会的法則，さらに社会理念，行動規範および力と抵抗など無数のものからなるとし，これらを物的環境と社会的環境の2つの領域に分けている．

さて，企業の環境領域を一般的には，経済，技術，社会，政治，自然の5つの領域に分けているが，個別の企業組織を考慮し，さらにその主体を明確にする意味において，図表8－2のように内部環境，外部環境の2つに分けることができる．

このように，企業の環境を内部環境と外部環境に分けて把握する場合，その境界と内容については，論者によって多少の違いがあるが，企業の内部組織の環境と内部組織に従属しない外部の環境とに区別している．

内部環境の主体には，経営者，管理者，一般従業員，外部環境の主体には株

図表 8-2　企業環境の主体

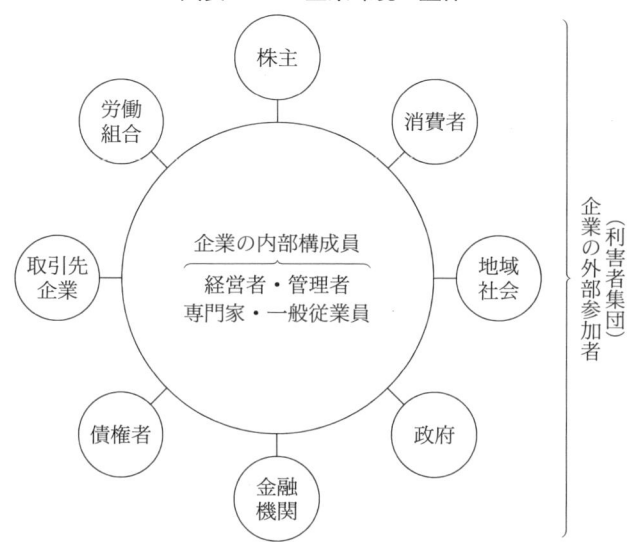

- 株主
- 消費者
- 労働組合
- 地域社会
- 取引先企業
- 債権者
- 政府
- 金融機関
- 企業の内部構成員（経営者・管理者・専門家・一般従業員）
- 企業の外部参加者（利害者集団）

主，労働組合，地域社会，消費者，金融機関，取引企業，債権者，政府など多様で異質な個人あるいは集団が含まれている．そしてこのような環境主体を利害者集団（stakeholders, interest groups）と称することができ，企業は常に諸環境変化の方向と様態を注視し適応することを要求されている．

企業環境の諸主体が個人の場合には，状況によって集団化し権利を主張したり法的保護を求めてくる．外部環境のひとつである消費者は，欠陥商品などが発覚した時には，消費者運動を展開しその商品の排除ないし，影響を防止するため法律の制定を要求する．

このように，各種利害者集団の成熟過程は，企業の外部環境の変化または環境主体の制度化を意味しており，これに対する企業の行動として，次の3つを指摘することができる．

① 経営目標，価値体系，行動様式を修正し「革新」と「蛻変」の機会を求める．② 内・外環境主体に対応するための企業内組織を確立し，的確に適応対応すること．③ 企業行動を常に監視しその評価や意見がトップにフィード

バックできる組織を構築すること．たとえば「……委員会」「…室」のような組織である．

さて，社会的責任との関連で企業環境を論ずる場合，多くは自然環境を想定する．ここでは，実態を重視し，2つに区分してみたい．

(1) 前期環境問題の特徴

そのひとつを「前期環境問題」(第1次環境問題)とよぶならば，それは，1970年代の一連の公害発生とその社会問題化に基点をおく社会責任論といえよう．

前期環境問題の特徴は，①公害発生源の特定ができ（特定の企業）その原因や対応策は科学的に立証できること，②公害の発生場所は一定の地域に限定されており，他地域への影響はさほど問題にはならなかったことなどである．

しかしながら，企業行動の結果として多量の有害物質が排出され，それが人体に多大な影響や環境破壊（汚染）を引き起こし，その消滅ないし復元までには相当な時間を要したのである．公害を7つの定典（大気汚染，水質汚濁，土壌汚染，騒音，振動，地盤沈下，悪臭）に区分し公害関連法が制定されたのもこの時期からである．また，企業活動とりわけ製造・生産工程などを厳しく監視する一方で，企業内部の方針─組織─統制といった管理体制を革新することこそが重要であると指摘する見解が報告されはじめたのもこの時期である．

菊池敏夫は「企業における環境制御責任」(日本経営学会第44回大会報告『経営論集第41集』1970年所収)で企業内部に自己規制しうるシステムの構築を提唱し，外部取締役の導入，監査制度の改正などを早くから主張している．

(2) 後期環境問題の課題

一方，「後期環境問題」(第2次環境問題)と称することができるのは1980年代にさかのぼる．近年，環境問題が世界的に注目されてきたのは，1991年の地球環境宣言と1992年のリオ宣言を原点にするという見解が一般的である．

その特徴として，①前期の環境問題は，国内しかも特定地域と特定企業に発生源を求めた，いわば「限定」つきの背景があるのに対して，後期環境問題は，企業も消費者も場合によっては加害者であり，被害者でもあり，その特定化はきわめて困難なこと，②地球温暖化，フロンガスなどについては，世界共通の問題であり，業種や地域の特定化は不可能であり，まさに地球規模の課題となっていることが挙げられる．

このように問題の範囲の違いなど決定的な差異を認識する一方で，わが国の場合，「前期」と「後期」では，きわめて相似的側面があることも確認する必要があると考えられる．それは，前期の環境問題は高度経済成長期に表面化しはじめたことであり．後期の環境問題は，バブル経済のバックグラウンドがあることである．

わが国の場合には，1991年再生資源の利用の促進に関する法律，1993年環境基本法，同じく省エネ・リサイクル支援法が制定され，諸外国と同一歩調がとることができる段階になった．

わが国の環境基本法は，環境問題に対処するための基本的枠組みを示す．とくに，環境政策の基本理念，環境基本計画，経済的手法，環境アセスメントなどが中核になっており，環境と人間生活の共生の必要性を理念としている．

また，省エネ・リサイクル支援法は，地球温暖化問題やエネルギー使用の徹底的合理化および再利用などに対して，企業の自主的努力を促進し，企業の環境・省エネ関連投資に対し融資，税制面からインセンティブを提供して投資を支援しようとするのが法制定の目的となっている．また，この法的規制が企業に求めていることは，企業活動全体のシステムの再構築を促すものである．それは，環境への負荷，たとえば有害物質の排出量，エネルギーの利用の効率化など，製品化計画，研究開発，流通など経営活動のすべてに関連し，しかも，その目標値が定められ，罰則規定まで整えられているため，経営戦略策定上あるいは，目標—方針—組織化の過程を環境保護の側面から見直さなくてはならなくなってきている．経団連も1991年に地球環境憲章を発表し，その行動指

針を示した．

また，『平成6年度版環境白書』でも，環境保全については全社的にまた，トップレベルで推進すべきものであり，専管部門をもうけ最重要課題のひとつに位置づける必要があると主張している．

前述したように，現在の環境問題は，1993年11月に制定された環境基本法に盛り込まれているように新しい地球環境問題の解決を迫っているものである．

この課題の前提条件には，①地球環境の保全と経済成長との関係，②環境と調和のとれたライフスタイル，③環境に適合した企業行動，の3つがある．それぞれ消費者や企業などの倫理規範によりその方向と解決への方策が導きだされるものと考えられる．あらゆる人間が加害者であり，また被害者でもあるにも拘らず，加害者ないし汚染者の自覚に乏しくその影響がグローバル化し国際的公正さが求められる．

世界各国はそれぞれ異なった条件のもとで「豊かさ」を求める．しかしながら国際協調ないし国際貢献の立場から国の利害を越えて環境保全の責任を平等に負担すべきことが主張される．文明の力による豊かさへの進化は，「生活の豊かさ」を脅かす結果を招くいわゆる外部不経済をもたらしている．すなわち，地球環境が要求しているものは，経済発展とリンクしており，技術革新—大量生産—大量消費—製品の多様化—大量破棄といった経済成長の構図を改め，ライフ・スタイルの見直し—適正消費—リサイクル—省エネへと転ずる必要があり，これは企業行動について製品計画，生産過程，技術の選択，流通などの局面に新たな革新の機会と刺激の要因を提供する．企業行動は地球規模での「公正さ」，企業と消費者との「共生」の上に成り立つと考えられ，これを促すための環境監査や環境保全基準の見直しも早急に解決を迫られている課題であろう．

（飫冨順久）

第3節　企業倫理学の生成と確立

(1) 企業倫理とは何か

　企業の社会的責任論の研究過程を通じても，最重要主題であるとの認識を確実に拡大させてきたものに「企業倫理（business ethics）」の問題がある．飫冨順久によれば，倫理とは慣習や生活様式，イデオロギーのように，人間社会の互いの約束事として発生し，人間の社会生活に対して拘束力をもつものであり，いかに行動すべきかという人間社会の行動ルールである．道徳（morality）は一般に，人が正しく行為するための規範の総体であり，個々人の内面的原理として働き人間関係を規定するものと説明される．人びとはそれによって善悪・正邪を判断する．したがって，倫理と道徳とはほぼ同じ概念と理解できる[1]．

　倫理は社会生活を送る人類の創始以来存在してきたと考えられる．松枝迪夫が説明しているように，人を殺すなという根本的な倫理規範がおそらく最初に生じたのだろうし，私有財産制度誕生後には人の物を盗むなという重要な規範も生まれた．今日までに，世界中で数えきれないほどのさまざまな倫理規範が生まれたり，消滅したりしてきた[2]．

　現代社会は企業の存在抜きには語れないが，企業の典型として多くの人びとにイメージされるのは株式会社だろう．その原形をさかのぼれば，中世にまで眼を向けなければならないようだが，1602年に再組織化されたオランダ東インド会社が株式会社の起源として説明されることが多い．この説に対して高巌とドナルドソン（Donaldson, T., 1945-）は，「近代的」株式会社の起源として民主的システムを決定機構にほぼ組み込んだ17世紀後半のイギリス東インド会社（1600年設立）の形態をあげる．日本では，明治維新後，政府により会社形態の導入が進められた．株式会社形態が一般化してくるのは，明治末期から大正初期にかけて，政府が株式会社に対する税率を半減する政策をとってからのことだといわれる[3]．

近代企業は社会に登場後，膨大な数になっていき，大規模化を図る企業も増大し，人類にとって不可欠ともいえるほどの大きな貢献を果たしてきた．同時に，その存在や影響力の大きさは時に人類に与える損害をも大きなものにした．企業の中には反社会的あるいは反人間的な行動をとる企業もあるが，今や多くの国々で，そのような企業経営は許されないものと考えられるようになった．倫理的な企業経営が求められる時代に入ったのである．

この企業経営上の倫理がビジネス・エシックス，すなわち企業倫理ないし経営倫理である．高巌とドナルドソンによれば，企業倫理の必要性が明確な形で最初に叫ばれたのは1970年代のアメリカ合衆国だった．日本で企業倫理という言葉が定着していくのは，バブル景気が崩壊した1990年代以降だといわれる．世紀末に企業不祥事が多発し，「日本的経営」の影の部分が次つぎに明らかになった．水谷雅一は，企業倫理とか経営倫理という言葉が日本で完全に定着したのは21世紀に入ってからだという．そしてその実践への関心が企業の間に高まってきたのは，ここ数年のことだという[5]．

☕ 企業倫理/経営倫理/組織倫理

　人を殺すな，というおそらく最古の倫理がある．しかし，警官，兵士，死刑執行人は正当な職務遂行上，時に人を殺さなければならないことがある．通常，それは不道徳とはみられず，拒否することが不道徳とされる．このように，個人的観点と組織の一員として職務活動を行なう組織的観点とは，同じカテゴリーの行動をそれぞれ倫理上異なるように示すことがある．後者は組織倫理を必要とさせる．ビジネスを営む企業も組織のひとつであり，その生存は経営（管理）いかんによる．この分野で，ビジネス・エシックス（企業倫理または経営倫理）が求められる．

---

(2) 企業倫理学の生成・発展

　企業経営と倫理に関する問題の検討は企業の誕生とともになされてきたが，

中村瑞穂によれば，経営学において企業倫理研究が一定の地位を確保し，企業倫理学が「出現」するのは1970年代以降，アメリカ合衆国においてであった[6]．以下，梅津光弘，飫冨順久，中村瑞穂，村山元理，そしてディジョージ（DeGeorge, R. T.）の見解を参考にして，アメリカにおける企業倫理学の生成・発展過程を企業倫理の実践の動きにも幾分眼を向けながら概観してみよう[7]．

① 企業倫理学の出現以前

近代組織論・管理論の創始者バーナードは，1938年にすでに組織倫理学の萌芽としても評価すべき主著を公刊していたし，1958年にはビジネス道徳に関する論文を発表していた[8]．ただし，一般的傾向としては，1960年以前は，ビジネスに倫理学が応用され始め，神学，宗教的視点から企業倫理が説かれた時代であり，1960年代はベトナム戦争もあり，各種の市民運動も活発化し，企業の社会的責任が大いに議論された時期だった．1971年には，米国経営学会に「経営管理における社会的問題（social issues）」部会が設立され，企業と社会の関係が明確に問われることになる．

② 企業倫理学の生成

実証的な企業倫理研究は1960年代にすでに始まっていたが，1970年代に主に哲学者によって，企業の倫理的諸問題の研究が急速に進展した．ウォーターゲート事件などを契機にして，企業経営の倫理性が真剣に問われるなかで，生命・医療倫理学や環境倫理学などに続いて，応用倫理学の一領域としての企業倫理学が出現したのである．1979年には，専門学会（Society for Business Ethics）も創設された．

③ 企業倫理学の発展

1980年代に入り，哲学・倫理学の現実問題への回帰はいちじるしくなる．1980年代前半には，この分野の代表的研究者の著作が続ぞくと出版され，専門学術誌も創刊される．論争も活発に生じた．学界や大学のみならず，多くの企業でも企業倫理の確立は重要視され，倫理について学び，実践する制度化が本格化していく．そして1980年代後半には，企業における倫理実践の段階に

明確に入るのである．この時期以降，防衛産業における企業倫理の制度化をひとつの典型にして，倫理法令遵守（コンプライアンス）体制に決定的な役割を果たした 1991 年の連邦量刑ガイドラインにより，いっそうの企業倫理の制度化が進展した．こうしたなかで，倫理コンサルティングのニーズも高まってきた．

日本では，1993 年に日本経営倫理学会（水谷雅一会長）が設立され，関西研究会（谷口照三会長）などの研究拠点創設も進み，活発な活動が展開されている．日本経営学会（片岡信之理事長）も 2003 年に経営倫理に関するシンポジウムを開催し，経営哲学学会（大平浩二代表理事）や日本経営教育学会（飫冨順久会長）などでも，企業倫理問題は論じられている．大学教育でも，1993 年に「組織倫理学」が桃山学院大学にいち早く開設されるなど，企業/経営倫理教育が始まり，拡大しつつある．

（村上伸一）

第 4 節　企業倫理学における諸説

(1)　道徳的主体としての企業——バーナードの企業倫理論

1980 年代以降，企業倫理をめぐる論争は活発になされた．その主要な主題のひとつに，企業が道徳的行為主体（moral agency）たりうるか否か，という論争がある．宮坂純一は，組織である企業をも「モラル主体」と見なす点に経営倫理学の「新しさ」のひとつを見出す．一定の意図をもつ社会的存在として道徳原則が適用される対象であるという意味において，企業は道徳的主体なのである．企業を道徳的主体として見なす必要条件は，① 道徳的理性に基づき意思決定を行なえること，② 企業行動結果の前提にある政策やルールの構造を意思決定過程でコントロールできること，以上 2 点である[9]．

この道徳的主体説を今日の企業倫理学の主流と見なす小濱純は，それとバーナード理論とを比較し，組織の主体性について思索をめぐらす[10]．企業倫理につ

いて根本的に考えると，バーナード理論の検討が不可欠であると考える研究者は，岩田浩，飫冨順久，西岡健夫，村上伸一，村田晴夫，など少なからず存在する．日本のバーナード理論研究は，日本の経営学の独自性を世界に明確に示すものである．

バーナードは1958年に発表したビジネス道徳に関する論文で，主著における思考から主題にかかわる2つの主要な考えが浮かび上がったと述べた．その第1は，あらゆるフォーマル組織は社会的システムであり，社会的システムとして組織は慣習，文化様式，世界についての暗黙の仮説，深い信念，無意識の信仰を表現し，あるいは反映する，というものである．表現あるいは反映されるそれらは，組織を主として自律的な道徳的制度たらしめ，その上に手段的な政治的，経済的，宗教的，あるいはその他の機能が積み重ねられ，あるいは，この制度からそれらの機能が発展してくるのである．第2の考えは，経営意思決定は大いに道徳的な問題に関係がある，というものである[11]．

同論文で彼は，「人々の間の協働が，彼らの活動からなるフォーマル組織を通して，道徳性を創造するという事実は，1938年には，私には驚くべき着想であった[12]」と述懐している．有機体論的システム論を一歩突き抜けたかのような，「道徳的制度としての組織[13]」という考えが彼の頭に浮かび上がった背景にはセルズニック（Selznick, P.）の影響を看過できないが，それは意思決定の道徳的側面に関する思考の系統であり，組織経済論の展開である．組織は基本的に「道徳的主体」なのである．この本質的中核の上に経済的機能や政治的機能などの手段的機能——意思決定の機会主義的側面——が積み重ねられていく．サイモン（Simon, H. A., 1916-2001）はこの面を推進した．

バーナード理論，とりわけ1958年発表のビジネス道徳に関する論文における思考は，道徳的主体説の根源的考えのひとつと考えられる．企業倫理学の根源的，基盤的理論としてのバーナード理論，すなわち「バーナードの経営倫理論[14]」によりいっそうのスポットライトが当てられてしかるべきだろう．

(2) バーナードの企業倫理論とステイクホルダー概念

　バーナードは既述の論文で，有限責任法人という法的に権威づけられた仮構は，根底に人びとの具体的な協働を有して，社会的な実在となると述べる．彼によれば，法人はその組織を除いては何もないのだが，あたかも個人のように，法的のみならず道徳的責任も負わされている．この意味において既述のように，西岡も指摘するように[15]，それは道徳的主体なのである．バーナードによれば，法人の責任には，定款や法律に従うというもののほかに，その貢献者すなわち構成員の利害にかかわる責任がある．後者には，①株主，債権者，取締役，執行役（officers），従業員などの正当な利害にかかわるもので，内的とよび得る責任，および，②競争者，地域社会，政府，社会一般，などの利害にかかわる責任，とがある[16]．

　バーナードが企業の貢献者すなわち構成員のなかに，顧客（消費者）までも含んでいた点はとりわけ今日まで論争を呼び起こすこととなった．しかしながら，まさにここにおいてこそ，バーナードは今日におけるステイクホルダー（stakeholders）概念の創造者のひとりといわれ，その先端性を評価されるのである[17]．ステイクホルダー概念は1980年代半ば以降，とりわけ1990年代以降，企業倫理研究に多大な影響を与えている．

　ステイクホルダーとは何か．それは利害関係者と訳されてきたが，元々は1963年にスタンフォード研究所で「その支持なしには，当該組織が存在しなくなる集団」と定義された．その後の諸議論を経ても，企業倫理に関する諸文献において定義確定には至っていないようだ．ここでは，「その企業と交換関係をもつ，その企業の存続と成功に不可欠な集団」と定義する．それに従えば，企業のステイクホルダーには，経営管理者，従業員，株主，債権者，取引業者，顧客，政府・地方公共団体，労働組合，地域社会，は普通含まれる．

⑶ 企業倫理とステイクホルダーへの価値創造マネジメント

　株主のみの利害の観点からステイクホルダー利害の観点への企業観の転換は，もはや逆行できない流れである[18]。その経営管理，すなわちステイクホルダー・マネジメントとは，「企業再編プロジェクト」によれば，「すべてのステイクホルダーの役割や関心にかかわってくる彼らからの貢献，彼らが負うリスク，そして彼らが受け取る便益の効果的な組み合わせを達成することである[19]」。

　村上は，ステイクホルダーの価値を創造する経営管理（マネジメント）を強く主張する。企業の究極の目的は今や，所有者たる株主を最優先することから，顧客を中核にして起点とするステイクホルダーへ価値を創造するという協働の原点に変わらなければならない。今日，企業はステイクホルダーの要求に適切に応える倫理的義務を負う。良き倫理をもつということは，究極的にステイクホルダーへの価値創造を指すのである。その根底には見返りを考えない他者へのサービス（奉仕）がある。企業が利益や生存をその目的として，顧客などのステイクホルダーを目的達成のための手段として利用したり，まして搾取しては，利益も生存も結果として生じなくなる恐れが今後強まる。顧客も市場も社会も成熟し，その能力を高めているからである[20]。

　多くのステイクホルダー理論家は，ステイクホルダーに対して企業は受託者タイプの義務を負うという規範的ポジションをとる。宮坂によれば，ステイクホルダーに対する企業の義務は多様だが，ドナルドソンとダンフィー（Dunfee, T. W.）の統合社会契約論の枠組みを利用すると，包括度別（普遍的な義務か，一国あるいは企業といったコミュニティ・レベルのものか）[21]，拘束度別（法令上の義務か，道徳上の義務か），対象別，に整理できるという。これらの義務を履行することによって，企業のマネジメントはステイクホルダー・マネジメントとして成立する，と宮坂は主張する[22]。

　ステイクホルダー・マネジメント論は確かに株主主権問題を消去したが，ステイクホルダー間の調整など，重要な役割を担う経営者の特権問題をあらため

てクローズアップする。[23] ここにおいても，われわれは「組織の存続はそれを支配している道徳性の高さに比例する」[24]と述べるバーナードの最高経営者のもつ道徳性への問いかけに細心の注意を払わなければならない．「バーナードの経営倫理論」は過去から未来へとわれわれをいざない続ける．

(村上伸一)

第5節　企業倫理の実践の方向と新たな課題

(1) 企業倫理の実践施策

　企業倫理学の発展と軌を一にするように，企業倫理を確立する動きも着実に拡大している．企業倫理確立のための実践的施策は，中野千秋によれば，[25] ①企業自らの主体的取り組み，と②企業を取り巻く外的諸力による働きかけ，とに大別される．

　① 企業自らの企業倫理確立のための実践施策

　道徳的主体としての企業たらんとすれば，倫理綱領（code of ethics）は不可欠である．倫理綱領とは企業行動規範（行動憲章）と称されることもある行動の基準またはガイドラインである．宮坂によれば，アメリカ合衆国では1970年代に「倫理綱領運動」とよばれるほど，その制定が増加した時期があった．しかし，綱領と企業不祥事の減少に相関関係を見出せない調査結果もあって，綱領の内容，周知徹底法，チェック体制などが課題として指摘された．[26]

　このような経緯もあって，「企業倫理の内部制度化」ともよばれる，倫理確立のための企業の主体的取り組みの道筋は，倫理綱領の制定に始まり，倫理問題専門の部署・担当役員の設置，倫理教育・研修の実施，倫理コミュニケーションの推進，倫理監査の実施，へと至るものになる．最近では，こうした取り組みの実効性を強化すべく「倫理法令遵守（コンプライアンス）プログラム」を構築する企業も少なくないようだ．[27]

② 企業外部からの働きかけによる企業倫理確立の実践施策

世界レベルでは，国連の「グローバル・コンパクト」，OECD の「世界コーポレート・ガバナンス原則」，SAI（非営利団体）の「SA 8000」など，各種国際機関提唱の企業倫理の国際標準があり，企業倫理の確立と実践を促している．さらに，国際標準化機構（ISO）も経営倫理に関係するマネジメント規格化の検討に入った．国レベルでは，日本でも，先行する米・英・韓を追い，不正の内部告発者を報復から保護する「公益通報者保護法案」が国会提出される見通しである（2004 年 2 月現在）．また，株主代表訴訟手続きの簡素化などの商法改正が進み，公正取引委員会による独占禁止法の運用強化や金融行政の検査・監督機能の強化なども進行している．民間レベルでも，経団連など経済団体の行動憲章制定，投資を通して倫理的企業を支援しようとする社会責任投資(SRI)[28]，調査機関による倫理的企業の評価・格付けなどがみられる．消費者意識の高まり，消費者団体などの各種 NGO の影響力も見逃せない．

なかでも SRI の広がりは注目される．それは，ともすれば両立しないとされる倫理性と経済性とを直接リンクする明るい展望をわれわれにみせるようだ．企業外部からの「外圧」と内部制度化とが連動して，企業倫理の確立に大きな力が発揮されることが期待される．

(2) グローバル化・情報化と企業倫理

小山博之[29]によれば，企業の国際化は一般に，輸出，現地化，多国籍化，そしてグローバル化へと進んでいく．そのグローバル化とは，海外拠点の効率的経営という次元を超え，日本を含めた企業活動のすべてを地球的規模で再考し，経営資源の最適配分を決める段階の国際化である．日本では 1990 年代後半からグローバル化の段階に進んだ大企業も増え，中小企業もグローバル化の影響を受けるなど，グローバル化と企業倫理という問題の重要性は増大している．

グローバル化は IT の革新的進歩による高度情報化の進展により，いっそう促進されている．インターネットの急速な普及による諸課題，たとえば，国際

電子商取引の課税方式，コンテンツの著作権保護，不正アクセスや有害情報発信，サイバーテロへの対策，個人情報保護などに関しては，各国が独自にルールづくりを進めても，かえって国境を越えたネット犯罪の助長など，問題解決を遠のかせる事態を招きかねない．そこで国連などの主導により，国際的なルールづくりへの気運が高まるのである．ここに，多くの国ぐにに受け入れられる公正で合理的なルールとは何か，という問題が生まれる．

　この問題を考える上で，人間社会の行動ルールたる倫理においては，「倫理絶対主義」か「倫理相対主義」かがひとつの焦点になる．企業倫理では，前者は多国籍企業が倫理基準の厳しい本国の基準をあらゆる国で適用しようとするもので，後者は倫理基準のゆるい国ではそこの基準に従えばよいとするものである．グローバル化は国境の意味を薄れさせていくが，世界は最優先ルール，すなわち人権尊重などもっとも基盤的な規範体系において，倫理絶対主義に向かう．各国の文化・習慣の違い，多様性は認められるが，それを隠れみのにすることはけっして許されない．人権，労働，環境に関して9原則を提起する国連の「グローバル・コンパクト」など企業倫理の国際基準の提唱も増える中，普遍的な企業倫理を模索し，確立させるユニバーサル企業が今求められている．

(3) 環境倫理の考え方

　21世紀は環境の世紀ともいわれる．地球規模で進む環境破壊を放置すれば，物質文明の維持は無理との声は広く聞かれる．環境問題は，重要な問題として提起される爆発的な人口増加問題ひとつをとってみても，人類全体に根ざす問題であることが理解されるが，それはまた，有限の地球で活動する企業の倫理の問題でもある．グローバル化が進む中，人権尊重などを核にするユニバーサルな企業倫理は，環境保護をめぐる論争においては反・環境ファシズムに立つが，それは「すべての生物が生き，花を咲かせる平等の権利」を主張するディープ・エコロジストからは「人間中心主義」として批判されるのだろうか[30]．

　「人間中心主義」という批判も，地球規模で人権が尊重され，最低限度の生

活水準が保たれ，人びとの文化的な生活が営まれてはじめて成立しようが，企業倫理が地球生態系の本質に迫る環境倫理と強力に連動しその組み込みを進めていくことこそもっとも望ましい方向にちがいない．環境倫理学は，加藤尚武によれば，地球の有限性，世代間倫理，生物保護という3つの主張を掲げている．すなわち，「① 地球の生態系という有限空間では，原則としてすべての行為は他者への危害の可能性を持つので，倫理的統制のもとにおかれ，② 未来の世代の生存条件を保証するという責任が現在の世代にある以上，③ 資源，環境，生物種，生態系など未来世代の利害に関係するものについては，人間は自己の現在の生活を犠牲にしても，保存の完全義務を負う」[31]というものである．

有限な地球で資源を使い尽くし生命維持系を破壊してでも無制限な経済的成長を追求する旧来のパターンと決別し，ユニバーサルな企業倫理を基盤にして，その活動基準にエコロジカルな持続可能性をより明確に導入し，生態系を意識して行動するグリーン・コンシューマーをはじめ，グリーン・ステイクホルダーの価値を創造していくマネジメントこそ真の環境経営の名に値すると考えられる[32]．それは環境ファシズムに陥らずに環境との共生を果たし，未来の世代のチャンスを奪わない方向を向いている．

（村上伸一）

注

1) 飯冨順久「企業の倫理的行動とその評価」『企業行動の評価と倫理』学文社　2000年　pp. 102-103
2) 松枝迪夫「経営倫理と法」日本経営倫理学会監修・水谷雅一編『経営倫理』同文舘　2003年　p. 59
3) 高巌・ドナルドソン，T.『ビジネス・エシックス（新版）』文眞堂　2003年　第1章参照
4) 同上書　p. 21
5) 水谷雅一「経営倫理とは何か」日本経営倫理学会監修・水谷編　前掲書　p. 7
6) 中村瑞穂「経営倫理」経営学史学会編『経営学史事典』文眞堂　2002年　pp. 160-163

7）梅津光弘「経営倫理学の歴史的背景と展開」日本経営倫理学会監修・水谷編前掲書
　　飯冨　前掲稿．中村　前掲稿
　　村山元理「企業倫理・経営倫理」「法令遵守」経営学史学会編　前掲書　pp. 188-189　p. 254
　　ディジョージ，R. T. 著，永安幸正・山田經三監訳『ビジネス・エシックス』明石書店　1995 年
8）Barnard, C. I., *The Functions of the Executive,* Harvard University Press, 1938.（山本安次郎・田杉競・飯野春樹訳『新訳・経営者の役割』ダイヤモンド社　1968 年）
9）宮坂純一「経営倫理とステイクホルダー・マネジメント」日本経営倫理学会監修・水谷編　前掲書　p. 90
10）ただし，本節の論旨・展開とは異なる．小濱純「組織における主体性と道徳性」日本経営学会編『21世紀経営学の課題と展望』千倉書房　2002 年　pp. 258-259
11）Barnard, C. I., "Elementary Conditions of Business Morals", *California Management Review,* Vol. 1, No. 1, Fall 1958, in W. B, Wolf & H. Iino (eds.) *Philosophy for Managers,* Bunshindo, 1986．（飯野監訳・桜井・坂井・吉原訳「ビジネス・モラルの基本的情況」飯野監訳・日本バーナード協会訳『経営者の哲学』文眞堂　1986 年）
12）Wolf & Iino (eds.), p. 162.（訳書　p. 234）
13）村田晴夫『管理の哲学』文眞堂　1984 年
14）飯冨順久「バーナードの経営倫理とその現代的意義」『企業行動の評価と倫理』学文社　2000 年
15）西岡健夫「バーナード組織道徳論とその展開」河野大機・吉原正彦編『経営学パラダイムの探求』文眞堂　2001 年　p. 320
16）Wolf & Iino (eds.), pp. 170-171.（訳書　pp. 246-247）
17）村上伸一「ステイクホルダー理論の基本問題」『北星論集（経済学部）』第 37 号，2000 年
18）宮坂　前掲稿　p. 93
19）高・ドナルドソン　前掲書　p. 87
20）村上伸一『価値創造の経営管理論』創成社　1999 年（改訂三版　2003 年）
21）Donaldson, T. and Dunfee, T. W., *Ties That Bind,* Harvard Business School Press, 1999．統合社会契約論は，企業倫理学における現在の到達水準を示すものとも高く評価されている学説である．

22) 宮坂　前掲稿　pp. 99-103
23) 村上　前掲稿
24) Barnard, C. I., *The Functions of the Executive*, p. 282.（訳書　p. 295.）
25) 中野千秋「日本企業における経営倫理体制の現状と課題」日本経営倫理学会監修・水谷編，前掲書．本項全体にわたり，この文献に依拠．ただし，SA 8000 策定機関は現在，Social Accountability International と改称．
26) 宮坂　前掲稿　pp. 95-97
27) 倫理綱領については，日本経営倫理学会監修・水谷編，前掲書，第 7 章，倫理監査については，同書，第 11 章が詳しい．最新の倫理法令遵守プログラムを，高・ドナルドソン，前掲書，pp. 424-443，でみることができる．
28) 最近では倫理的投資という言葉も聞かれるが，SRI が急成長したのは，高厳によれば，1990 年代のアメリカだという．2000 年に，英国は年金基金が資産運用に関して SRI 評価（社会的，環境的，倫理的評価）を採用する場合，その公表を義務づけたが，それは年金基金の投資決定基準への SRI 評価組み込みを強く促すことになった．こうした動きは他国にも影響を及ぼしている．高・ドナルドソン，前掲書，pp. 371-373
29) 小山博之「企業のグローバル化と経営倫理」日本経営倫理学会監修・水谷編，前掲書．本項全体にわたり，この文献に依拠．
30) ディープ・エコロジーについては次を参照．須藤自由児「自然保護は何をめざすのか」加藤尚武編『環境と倫理』有斐閣　1998 年
31) 加藤尚武「環境問題を倫理学で解決できるだろうか」同上書　p. 10
32) 「グリーン・ステイクホルダー」という言葉は次の文献で使われている．立石義雄「オムロンの環境経営」三橋規宏編『地球環境と企業経営』東洋経済新報社　2001 年

注

1) 高田馨『経営の目的と責任』日本生産性本部　1970 年　pp. 197-200

参考文献

飫冨順久「企業倫理の環境論的接近」『多次元的経営環境と経営教育』学文社　1999 年

森本三男『企業の社会責任の経営学的研究』白桃書房　1994 年

菊池敏夫「企業行動と倫理的価値」『経済集志』第 65 巻第 4 号　1996 年

村上伸一『価値創造の経営管理論　改訂三版』創成社　2003 年

第9章
新潮流 ⑵ コーポレート・ガバナンス改革

第1節　コーポレート・ガバナンス

　アメリカで1980年代後半から活発になった企業統治ないし，コーポレート・ガバナンス（corporate governance）は，株主が株主の利益のために企業を経営するように経営者を監視していこうとする活動である．このコーポレート・ガバナンス活動は，形骸化してしまった取締役会を株主の手に取り戻し，独立的な社外取締役を積極的に選任することによって，経営者とくにCEO（Chief Exective Officer）の経営行動に対する株主の監視機能を回復させることに力点が置かれた．

　同時に，アメリカでは，少数民族や女性，地域社会，消費者団体といったステイクホルダーが企業にさまざまな要求を掲げて圧力をかけてきた歴史がある．今日ステイクホルダーがそれぞれの立場から企業を監視するシステムも社会に浸透してきている．株主を含む多くのステイクホルダーと企業の関係もまたコーポレート・ガバナンスとよばれている．

　このようにコーポレート・ガバナンスは株主と経営者の（会社機関構造を介した）関係，および企業とステイクホルダーの関係という2つの概念でとらえることができる．前者は狭義のコーポレート・ガバナンス，後者は広義のコーポレート・ガバナンスである[1]．

　近年，世界各国においてコーポレート・ガバナンス改革が進められているが，本章ではアメリカと日本のコーポレート・ガバナンス改革についてみていくこ

とにする．

(佐久間信夫)

> **ハーシー・フーズ**
>
> 　アメリカのチョコレート・メーカー最大手のハーシー・フーズは1894年に創業され，投資信託基金ミルトン・ハーシー・トラスト社が77％の議決権株式を所有していた．企業名がそのまま町の名前になっており，町の人口1万2,000人の約半分がハーシー関連の事業に携わっている．
> 　投資信託基金は2002年にハーシー・フーズの株式をすべて売却する方針を打ち出したが，地域住民や従業員は，大株主の変更により，経営方針が変わり工場の閉鎖や人員削減の可能性を心配して，激しい反対運動を展開した．政治家やマスコミを巻き込んだ反対運動によって，この株式売却計画は撤回に追い込まれることになった．
> 　過半数の株式をもつ大株主といえども，地域に密着した企業においては住民（ステイクホルダー）の意思を無視できないことを示す例である．

第2節　アメリカのトップ・マネジメント組織

　アメリカでは会社法は州ごとに異なっており，日本のような統一的な会社法は存在しない．しかし，アメリカの多くの大企業はデラウェア州で設立されているため，デラウェア会社法がアメリカにおける会社法のひとつの標準と考えることができる．

　アメリカの一般的な大企業においては，株主総会，取締役会，最高経営責任者などの機関が設けられている．大企業においては株式が広範に分散しており，したがって所有と経営が分離しているのが一般である．取締役は株主総会で選任されるが，その過半数は社外取締役（outside director）によって占められるのが普通である．取締役会は年間に10回程度開催され，全社的な意思決定と経営の監視を主要な任務としている．取締役会は株主のために経営を監視する受

託機関として位置づけられている．取締役会の中にはいくつかの常任委員会が設置され，それぞれ専門的領域の職務を担当するが，たとえば監査委員会は，経営者すなわちCEOを頂点とする業務執行担当者の業務の監視が主たる任務となるため，経営者と利害関係をもたない，独立性の強い社外取締役が選任されることになっている．

業務執行は取締役会によって任命される執行役員（executive officer）によって担当される．CEOは日本の代表取締役社長に相当し，きわめて大きな権限をもつが，アメリカでは取締役会会長をも兼任することが多く，会長兼CEOはさらに大きな権限をもつことになる．法律上は株主総会が取締役会に権限を委譲し，取締役会がCEOなどの執行役員に権限を委譲するという形で責任と権限の関係が形成されている．したがって，株主総会が取締役の任免権を，取

図表9-1　アメリカのトップ・マネジメント組織

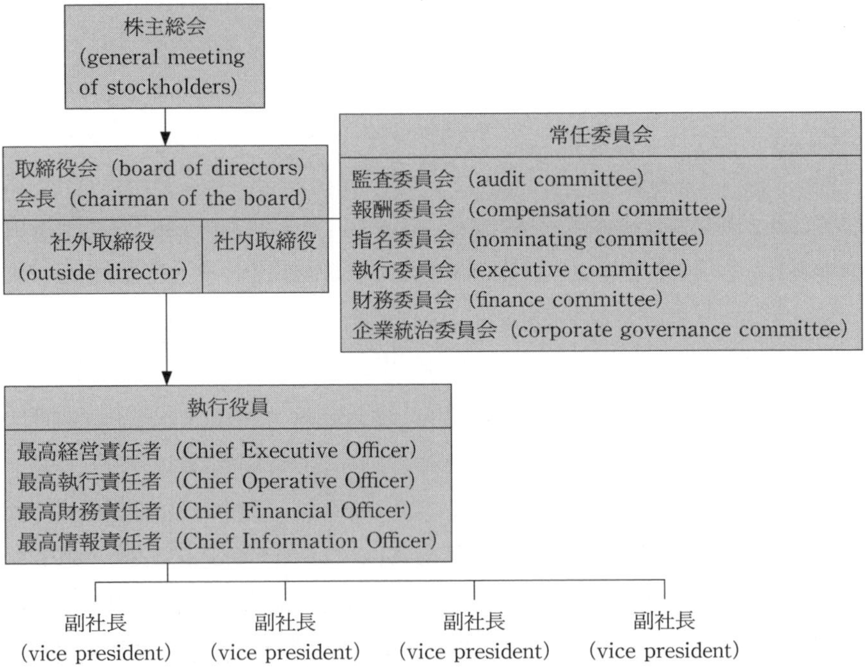

```
株主総会
(general meeting of stockholders)
    │
    ├─────────────────────────┐
    │                         │
取締役会 (board of directors)   常任委員会
会長 (chairman of the board)    監査委員会 (audit committee)
                                報酬委員会 (compensation committee)
社外取締役 │ 社内取締役         指名委員会 (nominating committee)
(outside director)              執行委員会 (executive committee)
                                財務委員会 (finance committee)
                                企業統治委員会 (corporate governance committee)
    │
執行役員
最高経営責任者 (Chief Executive Officer)
最高執行責任者 (Chief Operative Officer)
最高財務責任者 (Chief Financial Officer)
最高情報責任者 (Chief Information Officer)
    │
    ├──────────┬──────────┬──────────┐
 副社長      副社長      副社長      副社長
(vice        (vice        (vice        (vice
 president)  president)   president)   president)
```

締役会がCEOの任免権を握っていることになるのであるが,後に述べるように,アメリカの大規模株式会社は長い間こうした法律の規定どおりには機能してこなかった.

アメリカ企業では多くの副社長(vice president)が任命されることが多く,彼らは部門管理者であるのが一般的である.多数の副社長がいる場合には,執行副社長(executive vice president),上級副社長(senior vice president)などのように副社長の中に序列が設けられている.

CEO(経営者)はひとたびその地位に就任すると強大な権力を握り,取締役の選任も次期CEOを含む執行役員の選任もCEO自身が行なうばかりでなく,企業の広範な意思決定の権限までCEOが掌握するというような状況が,1920年代からアメリカの大企業に広がっていた.これがいわゆる経営者支配といわれる企業支配形態である.株式会社は,本来,株主のものであり,株主の利益のために経営されなければならないのであるが,株主に代って経営者を監視することを任務とする取締役会や株主総会が形骸化し,その機能を果たさないばかりでなく,むしろ経営者が経営者自身の利益を得るためにこれらの機関を利用するというような事態が長い間続いてきた.

アメリカで1980年代後半から活発になったコーポレート・ガバナンス活動は,株主が株主の利益のために企業を経営するように経営者を監視していこうとする活動であった.

アメリカの取締役会は,日本と異なり,以前から比較的多数の社外取締役によって構成されていたが,1980年代以降のコーポレート・ガバナンス運動は,社外取締役を取締役会の過半数にまで増員すること,しかもその社外取締役は経営者と利害関係をもたない独立の取締役とすることを目指していた.そして,今日その目標はほぼ達成されている.取締役会の中にはいくつかの常任委員会が設けられており,独立の取締役が重要な役割を果たしている.今日,社外取締役に対してはその独立性に関する厳しいチェックが行なわれており,独立性についての一定の条件を満たすことが求められている.

常任委員会には執行委員会（executive committee），監査委員会（audit committee），報酬委員会（compensation committee），指名委員会（nominating committee），倫理委員会（ethics committee）などがある．取締役会の開催は年間10回程度と比較的少なく，会議時間も限られている．また，巨大な多国籍企業の場合は取締役が世界各地に分散していることも多い．常任委員会は取締役会のこうした限界を補うとともに，取締役がそれぞれの専門の問題に取り組むことができるようにすることを目的に設けられている．1997年のアメリカ巨大株式会社500社における各常任委員会の設置状況は監査委員会が100％，報酬委員会が99.5％，指名委員会が86.9％，執行委員会が61.7％であったが[2]，一般に企業規模が大きいほど各委員会の設置率が高い．

　執行委員会はすべての常任委員会の中でもっとも大きな権限をもつ委員会であり，取締役会が開催されていないときは，日常的な事項に関する限り，取締役会のもつ権限のすべてを行使できる．つまり執行委員会は，会社の定款の変更，合併，買収，解散等の重要な事項を除き，事実上，取締役会の意思決定を代行する機関として機能している．

　監査委員会は，通常，社外取締役のみによって構成され，その構成メンバーの数は3名から5名程度である．監査委員会の任務は会計監査，内部管理についての監査，不正の調査，外部監査人（公認会計士）の選任等である．ニューヨーク証券取引所に上場する企業には社外取締役だけから成る監査委員会の設置が義務づけられている．

　報酬委員会もすべて社外取締役によって構成されるのが普通である．役員報酬には給与，ボーナス，インセンティブ・プランなどの他に，退職金，年金，医療費，生命保険などの付加給付がある．長期のインセンティブ・プランはストック・オプション（stock option）が一般的である．報酬委員会は外部のコンサルタントに委託するなどしてこれらの役員報酬を決定する．

　指名委員会は，取締役，会長，CEOの候補者を推薦することおよび取締役の評価などを主要な任務としている．この委員会においても社外取締役が重要

な役割を果たしており，委員の75％以上が社外取締役によって占められるのが普通である．従来，取締役候補者の推薦は専らCEOによって行なわれ，事実上，取締役の人事権をCEOが握る会社が多くを占めた．CEOが取締役の人事権を握ることになると，CEOが自分の関係者を取締役に選任することになりがちであるため，取締役会の経営者に対する監視機能が働かなくなり，コーポレート・ガバナンスの観点からきわめて重要な問題となってきた．

アメリカでは1990年代のコーポレート・ガバナンス改革によって，取締役等の事実上の指名権が指名委員会に大きく移行した．しかし，現在でも「会長兼最高経営責任者の影響力は依然大きく，社外取締役のみで候補者を選定する企業は7％の少数派で，46％においては会長兼最高経営責任者の意向を考慮して社外取締役より構成される指名委員会が候補者選定にあたり，39％においては指名委員会の結論が取締役会で審議される」[3]との調査結果もないわけではない．今なお，経営者が取締役等の選任になお大きな力をもっているとはいえ，経営者による経営者の選任，すなわち従来のいわゆる「経営者支配」に大きな変化があらわれはじめたことはきわめて大きな意味がある．近年，指名委員会はコーポレート・ガバナンス委員会に名称を変更したり，あるいは両方の委員会をもつ企業も増えている．

（佐久間信夫）

第3節　アメリカのコーポレート・ガバナンス改革

既に述べたように，アメリカでは経営者とくにCEOへのいちじるしい権限集中が問題とされ，経営層に対する監視機関である取締役会や株主総会の形骸化が指摘されてきた．1980年代から1990年代にかけての機関投資家の厳しいコーポレート・ガバナンス活動はこうした側面に向けて展開された．その結果，アメリカの著名な大企業において次つぎに改善策が打ち出された．主要な改善策は第1に，会長とCEOを分離することである．第2は，社外取締役の比率

を高めることであり，すでに大企業では社外取締役が3分の2を越えるのが普通になっている．第3は，CEOからの独立性の高い指名委員会の設置である．CEOではなく，指名委員会が取締役を選任する企業が増加している．

　アメリカにおけるコーポレート・ガバナンス論の隆盛は機関投資家のコーポレート・ガバナンス活動の活発化とコーポレート・ガバナンス改善におけるめざましい成果によるものである．アメリカの機関投資家は1980年代後半からコーポレート・ガバナンス活動をいちじるしく活発化させ，それまで潜在化していた経営者に対する支配力を顕著に回復させた．1990年代はじめには機関投資家の支配力行使によってアメリカの巨大企業の著名な経営者が次つぎに解任され，機関投資家の急成長とその強力な支配力を広く知らしめたのである．

　アメリカの機関投資家に大企業の株式が集中的に所有される，いわゆる機関化現象が進んだのは1960年代からであった．この当時の機関投資家の行動原理は投資先企業の経営者の行動を支持し，経営に不満のある場合には持株を市場で売却するという，いわゆる「ウォール・ストリート・ルール」とよばれるものであった．

　機関投資家の行動に対するSECの調査は『機関投資家調査報告書』(SEC, Institutional Investors Study Report, 1971) として1971年に公表された．この報告書によれば，機関投資家は株主総会においてほとんどいつも経営者を支持して投票しており，経営者に同意しなかった例はわずかであった．しかも経営者を支持しなかったわずかな事例においてさえ，機関投資家はあくまで反対の姿勢を貫いたわけではなかった．機関投資家は経営者に対して自立的であることを示すために，敢えて意図的に経営者に対して反対の立場を取ったと考えられる．

　投資対象会社の経営に対する不介入，投資対象会社経営者への支持，投資対象会社への不満が生じた場合には株式を売却するという「ウォール・ストリート・ルール」に基づいた機関投資家の行動が大きく転換したのは1980年代半ばからであった．機関投資家の活発な活動は，1980年代後半のM&Aブームにおいて，経営者が防衛策として用いたポイズン・ピルやゴールデン・パラシ

ュートなどに対する株主提案権の行使としてあらわれた．

　たとえば，Kマート（K-mart）社の株式を所有する機関投資家は，1989年ポイズン・ピル計画を株主決議に付するようKマート社の取締役会に要求する株主提案を行ない承認された[4]．また，1990年にはトランスアメリカ（Transamerica）社に対して取締役会がゴールデン・パラシュートを容認しない政策をとるべきであるという株主提案が行なわれた．ポイズン・ピルは買収防衛策のひとつで，敵対的買収の際に被買収会社が既存の株主に半額で新株を割りあてたり，社債の割増償還などを定款に定め，買収会社に不利益を与える方策のことである．ゴールデン・パラシュートは被買収会社の経営者が多額の報酬を受け取って会社を退職することである．ポイズン・ピル計画に異議を唱える株主提案は1987年に最初に提出され，その後しだいに株主総会で可決されるようになった．またゴールデン・パラシュートに反対する株主提案もしだいにその数を増すことになった[5]．

　機関投資家の株主提案は，M＆Aにかかわる特殊な要求からしだいに経営者の監視を目的としたより一般的な要求へと拡大していった．すなわち，機関投資家は株主の立場から取締役に助言を行なう「株主諮問委員会」の設置や，CEOからの独立性の強い取締役の選任を要求する株主提案を行ない，経営者に対する監視の強化をはかったのである．アメリカ企業の取締役会は，従来，社外取締役の比率が高かったものの，これらの社外取締役に対してはCEOが事実上の選任権をもち，CEOと利害関係をもつ人物や個人的に親しい人物が選任される傾向が強かったため，こうした人びとから構成される取締役会がCEOに対する監視機能を果たしていないとする批判がなされてきた．

　したがって，CEOからの独立性の強い社外取締役を選任することはコーポレート・ガバナンスの改善にとってきわめて重要な意味をもつことになる．アメリカの取締役会が機関投資家の要求によって徐々に独立性の強い取締役を選任するようになり，このような独立性の強い取締役会が1990年代前半にIBMやGMなどの大企業において著名なCEOを次つぎに解任するに至ったのであ

る．

　ところで，アメリカにおけるコーポレート・ガバナンス活動は1980年代にはじめて登場したわけではない．1960年代にはいわゆる広義のコーポレート・ガバナンス活動が盛んになり，1970年代には狭義のコーポレート・ガバナンスのための法律や制度が整えられた．1980年代以降の機関投資家の厳しいコーポレート・ガバナンス活動は，アメリカにおける長い歴史や社会思想，そして整備された法制度等に立脚したものであった．

　アメリカでは，1960年代に公民権運動や反戦運動などの社会運動が盛んになったが，これらの社会運動家は企業に対してもさまざまな要求を行なった．社会運動家は企業の株式を取得したり，委任状を獲得することによって企業の株主総会で議決権を行使するなどの方法で企業に対して圧力をかけた．これらステイクホルダーと企業との関係は広義のコーポレート・ガバナンスの問題である．イーストマン・コダック（Eastman Kodak）社のわずかな株式を取得した黒人差別撤廃運動家が，同社の株主総会で黒人の雇用問題を取り上げようと大量の委任状を獲得した．また，ベトナム戦争時に，ナパーム弾を製造していたダウ・ケミカル（Dow Chemical）社に対して，反戦活動組織がナパーム弾販売中止についての株主提案を要求した．さらに，「GMに責任ある行動をとらせる運動」(the Campaign toMake General Motors Responsible)，いわゆる「キャンペーンGM」は，GMに公衆の利害に合致した方向で事業を運営させることを目指し，株主提案権を行使した．

　その後，ロッキード社の経営危機（1971年），ウォーターゲート事件（1972年），クライスラー社の経営危機（1979年）など，1970年代にはコーポレート・ガバナンスの欠陥に由来する事件が相次いで発生し，株主の経済的利益を守る側面から，コーポレート・ガバナンスの改善の必要性が強く認識されることになった．このような社会的背景から，1970年代には，国家機関や行政機関，自主規制団体などによるコーポレート・ガバナンス改善への意識が高まり，これらの組織による法律的・制度的整備が進展した．[6]

また，1974年，従業員退職所得保証法（Employee Retirement Income Security Act），いわゆるエリサ法が成立した．この法律は年金基金の管理・運用者に受託者としての責任を果たすことを義務づけるものであり，年金基金は労働省の監督のもとに年金加入者への情報開示，株主総会での投票などに関して受託責任を果たすことが義務づけられたのである．さらに，株主総会での投票が年金基金の受託義務の中に含まれることが「エイボン・レター」に明記されたことによって，年金基金の積極的な企業統治活動はいっそう促進されることになった．

さらに，アメリカ法曹会（American Bar Association）やアメリカ法律協会（The American Law Institute）などの団体も企業統治の改善についての提言を行なった．すなわち，アメリカ法曹会は1976年に『取締役ガイドブック』（*Corporate Director's Guidebook*）を発表し，アメリカ法律協会は1978年から「企業統治と構造の原理」（Principles of Corporate Governance and Structure）の作成を開始した．1982年に公表された「企業統治と構造の原理」は企業の経済的目的が「法の遵守」「倫理的考慮」「慈善寄付行為」などによって損なわれることを容認し，また社外取締役によるコーポレート・ガバナンス機能の強化を重視している．すなわち，CEOと家族関係やその他の利害関係になく，また会社と雇用関係や取引関係のない「独立的な」社外取締役が取締役の過半数を構成することによって取締役会の経営者に対する監視機能を強化すべきことを勧告している．

「企業統治と構造の原理」はコーポレート・ガバナンス問題についての活発な論争を喚起すると同時に多くの批判もうけることになった．アメリカ法律協会はこうした批判に応える形で1984年，「企業統治の原理」（Principle of Corporate Governance）を発表した．「企業統治の原理」はビジネス・ラウンドテーブル（the Business Roundtable）などの厳しい批判を受け入れ，会社に対する強制的な規範という色彩を弱め，その採用を原則的に会社の意思に委ね，経営における柔軟性を大幅に認める提言となった．

1980年代後半の機関投資家の活発なコーポレート・ガバナンス活動は，1970年代に整備された，コーポレート・ガバナンスのための法律や制度を足がかりとするものであった．機関投資家によって主導されたコーポレート・ガバナンス活動によって，アメリカのコーポレート・ガバナンスは1990年代には，法制度の面からも，また実践においてももっとも進んだものであるように考えられた．アメリカのコーポレート・ガバナンス・システムはもっとも優れたものであり，グローバル・スタンダードとしてこれを世界の企業に適用していこうとする流れが強まった．また，コーポレート・ガバナンスの優良企業として多くのアメリカ企業が最上位にランクづけされた．しかし，エンロン破綻以降の一連の企業不祥事はアメリカのコーポレート・ガバナンスにも実に多くの欠陥があることを知らしめることになった．

2001年12月2日，約12兆円の売上高をもつアメリカ最大のエネルギー卸売り会社エンロンが経営破綻した．エンロンをめぐっては，破綻後あまりにも多様かつ深刻なコーポレート・ガバナンス上の問題点が次つぎに浮上しているため，アメリカのコーポレート・ガバナンスの水準が日本のそれと同等程度であるような主張もみられるが，このような主張はアメリカのコーポレート・ガバナンスの歴史とコーポレート・ガバナンスの本質を見誤ったものといわざるをえない．アメリカのコーポレート・ガバナンス活動には1960年代からの長い歴史があり，株主提案の件数や内容，委任状争奪戦の激しさなどをみても日本とは比較にならないほどコーポレート・ガバナンスが機能している．特に1970年代に整備されたコーポレート・ガバナンスのための法律や制度，自主規制団体のルールなどは日本とは30年以上の格差があることを示している．

エンロンのコーポレート・ガバナンス上の問題として指摘されているのは，①取締役会がまったく機能していなかったこと，②監査法人の監査に手ごころが加えられていたこと，③証券アナリストや格付け機関が監視機能を果たさなかったこと，[7]などである．

エンロンの不正の背景

　エンロンでは，従業員の生存競争は厳しく，従業員の働きぶりは半年ごとに監視委員会に報告された．下位の15％に入った従業員は別のビルに移され，社内・社外で別の仕事を探さなければならなかった．

　幹部の報酬は四半期ごとの株価に連動していたため，幹部の関心は会社の3カ月ごとの利益と株価に集中していた．エンロンは，自社の株式や資産を担保に，先物，デリバティブ取引などで巨額の資金調達をしていたため，資産価値や株価の下落，債権格付けの引き下げは同社の財務に致命的な傷を負わせることになった．

　エンロンが「粉飾」によって必死に株価や資産価値の維持・上昇を図らなければならないゆえであった．

　エンロンの破綻によって明らかになったのは，コーポレート・ガバナンスのシステムが整備されており，株主をはじめとするステイクホルダーのコーポレート・ガバナンス活動が活発であってもコーポレート・ガバナンスの形骸化は起こりうるということであり，経営者によるコーポレート・ガバナンス・システムの骨抜きがいかに容易であるかということであろう．

　一連の企業不祥事を受けて，アメリカ政府は2002年7月に企業改革法（サーベンス・オクスレー法）を成立させた．その内容は，①不正を働いた経営者への禁固刑をこれまでの4倍の20年とすること，②内部告発者の保護，③監査法人のコンサルタント兼業の禁止，④監査法人を監督する上場企業会計監督

企業改革法（サーベンス・オクスレー法）

　2002年7月に成立したアメリカの企業改革法は，①罰則の強化，②監査法人への監視強化，③情報開示の強化の3つの柱から成る．

　このうち罰則の強化は新法のもっとも重要な部分であり，書類の改ざんなどに対しては，最長で禁固20年の刑を科している．また，インサイダー取引などの証券詐欺に対する刑罰も従来の禁固刑が5倍に引き上げられ，最長25年の刑が課されることになった．

委員会の設置などである．これとは別に，ニューヨーク証券取引所や SEC は，独自の規制を設けコーポレート・ガバナンスを強化することになった．

（佐久間信夫）

第4節　日本における株主総会と監査役の改革

　日本の株式会社にはこれまで株主総会，取締役会，監査役（会），代表取締役などの機関が法律で設置を義務づけられていた．しかし，これらの機関は十分その機能を果たしていないことが長い間問題とされてきた．

　わが国の株主総会は一斉に開催され，また非民主的に運営され，短時間で終了するなど多くの問題が指摘されてきた．このような株主総会無機能化のもっとも重要な原因のひとつと考えられるのは，株式相互持合いを中心とした広範な株主安定化策である．

　これらの問題はいずれも過去数十年間にわたって是正が叫ばれてきたものであるが，最近徐々に改善の動きがみられる．すなわち，1999年頃を境に株主総会開催日の集中度の若干の低下，総会の所要時間の長期化，個人株主の発言の機会の増加など株主総会運営の民主化にやや改善のきざしがあらわれた．特筆すべきは，株主総会を株主に開かれたものにしようとする努力が大企業経営者の間に次第に浸透し，個人株主の質問に丁寧に回答し，そのため所要時間の長くなる企業が増加したことである．

　株主総会平均所要時間は1996年以降増加を続けている．株式相互所有解消の流れが加速する中で，経営者は個人株主を重視する姿勢を強めており，以前

図表 9 − 2　日本の株主総会の平均所要時間の推移

（単位：分）

年	93	94	95	96	97	98	99	00	01	02	03
所要時間	29	30	28	26	29	32	33	36	39	41	43

出所）商事法務研究会『株主総会白書2003年版』2003年11月　p.11の表より抜粋

第9章　新潮流(2)　コーポレート・ガバナンス改革　193

のように個人株主の発言を封じ込めようとする態度はなくなりつつある．

　ここで企業統治の前提となる株式所有構造の変化についても述べておかなければならないであろう．近年，株式相互所有の解消，外国人持株比率の急増，国内機関投資家の活動の積極化などが急速に進んでおり，これらはいずれも経営者に対する監視の強化につながる変化である．日本企業の中には外国人株主の投資を増やし，それによって，株式時価総額を増やすことを目指し，海外で積極的にIR活動を行なうなど株主対策を大きく転換させた企業も目立ち始めた．

　外国人機関投資家は，これまでの日本の株主のように，経営者の提案に無条件に賛成することはない．たとえば，アメリカの機関投資家は，議決権代理行使会社を通して総会の議案に反対する議決権行使書を送るようになってきた．1996年には，「121の機関投資家が日本国内の3月期決算企業761社の株式を保有しており，そのうち48社の株主総会の合計62議案に反対票を投じた[8]」．2000年6月の株主総会においては彼らはさらに多くの企業の提案に反対票を投じている．ISS（欧米の機関投資家に議決権行使のアドバイスをしている会社）によると，「同社の顧客は，6月の株主総会で社外を含む監査役の選任についてはほぼ半数，役員の退職金については3分の1の企業の提案に反対票を投じた[9]」．

　1990年代以降，国内企業同士の株式相互持合いの解消が急速に進んでいる．その理由は時価会計の導入，長引く不況下で決算対策としての益出しやリストラ原資の捻出，メインバンクの役割の低下にともなう銀行の産業会社株式売却などである．銀行の株式所有を中核的自己資本以下に制限する，銀行の株式所有規制も銀行の持合い株式放出の大きな要因となっている．株式持合い解消は，銀行と産業会社との間でもっとも顕著に行なわれている．

　こうした中での外国人の株式所有比率の増加は外国人が持合い解消の受け皿となっていることを意味している．持合い解消は日本の経営者のもっとも重要な支配力源泉である安定株主の減少につながるため，わが国株式会社の支配構造と統治構造に大きな変動をもたらす可能性がある．

　さらに，外国の機関投資家に続き，国内の機関投資家も「モノ言う株主」に

変わりつつある．日本の機関投資家の行動の変化は厳しい企業統治活動を展開する海外の機関投資家への対抗策という意味合いもないわけではない．今後，内外の機関投資家の受託競争は激しくなることが予想されるため，わが国の機関投資家も対抗上，「受託者責任」の重視を標榜せざるをえなくなったものである．とはいえ，日本の機関投資家はそれぞれ独自の議決権行使のためのガイドラインを整備するなどしており，企業統治へ向けて着実な一歩を踏み出そうとする姿勢は評価されるべきであろう．

日本の機関投資家の企業統治活動として，2003 年の株主総会でとくに注目を集めたのは，厚生年金基金連合会であった．厚生年金基金連合会は 2003 年の株主総会において，1,264 社の 7,035 議案の 43％に反対の議決をした．[10] 反対した議案の主なものは，定款の一部変更（77％に反対），退職慰労金支給（同 64％），取締役選任（同 58％）などである．定款の一部変更は，商法の改正により，総会の特別議決の定足数を 2 分の 1 から 3 分の 1 に変更することが可能となったため，定款変更の総会議決が多くの企業で一斉に行なわれた．厚生年金基金連合会は定款変更の必要性や理由を十分説明しなかった企業に対して反対の投票をし，株主に対する説明責任をより明確に求めたのである．厚生年金基金連合会は，2002 年に資産の自家運用を開始し，2003 年 6 月にはじめて 3 月期決算企業に議決権行使を行なったものであるが，同連合会の今後の動向に注目が集まっている．

わが国の監査役がほとんど機能しない最大の原因は，監査役の人事権を実質的に社長が掌握していることである．監査役は株主総会で選任されることになっているが，安定株主からの委任状を握り，株主総会での圧倒的な議決権をもつ社長が監査役の人事権を事実上掌握している．また，わが国の監査役は，これまで職務を遂行する上での適切な権限や独立性，調査能力が与えられていなかった．

このような現状を踏まえ，監査役のコーポレート・ガバナンス機能を高めるため，1993 年に商法が改正され，大規模な企業（資本金 5 億円以上または負債 200 億円以上の企業）は 3 人以上の監査役を置き，そのうち 1 人は社外から任命しな

ければならないことになった．社外監査役の導入を義務づけたことに対しては，コーポレート・ガバナンスの観点から一定の評価が与えられているものの，商法改正直後の実態調査によれば，純粋な意味での社外監査役は少ないことがわかった．すなわち，日本監査役協会の調査によれば，社外監査役のうち，「社内出身者」は16.5％（商法では社外監査役を「就任前5年間その会社の従業員でなかったもの」と規定しているため，たとえば子会社等へ5年以上出向していればこの規定を満たすことができる），系列企業グループ出身者は42.2％，大株主，銀行，生損保グループ出身者は23.8％であった．[11]

　1993年の改正商法は当該企業に対して独立的な社外監査役を導入し，経営者に対する監視機能を強化することを眼目にしていたのであるが，この調査結果は社外監査役のほとんどが当該企業と深い関連をもつ企業や機関の出身者であり，真に外部性をもつ社外監査役がきわめて少ないことを示している．また，社外監査役の選任にあたって，社長をはじめとする経営トップがほぼ完全に主導権を握っているこれまでの方式も，商法改正前と本質的にはほとんど変わらなかった．すなわち，社外監査役の選任に際して監査役が「選任者を具体的に推薦した」と答えた会社は6.8％にすぎなかった．社外監査役の独立性が保証されるためには，次期社外監査役が，現在の経営者と利害関係をもたない，社外取締役のみによって構成される指名委員会によって選任されるような制度の導入が必要である．

　2002年の商法改正により，企業は委員会等設置会社に移行できることになった．委員会等設置会社に移行した会社では監査役は廃止される．移行しない会社は，監査役設置会社とよばれ，この会社では3年以内に社外取締役を半数以上（最低2人）に増員しなければならないことになった．

（佐久間信夫）

第5節　取締役会の改革と委員会等設置会社

　取締役会は意思決定の機関であり，株主に代わって株主の利益を保護するた

めに業務執行を監督する役割を担っている。取締役会の株主に対するこの機能は受託機能とよばれている。アメリカのコーポレート・ガバナンス改革は取締役会を中心に行なわれてきたが、日本においても同様の改革が求められるであろう。

これまで、日本の取締役会には、①業務執行とそれに対する監視という2つの機能が分離されていないこと、②取締役会の中に業務執行担当者による序列が形成されているため、社長に対する監督機能が形骸化していること、③社外取締役がきわめて少ないこと、④取締役会の構成者数が多く、十分な討議がなされないこと、⑤取締役会の構成メンバーの中に多くの部門管理者が含まれており、部門管理者は経営全体の見地に立って発言することが困難であること、などの問題が指摘されてきた。

このような問題を解決するために、1990年代の終りに執行役員制を導入して取締役会を改革しようとする企業があらわれた。執行役員制は1997年6月にソニーで導入されたのを契機に、わずか2年間で上場企業の7.4％にあたる179社で採用されるに至った。[12]

執行役員は商法の規定に基づく制度ではなかったので、導入企業ごとにその内容にかなりの相違がみられるが、導入の目的は、①取締役会の構成員数を削減することによって、取締役会の議論を活発にし、その機能強化と活性化をはかること、②取締役の人数を削減し、それによって意思決定の迅速化をはかること、③会社の業務執行の機能と全社的意思決定および業務執行に対する監視機能とを分離すること、④ゼネラル・マネジメント（全般経営層）とミドル・マネジメント（中間管理層）を分離すること、などであろう。

一般に、執行役員は取締役会の下位機関に位置づけられ、取締役会が意思決定と経営の監視を、執行役員が業務執行を担当するというように、機能の分離が行なわれている。したがって取締役と執行役員の兼務が多い場合には、従来の取締役会のもっていた問題点が解決されないことになる。執行役員制は、この数年間で急速に導入が進められており、2003年には大企業の半数以上で導

入されている．

　執行役員制を導入する企業は今後ますます増加すると考えられるが，その半面，執行役員制が効果を上げている企業はまだ多くないように思われる．生命保険協会の上場，公開企業516社に対するアンケート調査によれば，執行役員制が有効であると答えた企業は38.0％に留まった[13]．執行役員制が有効に機能しないのは，①取締役がそのまま執行役員を兼務する企業も多く，実際には両者の分離が行なわれていない，②執行役員が加わらない取締役会では実務についての情報が伝わらなくなってしまう，③経営改革を演出する目的で執行役員制を導入した，等の理由による．さらには，「執行役員制を導入して取締役数を減らしたら，取締役に残ったのは社長のイエスマンばかり」[14]になり，かえって社長の独裁が強まるケースさえある．社長をはじめとする経営者に対する監視を強化するためには執行役員制の導入だけでは困難であり，社外取締役の増強が不可欠であるとの認識もようやく芽生えてきつつある．社外取締役導入企業は大企業の半数に達しているが，その全取締役に占める比率は未だわずかであり，今後は社外取締役の比率を増大させること，さらに社外取締役の独立性を確保することが導入した後の日本企業の課題であるといえる．

　日本のコーポレート・ガバナンス・システムに関して多くの問題点が指摘されている中で，一部の先進的企業は執行役員制や社外取締役，取締役会内常任委員会などを導入して，企業統治の改善を進めてきた．これらの一部の先進的企業の動向を後追いする形で2002年に商法が改正された．

　新商法においては，大企業（資本金5億円以上または負債200億円以上の企業で，対象となる企業は2002年現在，約1万社）は，監査役会をもつ従来の企業統治モデルと監査役を廃止した委員会等設置会社（アメリカ型企業統治モデル）のいずれかを選択することができる．委員会等設置会社を選択した企業には複数の社外取締役の選任が義務づけられ，取締役会の中に指名委員会，報酬委員会，監査委員会の3つの委員会の設置が義務づけられる．3つの委員会は3人以上で構成され，その過半数が社外取締役によって占められなければならない．取締役の任

図表 9-3　執行役員制度の導入状況

(単位：％)

2002年 (846社)	10億円未満	10～30億円	30～100億円	100～300億円	300億円以上	合計
既に導入している	16.3	24.6	31.6	42.1	52.3	32.9
今後，導入予定である	5.0	2.4	2.3	1.4	4.5	2.7
今後，導入を検討している	22.5	26.6	29.6	25.5	17.1	25.8
一切，導入は考えていない	56.3	46.4	36.5	31.0	26.1	38.5

(単位：％)

1999年(1145社)	10億円未満	10～30億円	30～100億円	100～300億円	300億円以上	合計
既に導入している	8.2	10.2	10.3	12.3	27.5	12.8
今後，導入予定である	5.5	1.8	2.1	2.0	2.7	2.3
今後，導入を検討している	27.4	33.5	37.7	45.6	34.9	37.4
一切，導入は考えていない	58.9	54.6	49.9	40.1	34.9	47.5

出所）財務総合政策研究所『進展するコーポレート・ガバナンス改革と日本企業の再生』報告書
（2003年6月20日）p.46
　　　財務総合政策研究所ホームページ（http//www.mof.go.jp/jouhou/souken.htm）

期は2年から1年に短縮され，取締役の権限が強化される一方で，株主総会でのチェックをより頻繁に受けることになった．また，この委員会等設置会社では新たに執行役が置かれ，業務執行を担当する．全社的意思決定を担当する取締役会と業務執行を担当する執行役の役割分担を明確化した．執行役は取締役会において選任・解任される．従来の代表取締役に代わって代表執行役の設置が義務づけられる．新たに設置される執行役は取締役と同様，株主代表訴訟の対象となる．

　委員会等設置会社を採用せず，監査役会を存続させる大企業は，3年以内に

第9章 新潮流 (2) コーポレート・ガバナンス改革

図表9-4 社外取締役制度の導入状況

(単位:%)

2002年 (863社)	10億円未満	10〜30億円	30〜100億円	100〜300億円	300億円以上	合計
既に導入している	36.1	33.3	33.9	33.1	49.6	35.9
今後,導入予定である	6.0	1.9	3.3	2.0	2.7	2.9
今後,導入を検討している	32.5	31.9	34.9	37.8	21.2	32.6
一切,導入は考えていない	25.3	32.9	28.0	27.0	26.5	28.6

(単位:%)

1999年 (1138社)	10億円未満	10〜30億円	30〜100億円	100〜300億円	300億円以上	合計
既に導入している	38.9	32.8	28.5	23.4	36.6	30.1
今後,導入予定である	1.4	1.7	0.8	0.8	1.4	1.1
今後,導入を検討している	20.8	20.6	27.7	33.5	32.4	27.3
一切,導入は考えていない	38.9	44.9	43.0	42.3	29.7	41.4

出所) 財務総合政策研究所 図表9-3に同じ p.44

社外監査役を現行の1人以上から監査役の半数以上(最低2人)に増員しなければならないことになった.

今回の商法改正では大企業に社外取締役の導入を義務づけることを目指していたが,経済界の強い反対により,義務づけは見送られることになった.これに代わって,社外取締役導入の促進が方向づけられることになった.社外取締役を1人でも導入した企業は,従来型の監査役会を設置する企業でも,取締役が3人以上含まれる常務会や経営会議などでこうした重要事項の決定ができ(正確には「重要財産等委員会」とよばれる),意思決定の迅速化が格段に進むことになる.

委員会等設置会社に移行する企業は2003年時点で1.3％，検討中は1.2％ときわめてわずかである[15]。また，2003年8月までに委員会等設置会社に移行した会社は67社であった[16]。委員会等設置会社については社外の人物が会社の強い権限を握ることになるため，経済界の拒否反応が強いと考えられている。

（佐久間信夫）

注

1) 出見世信之『企業統治問題の経営学的研究』文眞堂　1997年　p. 8
2) 染宮秀樹「米国コーポレート・ガバナンスの展開：株主と経営者の攻防」『財界観測』野村証券株式会社調査部 1998年7月　p. 151
3) 吉森賢『日米欧の企業経営─企業統治と経営者─』放送大学教育振興会　2001年　p. 167
4) 三和裕美子「米国証券市場の機関化とコーポレート・ガバナンス（2・完）」『インベストメント』1994年4月　p. 41
5) 同上稿　p. 41-42
6) 出見世信之　前掲書　pp. 94-97
7) 『朝日新聞』2002年1月23日
8) 『朝日新聞』2000年7月7日
9) 伊藤智文「商法改正2632社の社外監査役の実態」『週刊東洋経済　企業系列総覧，95』東洋経済新報社　1994年　pp. 16-23
10) 厚生年金基金連合会ホームページ（http://www.pfa.or.jp/）より。「平成15年6月株主総会　インハウス株主議決権行使結果について」2003年6月27日
11) 『朝日新聞』1996年6月26日
12) 『日本経済新聞』1999年6月25日
13) 『日経ビジネス』1999年2月8日号　p. 33
14) 『日本経済新聞』1999年6月13日
15) 日本監査役協会「『商法改正への対応に関するアンケート』集計結果」2003年5月8日　日本監査役協会ホームページ（http://www.kansa.or.jp/x-01.html）より。
16) 山田泰弘「委員会等設置会社の運用実態」『監査役』No. 478　日本監査役協会，2003年10月　p. 28

第10章
新潮流 ⑶　企業経営の新展開と情報・イノベーション

第1節　情報の活用

⑴　情報をとらえる視点の変化

　情報とは何か．ヒト，モノ，カネ，組織などの経営要素に対して何らかの影響力を及ぼす触媒（キャタリスト）のような存在であろう．また，多くの情報は保有することに価値があるのではなく，何らかの目的のために使われることで，ヒト，モノ，カネ，組織などの経営要素に価値をもたらすものである．すなわち，経営体を人体になぞらえば，その中で用いられる情報とは血液のようなものであることが容易に想像できる．

　経営にとって人体の血液に相当する情報は，どのようにして得られ，どのように活用されるのだろうか．情報の形態を微細なものから順番に並べると，ビット→バイト→アイテム→レコード→オブジェクト→ファイル→システムとなり，究極は組織が対象となる．また，情報をプロセス面からその流れを分類すると，母集団である社会あるいは経営→採取→測定・分析→処理（情報・統計）→システム構築→計画の立案・実行→評価，が考えられる．また，情報を階層的にとらえると作業情報→管理情報→戦略情報という観点もある．

　これまでのイノベーションの視点を振り返ると，より技術革新的，処理革新的，作業情報レベル革新的な取り組みが主流であった．そして，その視点はもっとも確実に効果を生んできたのだが，現在進行中のグローバル化は，従来の

ような小手先のイノベーションだけでは解決できない経営環境を創り出してきている．

(2) イノベーションのための情報活用

システムを構成する必要条件は，「要素の集合性・関連性・目的性」である．また，システムは，「プロセス性」「階層性」を満たし，さらに「ネットワーク性」を備えて，統合化，グローバル化に至っている．その結果，階層的モデルを構成している．そこでは，各階層ごとにそれぞれ役割があり，目的としてのモデルとそれを実現するためのツールがある．そして，各階層のツールは能率評価され，モデルは効率評価される．さらに，各階層のモデルは，その上位階層ではツールとなり，階層構造の整合性を確保している．

一般に，物理レベルの機能 F_0 はその上位レベルの機能 F_1 に包含されており，機能は時系列的にその水準を上げてゆくとともに，そのバラツキあるいは多様性も増大させてゆく．その一方で市場での寿命は低減してゆく．このような階層構造を，従来のシステム設計の概念である，「要件分析―外部設計―内部設計―プログラム開発」に対応させてみると，社会構造をシステム設計することと業務プログラムを設計することは，基本的に同じと考えられるであろう．したがって，何らかの企業システムを考えれば，F_0 のレベルならば装置導入の問題となるが，F_6 のレベルならば循環型社会への適応問題となる．このように視点を変えれば，設計すべきシステムの内容はずいぶん違うものになる．

(能勢豊一)

第2節　情報管理の主題と方向

(1) セキュリティとリスクの管理

われわれがシステムを設計するとき，F_0 レベルのような現実のしくみのみ

に囚われてシステムを発想すると，現状をベースにした単なる機械化に止まってしまいがちとなる．従来，それはもっとも単純ではあるが即効性のある，眼にみえる効率化であった．しかし，それは真の意味の効率化ではなく，現状レベルの尺度で測った能率化であり，機械化でしかなかった．そうなると，マネジメント上のセキュリティホールが数多く存在する状態でのシステム運営を迫られることになる．生産管理において，能率と効率の図式は「効率＝能率×稼動率」として説明される．機械化（能率化）レベルのシステム化は $F_0 \to F_1$ の機能向上を試みる際に，マネジメント能力 b_0 のインフラ上に性能 a_0 よりも過大な性能 a_1 や a_2 のシステムを何の疑問もなしに構築する機械化である．それに対して，効率化レベルのシステム化は，性能向上 $F_0 \to F_1$ を試みる際に b_0 より上位の b_1 や b_2 のインフラ上に上位の性能 a_1 や a_2 を実現する全体最適化になる．

すなわち，機能 F_0 のシステムを実現する際の目的（関数）が性能 a_0 で，制約（条件式）がマネジメント能力 b_0 であったとき，上位の F_1 や F_2 を設計する際に従来の制約（条件式） b_0 で評価するのが能率，b_1 や b_2 の制約の下にシステム化し，最適化するのが効率化であろう[1]．

経営システムの階層性を，アンソニー（Anthony, R. N.）は作業レベル，管理レベル，戦略レベルの3階層でとらえた．各階層におけるシステムデザインは，作業レベルならば3シグマ水準のマネジメントでよいが，管理レベルならば6シグマ水準のマネジメントが，さらに戦略レベルの場合は10シグマ水準のマネジメント，すなわち10年に1度起こる恐れのある事態を予測するマネジメント意識をもつべきであろう．本来，作業情報システムレベルでのセキュリティマネジメントは，1,000回に3回発生する3シグマ外のリスク事象は例外として通常の管理対象外に置いてリスク管理するか，その対処については管理情報システムの領域にゆだねる．さらに，管理情報システムでは6シグマの管理をし，その例外事象の管理は通常業務から外したリスク管理を行なうか，さらに上位の戦略情報システム領域の業務にゆだねる．このように，セキュリティ管理を充実させるとリスク管理の比率は少なくてすむ[2]．

ところが，日本のシステムの場合は，現場における製造等のセキュリティ管理は日本的経営としての成功例からも3シグマを確信できるが，管理レベル，戦略レベルと上層に移るにしたがって逆に2シグマ，1シグマとセキュリティのレベルを下げているのではないかとさえ懸念される．これまでの現場では固有技術による自動化や管理技術による最適化が力を発揮した．すなわち，そこでは3シグマ外のリスクなど存在しないという前提を作り上げたので，もちろんセキュリティ管理は不要であった．しかし，最早その3シグマ領域の完璧性は先進国の専売特許ではなくなり，発展途上国でも当たり前の世界になってしまった．そこで今日では経営や製品の性能に違いが出るのが，6シグマや10シグマの領域となる．すなわち，経営の管理と戦略レベルにおいて，従来の正確性に加え，多様性とスピードをいかに実現するかが武器となると考える．

(2) **システムを評価する尺度**

このようなマネジメントの各階層別の評価尺度は，稼動率，効率，効果による業務を把握することが肝要である．すなわち，作業レベルの評価尺度は稼働率であり，管理レベルの評価尺度はそれに能率を乗じた

効率＝能率×稼働率
　　　＝(Output/実働時間)×(実働時間/拘束時間)
　　　＝Output/拘束時間

であり，戦略レベルの評価尺度は

効果＝効率×創造力
　　　＝(Output/実働時間)×(実働時間/拘束時間)×(アイデアのヒット/Output)
　　　＝アイデアのヒット/拘束時間

として説明できる．

現在のように価値観が多様化した社会では，「ヒト」「モノ」「カネ」「情報」が洪水となって押し寄せ，個人や組織は必然的に守らなければならない「ヒ

ト」「モノ」「カネ」「情報」が異常に多くなっている．価値観が多様化しているにもかかわらず，多様化社会に世の中のしくみが対応していない．すなわち，それらを評価する尺度が従前のままで，多様化した社会に相応しい評価がなされていない．評価ができない理由は，実際の社会が新しい分業化が進み，階層化，ネットワーク化しているにもかかわらず，社会の管理・戦略レベルにおいては層別化も，差別化もできない状況が続いているからと考えられる．個々の組織が守らなければならないものは何か，各階層の機能と管理すべきものを明らかにしなければならない．その辺りが明確でないとき，システムの各局面において下位レイヤの効率化のために上位レイヤの効率を犠牲にしたり，あるいはその逆の現象がまかり通ることになる．上位レイヤと下位レイヤは本来異なる機能を有していて，しかもそれらは全体システムの中で，本来，整合性を保って機能するはずが多くはそうなっていない．

また，多くの製品やシステムにおいて，物理的寿命以上に経済的寿命，市場寿命のウェイトは増大している．製品あるいはシステムのライフサイクルは，導入期から成長期，飽和期，衰退期と進むにつれて，その機能は $F_0 \to F_1 \to F_2 \to F_3 \to F_4$ へと進化し高度化されていく．

その結果，価値観の多様化はさまざまな可能性を広げる一方で，異なる価値観に従うグループ間の整合性を維持するための新たな効率化のための尺度とその管理が必要となる．多くの場合，F_0，F_1，F_2，F_3，F_4 は従属関係となるので互いの交互作用による影響も相俟ってバラツキの大きな複雑系となる．この複雑系のしくみを分布の平均 a とばらつき b によって表現すると，a は機能・品質レベルの目標値を示し，b はその多様性あるいはバラツキを示す．そのとき機能は $F_0 \to F_1 \to F_2 \to F_3 \to F_4$ と進化する過程において，性能の平均値は $a_0 < a_1 < a_2 < a_3 < a_4$ とレベルアップするが，同時にバラツキも $b_0 < b_1 < b_2 < b_3 < b_4$ と増大する．したがって，システムをとらえるとき，個々の技術やツールの導入を議論する局所的なとらえ方でなく，大局的見地から体系的にとらえなければセキュリティを確保した安全なシステムは完成しない．

(3) 複雑系の社会への対応

　従来，製品やシステムが内在するリスクはエンドユーザ（最終顧客）に負わされることがあっても仕方がない状況があった．すなわち，生産者が責任を負った範囲が設計から出荷までに限られていた間は，「買い手のリスク待ち」のシステムであった．しかし，製造物責任（PL）によって生産者に製品の使用段階まで責任を義務づけられると「売り手のリスク待ち」となり，今や「顧客満足（CS）重視」のシステムが定着した．さらに，経営の視点が地球レベルの環境問題に移るにつれて，拡大生産者責任（EPR）の考えが急速に普及した．それによって，生産者に製品使用後の段階にまで責任を義務づけられ，「顧客との関係づくり（CRM）重視」が経営の基本コンセプトとなった．経営全体は，循環型社会形成促進基本法の下，製品企画から消費者が廃棄するまでの全プロセスを「顧客との関係づくり」をベースにシステムの再編成が試みられている．

　経営が大衆を対象としていた初期のアプローチは，図表 10 - 1 の段階 (1) で

図表 10 - 1　システムのモデル化とその難易度

	真度 a	精度 b
(1) a_1 → b_1	○	○
(2) a_2 → b_1	×	○
(3) a_1 → b_2	○	×
(4) a_2 → b_2	×	×
(5)	×	×

（縦軸：モデル化容易／モデル化困難　横軸：目標水準）

出所）能勢豊一「オブジェクト指向の経営情報システム設計」『神戸学院経済学論集』第35巻第1・2号　2003年　pp. 79-93

第10章　新潮流(3)　企業経営の新展開と情報・イノベーション

あり、生産者にとって目標水準が a_1 という平均値だけを意識すれば比較的簡単に設計できた。しかも標準化によって大量生産が可能な管理水準 b_1 であることを示している。段階(2)については、与えられた目標水準 a_2 に対する努力目標が、a_1 より大きいが達成すべき目標は明らかである。しかし、段階(3)から(5)に移るにしたがってシステムの目標はバラツキを増大させるのでそれを把握し、設計する困難さは増大する。このことは寿命が問題となるあらゆる製品やシステムについて、ライフサイクルの進展にしたがって同様の問題を内包することになる。このようにライフサイクル上の現象 $F_0 \sim F_4$ に対して、その因子 $a_0 \sim a_4$ と $b_0 \sim b_4$ を予測する情報システムアプローチが大切になってくる。図表10-2は、母集団(経営の現場)→サンプル→データ→情報→企画戦略→母集団という経営のサイクルをアンソニーの3階層に当てはめて再構築したものである。ここでは、作業情報システムのレベルではオブジェクト指向の概念による経営環境の変化に柔軟に対応した情報収集が図られる。戦略情報システムではワークデザイン(ブレイクスルー思考)によるアクションに直結した計画づくりが図られる。3つ目の管理情報システムは、前者の作業情報システムと戦略情報システムを結びつける役割を果たす領域で、BSP (Business System Planning) の概念によりボトムアップ情報とトップダウン情報の出会う場面を合理的かつ効率的に演出する。また、これらのしくみは先の第1節(2)「イノベーションのための情報活用」で記述したシステム構成要件に照らしてみると、「要素の集合性」が作業情報レベル、「要素の関連性」が管理情報レベル、「目的性」が戦略情報レベルに対応する。このように図表10-2は経営の意思決定プロセスをPDCA (Plan-Do-Check-Action) サイクルで表現したものと考えることができる[3]。すなわち、母集団からのサンプリングは経営管理であり、ここでは日常の管理データとオブジェクトが採取される。次に、採取されたデータやオブジェクトは、数量化理論等を活用した統計処理あるいはBSP (Business System Planning) を活用した情報処理により情報化される。さらに情報から経営戦略が策定される場面では、加工された情報を効果的に意思決定に活用でき

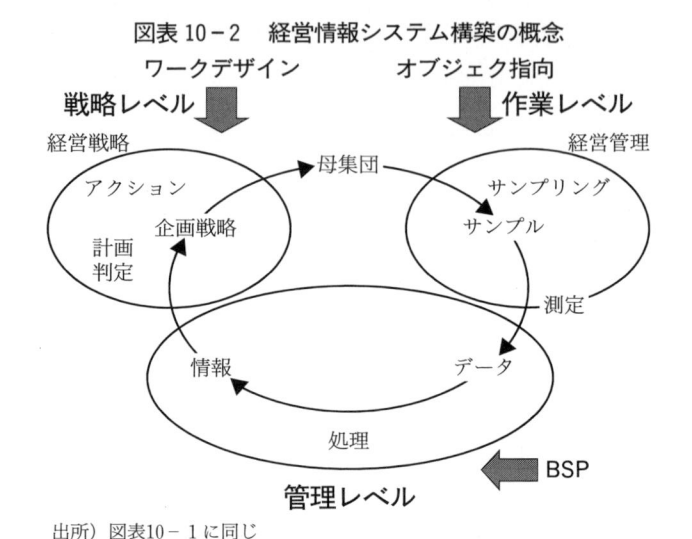

図表10-2　経営情報システム構築の概念

ワークデザイン　　　　オブジェク指向
戦略レベル　　　　　　　作業レベル

経営戦略　　　　　　　　　　　経営管理
　　アクション　　母集団　　サンプリング
　　　　企画戦略　　　　サンプル
　　計画
　　判定
　　　　　　　　　　　　　　測定
　　　　　　情報　　　　データ
　　　　　　　　処理
　　　　　　　　　　　　　← BSP
　　　　　管理レベル

出所）図表10-1に同じ．

るような経営のアーキテクチャあるいはフレームワークをワークデザイン，ブレイクスルーにより構築する．

(4) 経営イノベーションと情報活用

　企業経営は，経験と勘による成行き経営あるいは職人による生産の時代から工場生産を経て顧客中心の経営の時代を迎えている．その変遷について顧客側の多様化を示す「製品」と，それを受けて立つ経営側における技術の多様化を示す「経営資源」の両面に対してどのようなコンセプトで対応してきたかを考えてみよう．初期段階の経営は，製品というハードウエア機能のコンセプトづくりが中心であった．すなわち，この段階では顧客が製品を選択できるバリエーションはまったくなく，作れば売れるという生産者の論理が先行する Product Out の時代であった．その後，顧客需要の個性化・多様化が進むにしたがって経営の視点は，製品に近い外部スキーマから経営資源に近い内部スキーマへと移っていく．最初はハードウエアを作る職人に依存した属人的なシステムで運用されていたシステムが，治工具や工作機械，あるいはオートメーション

第10章　新潮流(3)　企業経営の新展開と情報・イノベーション　209

システムによる効率化とともにプロセスの自動化が進んだ．次に，システムの大規模化・情報化は，プロセスを階層化・ネットワーク化し，エキスパートのもつデータや知識までも抽出してデータベース化・知識ベース化が進んだ．図表 10 – 3 は，経営の効率化が進められてきた情報化の進展と標準化の視点の変遷を示したものである．システム化において情報化の視点が変化してきた様子がわかると思う．図中の番号(1)～(6)は，その進展の順番を示している．(1)は，「モノ」の流れの標準化であり，オペレーションの標準化の時代であった．ここではモノの流れに情報が追従していた．(2)は，作業手順（プログラム）の標準化で，MIS の時代であり，ここでは情報にモノが追従する段階となる．(3)は，データの標準化であり DSS の時代である．(4)は，(1)～(3)を統合する

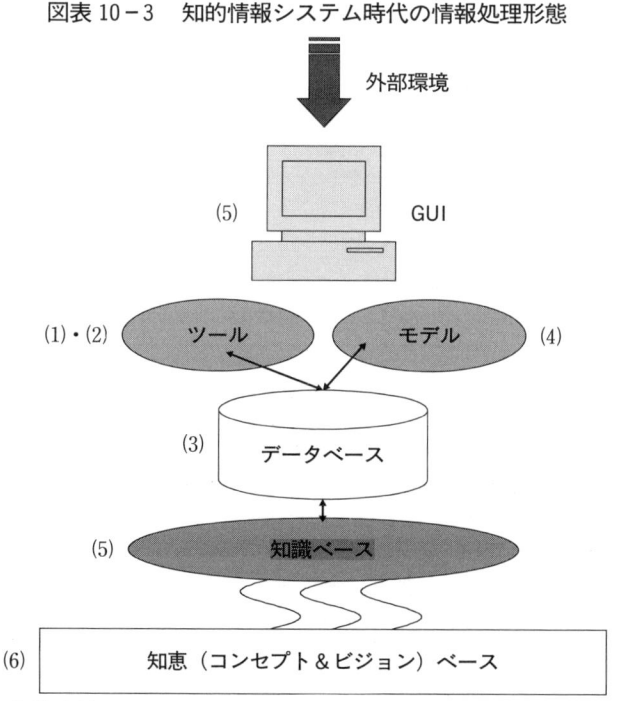

図表 10 – 3　知的情報システム時代の情報処理形態

外部環境

(5) GUI

(1)・(2) ツール　モデル (4)

(3) データベース

(5) 知識ベース

(6) 知恵（コンセプト＆ビジョン）ベース

出所）図表10 – 1に同じ

モデル化であり，システム化を目指すオフィス・オートメーションの時代である．(5)は，ベストプラクティス．ベンチマーキングによる知識の共有化であり，SIS の時代である．(6)は，知識の上位概念である知恵あるいはビジョンを共有するためのしくみづくりとなる．

(能勢豊一)

第3節　イノベーションの基礎

(1) イノベーションの概念

今日の企業経営における主要なテーマのひとつにイノベーション（innovation）がある．1980 年代の半ばから急速に関心を寄せはじめるとともに，1990 年代初頭のいわゆるバブル経済の崩壊と，企業経営の閉塞感が蔓延する中でもっともポピュラーなテーマとされてきた．このイノベーションとは，ひとことでいうならば，企業経営に従来にはないあらたな展開を試みることであり，一般に企業変革や経営革新とよばれている．

本来，イノベーションという概念はかならずしも企業経営に端を発するものではなく，経済学における概念として 20 世紀の初頭に登場した．

当時の経済学においては，景気の循環メカニズムの解明が盛んに研究されており，そのうちのひとりにシュンペーター（Schumpeter, J. A., 1883-1950）がいた．彼は経済の変動（景気変動）の原因を企業による経営活動にもとめ，それが経済に波及的におよぼす影響の結果としての資本主義経済の内部変動と経済発展のメカニズムを検証するとともに，企業経営における企業者（entrepreneur）による生産諸要素の新結合（new combination）をイノベーションとして定義づけたのである．彼の代表的著書『経済発展の理論』(1912) は，資本主義経済発展のメカニズムが創造的破壊（creative destruction）の過程であり，企業者こそがイノベーションの主体であるとともに，それによる生産諸要素の新結合によっ

て経済が内部から変革されることを解いた歴史的研究といっても過言ではない．

さて，シュンペーターはイノベーションを次の5つの具体的要素から構成されるものとしている．

① 新しい財貨．すなわち消費者にまだ認知されていない製品やサービスまたは新しい品質の製品等を生産すること．
② 新しい生産方法の導入．当該産業部門においていままでに存在していなかったような新しい生産方法を導入すること．
③ 新しい販路の開拓．いままで参加していなかった市場を開拓すること．
④ 新しい供給源の獲得．原料や半製品の供給源を新たに獲得すること．
⑤ 新しい組織．独占的地位（トラストなど）の形成もしくは独占の打破を行なうこと．

シュンペーターのこうした考えをさらに企業経営に直結させて説いたのがドラッカー（Drucker, P. F., 1909-）であった．彼はシュンペーターの考えをさらに発展させ，イノベーションの機能を企業者固有のものとしてとらえなおすとともに，企業者は市場開発（marketing）とともにイノベーションを遂行することによって生産性の向上をはかることを機能とし，とりわけイノベーションを「生産物もしくはサービスにおける革新」と，「熟練および各活動における革新」の2側面から構成されるものとしてとらえた．

(2) イノベーションと組織

企業経営におけるイノベーションに関しては，企業組織との関連性が重要とされており，この点については多様な分析結果がみられるが，その一部として興味あるものとしては，ナイト（Knight, K. E.）によるイノベーションの2類型化がある．それによれば，ひとつは企業の経営成果が思わしくないゆえに，その改善を求めるために必要とされるイノベーション（問題発生型イノベーション）であり，もうひとつは経営成果の好結果のために発生した余剰経営資源をもとにさらなるイノベーションに挑戦するというもの（スラック・イノベーション）で

ある．さらに経営組織論および管理論で有名なマーチ（March, J. G.）とサイモン（Simon, H. A.）は，企業が現状の経営方法によってもたらされる成果に対して不満を感じるときにイノベーションの実行にいたるということを明らかにしている．またバーンズ（Burns, T.）とストーカー（Stalker, G. M.）は，経営組織の特性という視点から，機械的（官僚制的）組織よりも有機的組織のほうがイノベーションに対する適性が高いことを示唆している．

このように企業においてイノベーションを実行させるためには，さまざまな要素が関係しており，いずれの企業においても単純にイノベーションを実現できるわけではない．しかし，企業間における競争状況も激化をきわめるとともに，市場環境の変化も多様化する中において，個々の企業がし烈な競争状況から抜け出るためにはイノベーションが不可欠であることは間違いのないことであり，今後は各企業がいかに確実にイノベーションを実現できるようなしくみを構築するか，またどのような側面においてイノベーションを実現するかを決定し，これらのいずれをも速やかに実行していくことが急務とされる．

（吉村孝司）

第4節　イノベーションの実践

(1)　バリューイノベーション

　成熟化した市場と加速度的に変化する経営環境に適応するために，はたして企業はいかなるイノベーションを展開しているかについて次にみてみる．

　たしかに企業間競争が経営上の主たる課題であった時代においては，競合他社との競争格差の克服がきわめて重要であり，リーディング企業（業界で首位の企業）を追従，模倣することもそれなりに効果が期待できる状況にあった．しかし，現代においては単なる追従・模倣で対処できうる状況ではなくなってきており，このような時代において重要とされるのは，競合他社が追従・模倣で

きないような絶対的な革新能力とされている．それはまた単なる技術上のイノベーションに終始するのではなく，それによってあらたな価値を生み出すことができるイノベーションであるとともに，製品もしくはサービスに具現化する能力である．こうした新しいイノベーションのことを「バリューイノベーション（value innovation）」とよぶ．[4]

　ひとくちにイノベーションとよばれるものの，従来，企業経営において必要とされてきたイノベーションのほとんどは製品革新（product innovation）や工程革新（process innovation）につながる技術革新であり，それが企業経営にもたらす価値（value）についてはかならずしも十分には考慮されていたわけではなかった．バリューイノベーションとは，イノベーションと一般消費者が認める価値とを結びつけるものであり，①顧客に本当に革新的な優れた価値を提供すること，②価格設定が一般消費者市場に適合していること，の2つの条件をクリアした上で成立するものとされる．[5] たとえば，通信技術の小型化ならびにモバイル化の技術革新はすでに存在していたものの，携帯電話という端末機器として製品化されることによってそれは広く市場に浸透するとともに，モバイル市場という新しく，かつ未曾有の規模を有する市場を生み出すこととなったのである．

☕ バリュー・チェーン

　バリュー・チェーン（value chain）とは「付加価値連鎖」という意味であり，1985年にポーター（Porter, M. E.）によって提唱された概念である．
　企業活動は「製造」等の主活動と，「全般管理」等の支援活動から構成され，それぞれが企業活動全体にどれだけの価値をもたらしているか（付加価値として貢献しているか）を測定することにより，自社の強みと弱みを明確にすることができ，より戦略的な経営を志向することが可能となる．

(2) バリューイノベーション事例

　このイノベーションを実現できるものをバリューイノベーター (value innovator) とよび，バリューイノベーターは従来には存在していなかった，そして競合他社が容易には追従・模倣できることのないような独自の新たな市場の創造に成功することができるとともに，顧客にまったく新しい価値（観）をもたらしうる存在を意味する．ここではその好例についていくつかふれてみることとする．

　① スターバックス・コーヒー

　都市生活者のライフスタイルを一新させたともいえるスターバックス・コーヒーは，成熟化した喫茶市場に対するバリューイノベーターである．

　1971年4月に米国ワシントン州シアトルに誕生した同社は，ジェリー・ボルドウィンとゴードン・ボーガー，ゼブ・シガールの3人がアラビカ種のコーヒー豆の焙煎および販売会社としてスタートしたのがそもそものきっかけであった．1982年にはハワード・シュルツ（現会長兼最高国際戦略責任者）が加わるも，シュルツが主張するイタリアのエスプレッソ導入に3人が反対することにより，1984年にシュルツが同社を退社後，1987年に買収する経緯をたどり，現在の業態に至っている．

　同社は単なるコーヒー販売業にとどまるのではなく，消費者の自宅と職場との中間点に位置することにより，「サード・プレイス (third place)：第3の場所」という独自の安息空間を創造するとともに，そのための雰囲気の重視を「店内禁煙」「知的かつファッショナブルな空間の創造」などといった独特の付加価値を創出することで具現化するとともに，感性の鋭い都市生活者に「シアトル・スタイル」という新しいライフスタイルを生み出し，スターバックスという新たなブランドの創出ならびに新しいビジネスモデルの構築に成功している．

　こうした製品としてのコーヒーの提供のみならず，その背景にある生活スタ

イルに対する投資を積極的に行なってきた同社は，まさにイノベーションの具現者であり，1996年の日本初上陸以来，毎年50店舗以上の新規展開にその実力を垣間みるのである．

② サウスウエスト航空

2001年9月11日に発生した米国同時多発テロは，世界政治ならびに経済を真底から震撼させるとともに，その手段として使われた航空産業も未曾有の経営危機に陥れられた．そうした厳しい状況の中にあって，世界で唯一，その業績を伸ばすことができた企業があった．サウスウエスト航空がそれである．

1967年3月にロリン・キングとジョン・パーカーによって設立された小規模の航空会社であったが，同社が世界の航空会社上位に相当する経営力をつけるまでに至った理由はどこにあったのだろうか．

同社の特長は，徹底したコスト管理と，顧客に対する徹底したサービスの展開にある．航空業にとっての最大のコストは，機材（航空機）と，そのメンテナンスおよび空港使用にともなう費用にある．こうしたコストはすぐさま運賃に反映されることになるが，同社はコストの抜本的な改革を遂行するために，全便同一機種（B 737）の導入，機長をはじめとするすべての乗務員による機内整備および清掃の実施とそれによる短時間での機材繰りの実現，コスト高の最大要因となる主要都市空港の使用の廃止と近隣地方空港の活用，などの具体策を矢継ぎ早に展開している．また長距離路線にも参入せず，顧客層もビジネスマンやその家族，学生等に絞り込むとともに，発券業務から機内サービスのあり方までに他社が実施できないまでの工夫と努力を積み重ねた．その一方で，コスト削減にともなうサービス低下というイメージを与えぬよう，驚きと娯楽性に富んだ顧客サービス（たとえば乗客が荷物入れをあけるとクルーが潜んでいて驚かすといったようなアメリカ的なサービス）をけっして怠らない工夫をすることにより，従来の航空業には存在していなかった付加価値を創出し続け，顧客から指名される航空会社としてのゆるぎない地位を築いているのである．

③　ファーストリテイリング

　同社の社名はブランド名「ユニクロ（UNIQLO）」によって広く知られる．1949年創業と，その歴史は意外にも古いが，同社の躍進は1984年に広島に「ユニクロ」第1号店を出店することにはじまる．同社は独自開発のノンエイジ，ユニセックスのカジュアルウエアを「ユニクロ」ブランドの店舗で展開するとともに，その形態を米国の書籍販売業にみられるような「ブリック・モルタル方式」で多店舗展開させている点にまず特徴がみられる．また同社にとってのプロダクト・イノベーションともいえる多色フリースウエアに代表されるように，自社工場ではなく，中国の契約工場において効率的に製造しており，こうした自社生産設備をもたない製造業を「ファブレス（fabless）」とよぶ．1980年代に米国シリコンバレーの半導体製造業に発端の製造業態をアパレルに応用するとともに，市場のニーズの変化に速やかに対応するとともに，もっとも効率的に製品を供給する体制を構築した同社はまさにイノベーションの成功事例といえる．

　また2000年からはインターネットを活用した24時間365日製品供給体制の構築は同社の登場とともに，わが国における小売流通業のあり方を一新させた．

　ここにみたいくつかの事例は，そのイノベーションの対象領域が意外にも身近に存在しているため，どの企業にも模倣することが可能のように思われるが，いずれの事例も単なる新規性（新奇性）だけが市場ニーズに適合したのではなく，むしろ競合他社が追従することができないような高付加価値を創出できえた点にバリューイノベーターとしての真価が存在しているのである．

　これからの成熟化かつ一方で飽和化した市場の中で，企業がその生き残りを遂げていくためには，常に市場の変化や企業環境の変動に対する正確な見極めと，独自かつ独創的な価値創造能力が問われるのである．それはまさに経営諸資源の新結合と，従前の経営成果に対する創造的破壊，経営志向性における新機軸の構築から生み出されるのである．

（吉村孝司）

第 10 章 新潮流 (3) 企業経営の新展開と情報・イノベーション　217

第 5 節　イノベーションの方向と新視点

(1) イノベーション・ジレンマ

　企業がゴーイング・コンサーン（going concern：継続事業体）として生存を果たしていくためにイノベーションが不可欠であることは，いまさらいうまでもない．またイノベーションを実現させるためには相応の経営能力が必要とされることからも，経営資源に恵まれた大規模企業のほうがイノベーションに対して有利であるともいえる．

　しかしながら実際の企業イノベーションの事例を検証すると，必ずしも大企業が成功しているとはいえず，むしろ大企業ほどイノベーションに失敗しているという，きわめて興味深い事実が存在していることが明らかとなってくる．

　ここではそうした事態を「企業イノベーションに潜む罠（わな）」とよび，その謎を解くこととする．

　最近の研究例としてクリステンセン（Christensen, C. M., 2000）の「イノベーションのジレンマ」があり，優良企業ほどイノベーションに失敗する傾向にあり，具体的には市場に「破壊的技術」が出現したときに，それへの対応ができず，結果的にイノベーションに失敗するという事実を検証している．これによれば，既存市場に「破壊的技術」とよばれる新しい製品技術（従来の製品の性能を高めるための新技術を「持続的技術」とよぶのに対して，従来とはまったく異なる価値基準を市場にもたらすとともに，低価格，シンプル，小型，使い勝手のよさ，などを特長とする技術をさす）が出現した際に，優良企業はすぐにはその製品技術の成長性や市場成長性を正しく評価しようとはせず，同時に小規模な当該市場では大企業の成長ニーズを満たすことがない，新規に出現した市場（＝いままで存在していなかった市場）に対する分析は不可能である，といったあたかも正当と思わせるような理由をもとにイノベーションに対応もしくは追従できないのである．最近の小売流通市場において注目をあびている「100 円ショップ」が急速に市場に浸透し[6]

てきた事実に直目しつつも，既存の大企業が当該市場に参入することがない事実などはこの一例といえよう．

また企業組織がその規模と複雑性を自らの成長とともに高めていく過程において，イノベーションの想起比率と実現比率とのあいだには反比例の関係があることも指摘されている．すなわち，企業成長の度合いが比較的低い小規模企業の段階においては，イノベーションの想起比率が高いが，企業成長とともに企業規模が大きくなるにつれて，イノベーションの実現比率は高まるものの，イノベーションの想起比率そのものが低下してしまうというジレンマである．

(2) これからの企業経営とイノベーション

このように，企業にとってのイノベーションの必要性が強く問われる一方で，その実現化における困難性は大きな障壁となって存在していることが明らかとなってきている．これからの企業にとってより重要なことは，市場ならびに経済に対する成長基調を基本枠組みとする経営への志向から，低成長もしくは後退基調の中で，市場に対する新たな"風穴"をあけるとともに，製品技術の革新（技術革新）から価値創出のための革新，さらにはそのためのマネジメントと革新（経営革新）を主軸とする経営を志向し，そのための枠組みの転換（パラダイム・シフト）こそがもっとも必要とされるのである．

そこで，企業がイノベーションを実現していく過程において直面する課題を克服する方法としては，次のような点への挑戦が必要とされる．

① 従来型の「資源依存型経営」からの脱却．（既存の経営資源と顧客等の市場条件の制約の中での経営ではなく，新しい成長機会の積極的な探索や，破壊的イノベーションへの挑戦）

② 「知識創造型経営」の展開．（トップ・マネジメント主導の経営のみならず，知識とスキルに富むスタッフを活用した経営への転換）

③ 「価値創造型経営」への転換．（従来からの経営から高付加価値創造を目的とした経営への転換）

第 10 章　新潮流 (3)　企業経営の新展開と情報・イノベーション

④　「イノベーション・マネジメント」の実践．（企業者へのイノベーション依存から，イノベーションの戦略的創造と，そのためのマネジメントシステムの構築）

今後は，こうした点に基づくイノベーション・マネジメントに，企業存続の方法を解く鍵が存在しているといえよう．

知識創造経営（ナレッジ・マネジメント）

1993 年にドラッカー（Drucker, P. F.）によって提起された概念であり，企業組織に存在するさまざまな知的情報（知識）を組織構成員が共有し，戦略的行動に具体化させていくプロセスの構築を目的とした経営をいう．知識は「暗黙知」と「形式知」という異なる形で存在しているが，前者を共有・共同化できるような企業風土の醸成と，その具体化を促進する企業組織体制の構築がこれからの企業にとっての急務とされる．

（吉村孝司）

注

1）能勢豊一「ビジネスにおけるセキュリティマインドの構想」『オフィス・オートメーション学会誌』Vol. 23, No. 1　2002 年　pp. 2-5
2）能勢豊一「セキュリティとリスクの管理」『オフィス・オートメーション学会誌』Vol. 23, No. 2　2002 年　pp. 12-16
3）能勢豊一「オブジェクト指向の経営情報システム設計」『神戸学院経済学論集』第 35 巻第 1・2 号　2003 年　pp. 79-93
4）Cusumano, M. A. and Markides, C. C., *Strategic Thinking For The Next Economy, MIT,* 2001.（グロービス・マネジメント・インスティテュート訳『戦略論』東洋経済新報社　2003 年　pp. 116-119）
5）同上書　pp. 116-117
6）Christensen, C. M., *The Innovator's Dilemma,* Harvard Business School Press, 2000.（玉井俊平太監修，伊豆原弓訳『イノベーションのジレンマ増補改訂版』翔泳社　pp. 27-58）

第11章
新潮流 (4) グローバル化の本質と展望

第1節 グローバル経営の世界潮流──その現状と方向性

(1) グローバル経営からグローカル経営へ──分化と統合の均衡

　グローバリゼーションという大波は，いつしかグローバル経営を未来に向けて押し流す世界潮流となっている．大競争が展開する現在の経営環境に自社資源を適合させ競争優位を確立するには，グローバリゼーションの求める課題に答えるだけでは十分ではなくなり，今やグローバル経営にも質的変化が求められている．

　現実の世界は同質化と標準化の流れに乗ってすべてのものがひとつに統合される方向に向かっているわけではない．経済環境や市場競争環境をはじめとして政治・政策，法律，文化，技術など各国の経営環境にはさまざまな相違が存在する．なかでも世界に存在する国や地域の文化的多様性はグローバル経営にとって無視することのできない大きな壁である．

　そこで求められるのはグローバリゼーションの基軸になっている国際標準による統合，たとえば，アメリカ型市場主義を世界全体に浸透させ世界規模で市場の統合化をはかるという，いわば普遍性を重視した考え方ではない．国際経営環境として国や地域の個別性・特殊性を十分認識し文化的多様性に適応するという考え方が必要なのである．それがグローバリゼーションと対局にあるローカリゼーション（localization：現地適応化）である．

経営のローカリゼーションには，主に2つの側面がある．ひとつは開発，生産，マーケティング，人事，財務などの経営諸機能の現地国への移転と現地国環境への適応化である．もうひとつは経営資源の現地化であり，たとえば，現地採用人材の経営幹部への登用，現地企業からの部品調達，技術導入，現地での資金調達などがあげられる．

しかし，現地国におけるローカリゼーションの要請に対して反応する「ローカル経営」だけでは，複雑な要素が絡み合い変化が速く激しいグローバル競争に勝ち残るには十分ではない．経営におけるグローバリゼーションとローカリゼーションの組み合わせを事業展開している業界や製品特性ごとに，あるいは同一事業内でも経営機能ごとに最適比率にかえながら，それらが要請する課題に同時に答えなければならない．

すなわち，グローバル競争優位の確立のために地球規模での経営資源と諸活動の統合により最大限の経営効率の達成を目指すグローバル経営から，現地国への経営資源と諸活動の分化と現地適応化によりローカル市場ニーズに対応するローカル経営を同時に実現する「グローカル経営」へと向かう潮流が生まれているのである．

(2) 多様性のマネジメント──異文化経営能力の構築

グローカル経営は，グローバル統合と現地適応を同時達成する経営である．世界がひとつの価値観で統合され世界各国の文化がひとつの文化に収斂していくという前提ではなく，多種多様な文化が世界に共存する多文化社会へ向かっていくという基本的前提にたっている．つまり，グローカル経営の実践には多様性を前提とする経営，「多様性のマネジメント（diversity management）」が求められるのである．

多様性のマネジメントとは組織内外に存在する多様性を経営環境として認識しそれらに対応する経営行動である．グローバル企業にとって重要な多様性は，①国の文化の次元，②企業文化の次元，③個人の次元，からとらえることが

できる．それぞれの経営課題としては，①多数の海外子会社をいかに世界の多様な現地国文化に適応させるか，②本社企業文化と海外子会社文化からなる多様な企業文化をどのようにマネジメントするか，③組織内の文化的多様性をいかにマネジメントしていくかが問われるのである．

組織内の文化的多様性とは，個人の属性（民族，性別，年齢など）のみならず個人の価値観や発想の多様性である．グローバル人事制度の導入にみられる社員の多国籍化に加えて，成果主義的人事制度への移行により女性や若年世代の幹部への登用も進むことなどから，グローバル企業では民族，性別，世代による価値観の多様性がさらに高まっている．

以上に加えて，国際M&A，国際提携，国際コンソーシアムなどの戦略的アライアンス（strategic alliance）においても多様性のマネジメントが要求される．その中心的な対象は企業文化の次元にある．アライアンスの相手企業がもつ異なる文化から生じる負の効果を減少させつつ相乗効果（異文化シナジー）を高めなければならないからである．そのためには企業同士が異文化の壁を越えて価値を創造する，「異文化コラボレーション（collaboration：共創）」が求められる．

多様性のマネジメントの本質は，「異質なものを異質なままに活かすマネジメント」である．次に述べる「個」を活かすマネジメントにもつながるものである．激しさを増すグローバリゼーションの潮流の中で生き残るために，グローバル企業は，組織の内外に存在する文化的多様性を認識しそれを価値創造に活かす「異文化経営能力（cross-cultural competence）」（Hampden-Turner, C. and Trompenaars, F. 2000）の構築競争に突入したのである．

(3) 「個」を活かすマネジメント——グローバル学習組織の構築

現在，世界は情報ネットワーク社会あるいは知識社会に向かう潮流の直中にある．20世紀までは競争力の源泉はカネ（財務的資本）とモノ（物的資本）が中心であったが，21世紀は情報・知識・ノウハウ（以下，「知識」）などの知的資

本が競争力の源泉となり，組織にとって知識を創造する源であるヒトがもっとも重要な資源となる．そこで注目されるのが「個」を活かすマネジメントである．

かつての安定的な環境では組織の競争力の源泉は戦略，組織構造，経営システムなどに負うところが大きかった．しかし現在のように変化が速く競争が激しい環境の中で企業が生き残るには，絶えずイノベーションにより新たな価値創造を行ない組織が継続的に学習し自己変革をつづけることが求められている．組織学習を継続的に行ない，複雑で多様な環境に適応しつづける「学習する組織」(Senge, P. M., 1990) にならなければならない．

まずミクロの視点では組織内の個人の学習が組織全体としての組織学習にむすびつくことが必要である．個人がやる気を出し，学習し，知識を創造し，それが組織内で共有・活用されるシステム，基盤（インフラストラクチャー），環境を継続してつくりだすことである．その基本となるのは，個人の，① 自律性，② 学習意欲，③ 行動力，であり，自発性と起業家精神を兼ね備えた人材の開発・育成が企業に求められている．

マクロの視点では企業間学習がグローバル・グループ全体としての組織学習であるグローバル学習に結びつくことが必要である．それは世界各地に配置されているグローバル・グループ企業もしくは海外子会社がそれぞれ獲得・創造した知識が，本社―子会社間だけでなくグローバル・グループ内で縦横に移転・共有され，さらにグローバル・グループ企業の知識創造や自己革新行動へとむすびつくプロセスである．

グローバル企業にとって「個」を活かすマネジメントとは，個人の知識創造行動がグローバル・グループ企業全体の変革行動にむすびつく地球規模のプロセスが継続的に実践される「グローバル学習組織」の構築なのである．その鍵は次に述べるようにインターネットと企業内コミュニティの地球規模での活用にある．

(4) コミュニティを活かすマネジメント――グローバル・オープンネットワーク組織の編成――

　グローバリゼーションとともに現在の世界潮流をつくっているのはIT革新である．1990年代後半に企業や個人にコンピュータ，インターネット，携帯電話などの情報通信機器が爆発的に普及したのが源流である．ここから出現した新しい現実のひとつはインターネットの電子空間上に形成されたヴァーチャル（仮想現実）なネットワーク社会である．世界のあらゆる人びとが自由に参加し情報の発信・受信をするだけでなく，現実世界と同様にコミュニティ活動（eコミュニティ）やビジネス活動（オンライン・ビジネス，eビジネス）など多様な活動が行なわれている．

　このようにITによって経営環境は大きくかわるとともに，企業にとっては新市場の創造や事業機会の発見，組織能力の向上や経営効率化などが行ないやすくなった．しかしより重要なことは，個人がかつてなく強力な武器を得たことにより組織モデルの革新が起ころうとしている点である．

　この組織革新の潮流とは，①中央集権システムから分散協調システムへの流れ，②階層と命令によるコントロールから個人の自律的意思決定への流れ，③ピラミッド型階層組織からネットワーク型水平組織への流れなどである．

　これらの流れは，グローバル企業においては「統合ネットワーク組織」（Bartlett and Goshal, 1989）から，さらに「グローバル・オープンネットワーク組織」へと向かおうとしている．

　たとえば，アメリカ陸軍は1994年に戦術インターネットの導入によるネットワーク型組織のビジョンを公表している．フォード社（米）は2002年にピラミッド型組織から逆ピラミッド型組織への組織改革を発表した．そして現在，指揮者のいないオーケストラとして有名な「オルフェウス管弦楽団」が新たな経営モデルのひとつとして世界的な注目を集めている．

　さらに，もっとも先進的な事例のひとつとして知識集約型企業のバックマ

ン・ラボラトリーズ社（米）が注目される．世界21カ国の営業所や研究開発拠点に分散している社員約1,300人がいつでも自由にインターネットにアクセス（接続）しバーチャル・スペース（仮想空間）であるウェブ（ワールドワイドウェブ：WWW）上に「フォーラム（forum）」とよばれる多様なプロジェクトチームを立ち上げ研究開発を行なっている．

まさに「フォーラム」はグローバル・オープンネットワーク組織の事例である．世界各地に分散している組織の構成員が自律的に意思決定し国境や組織の壁を越えて他のグループ組織の個人と柔軟に連携し協働する協調的で開かれたチーム志向の組織である．これは「オープンネットワーク・パラダイム」に基づく「開かれた自律分散型協働システム」（大野，2003）である．ウェンガー（Wenger, E., 1998）が提示している組織的知識創造の単位である「実践コミュニティ」やカンター（Kanter, R. M., 2001）が主張する「デジタル・カルチャー」をもつネット・コミュニティもこれに相当するものである．

知識社会に向かう潮流の中でグローバル企業は統合ネットワーク組織に向かって自己変革するとともに，ウェブ上では多種多様なグローバル・オープンネットワーク組織を編成し，それらの企業内コミュニティを活かすマネジメントを実践することが求められるのである．

オープンネットワーク・パラダイム

「オープンネットワーク・パラダイム」（大野 2003）とは，21世紀型企業のひとつとして予測されているグローバル・オープンネットワーク組織の経営パラダイムである．もともと分散協調型のコンピュータ・ネットワーク・システムであるインターネットの設計思想であるが，インターネット関連技術者やネット・コミュニティ（特定のテーマでつくられたサイトを通じて交流する集団）に属する人びとの考え方や行動を規定している認識枠組みとなっている．このパラダイムを構成する基本的価値は，①誰でも自由に参加・利用できるという外部に対する開放性，②他者と連携・連結し情報・知識・ノウハウを共有し共創する相互依存性，③自由な行動と寛容の精神が生む活動の多様性，である．

(5) 地球市民としてのグローバル企業——企業価値創造と社会貢献の実現

　グローバリゼーションの激流は現在世界の多くの企業を地球規模の競争，グローバル競争に巻き込んでいる．グローバル企業はこの競争に勝ち残るために，① 世界規模の効率性，② 現地適応性，③ グローバル学習の同時達成による競争優位を確立しようとしている．しかし現代社会におけるグローバル企業は従来のように資本の論理に従ってグローバル競争に勝利し株主価値を増大させるだけではその役割を果たすことができなくなりつつある．収益性に加え環境，雇用，人権にも十分配慮した経営が求められている．

　たとえば2001年に国際標準化機構（ISO）が「企業の社会的責任（CSR）」の規格化の検討に着手し，EUや日本政府もそれに追随している．グローバル企業は単なる営利組織ではなく地球市民としての企業活動が求められているのである．それは企業価値の創造と社会貢献を同時に実現することである．

　企業価値は，① 株主価値，② 顧客価値，③ 従業員価値から構成される．この3つはそれぞれ独立した要素ではなく相互に関連している．顧客価値とは，顧客が企業の提供する製品・サービスによって得られる満足であり，従業員価値とは，企業への貢献の対価として受け取る金銭的報酬，自己実現機会，職場環境，などによって得られる満足である．

　これらの価値を創造するための基本原則は，① 投資効率，② 透明性，③ 説明責任である．財務的基準は，売上規模や成長率ではなく資本コストを上回る利益率に置く．社内外に情報を開示し経営の透明性を高める．企業倫理を遵守し経営上の問題や不祥事などの結果に対して説明責任を果たす．これらの経営成果が企業価値の創造でありそれを長期に渡って実現することで，企業は，社会からの信頼というみえざる資産を築くことができる（大野, 2003）．

　社会貢献は，グローカル経営の基本理念「グローバルに考え，ローカルに行動する」に示されているように，上記の企業価値創造の経営とともに世界各地の地域住民の生活の質の向上や，NPOをはじめとする市民活動への支援など，

企業が立地する地域社会の発展に対して価値を提供することである．

以上述べてきた地球市民としてのグローバル企業やこれまで議論してきた，①多様性のマネジメント，②「個」のマネジメント，③コミュニティのマネジメントから導き出される新しい企業モデルの根底にあるのは，「人間の論理」の重視である．それは組織が個人を主導する関係から，個人が組織を主導する関係への転換である．主人公は個人であり，組織は個人にとって本来人間に備わっている高次元の欲求である自己実現を達成するための舞台となるのである．

そこでは個人が率先して問題を発見し，解決方法を考え，意思決定し，具体的行動によって問題を解決する．多くの場合，個人はその過程で他者と交流し知識やスキルを共有し，他者と協調して問題解決にあたる．この行動によってそれぞれの個人が学習し知識・スキルが高まり自己の成長・革新へとつながる．

この個人の循環的な学習プロセスが組織内で継続するための基本的条件は，①組織が個人を惹き付け動機づけることが可能な価値ある目的をもつこと，②組織が個人から信頼されるような環境やしくみを提供する場になることである．前者は組織の価値観の内容の問題であり，後者は場の開放性と透明性，経営管理者の意思決定の公正さと公平さの問題である．

以上の議論を総合すると現在のグローバル企業の課題は学習を促進する企業

☕ **グローカル**

「グローカル（global-local）」という言葉は，1980年代から一部の国際企業の現場で広まっていた「グローバルに考え，ローカルに行動する」という考え方から生まれた日本製の造語である．そこでグローバル統合と現地適応を同時に達成する経営を「グローカル経営」とよぶのである．しかし，ひとつの企業内で統合と分化という，相反する経営行為をどのようにして同時に実現するのか，またそれらを最適な割合で組み合わせ均衡させるためには世界的に分散配置する諸活動・諸資源をどのように連携・連結させるのがよいのか，さらにイノベーションを促進するために拠点間で情報・知識・ノウハウなどをどのように移転させ共有・結合・創造すればよいのかなど，その実践的課題は大きい．

文化,学習文化をどう構築するかということに集約される.それはヒトが焦点となるので組織構造や経営システムの変革だけでは容易に解決することができない.グローバル企業には,国境や異文化の壁を越えてヒトとヒトの絆をどのようにして築き維持するかという本質的な人間の問題が潜んでいるのである.

(大野和巳)

第2節　現代マーケティングのグローバル化の潮流──顧客価値の実現

(1) わが国の企業を取り巻く環境変化

　企業を取り巻く環境の変化は,ビジネス・システムを大きく変革する引き金になっている.リストラの推進,IT革新によるダウンサイジングとコミュニケーションのスピード化,輸出先としての中国市場の急速な拡大など変革を駆動する要素は多様である.こうした環境の変化の中で,マーケティングにも大きな変化が求められるようになった.そのひとつは,関係性マーケティングという1回ごとの市場取引とは対極に位置するパラダイムへの注目であり,もうひとつは,顧客間のコミュニケーションが創り出す口コミに代表される新たなマーケット創出のメカニズムである.その結果,従来のマス・マーケティングが対象としていたマス・マーケットに代わって,ニッチ・マーケットが重視されるようになってきている.さらに,こうした動向に加えて,グローバリゼーションの動きも加速度的に進展している.その一方で,企業や政府の失敗から,新たなマーケットも生まれ,社会的な課題に関心をもつ企業のみならず,非営利組織やボランティアが活躍の場を拡げている.

(2) 流通システムの新たな視点としての関係性マーケティングの枠組み

① 流通システム

　近年の流通システムにおいては，関係性マーケティングというマーケティングの考え方が活用されている．関係性マーケティングでは，顧客満足の向上に資する要素として，従業員満足度の向上を通じて展開されるインターナル・マーケティングという考え方が登場した．たとえば，チェーンストア協会において筆者が実施した調査[1]から，次のような点が明らかになった．すなわち，急激な市場の変化の中で人事のしくみが大きくかわらざるをえない状況では，仕事そのものに納得性と充実感をともなうしくみを考えることで，従業員のやる気が引き出され，それによってより顧客に対して敏感で柔軟な組織を形成できる．つまり，従業員の職務満足度の向上は，動機づけ要因としての影響力が大きく，それが顧客満足にも貢献するのである．顧客満足のあり方も，単に「モノ」としてだけの商品の取引から，情報やサービスに重点を置いたより長期的でインタラクティブな考え方に変わりつつある．長期的な顧客との関係は，従来は，産業財のマーケティングの基本として扱われてきたものである．近年は，この考え方が消費財のマーケティングに応用されるようになり，さまざまなステイクホルダー（顧客，サプライヤー，紹介者，リクルート，従業員，流通業者（委託者），影響者（金融や証券アナリスト））とのパートナーシップが重視されている．とりわけ，IT革新やコミュニケーションのスピード向上によって，ワン・トゥ・ワン・マーケティングという一企業対一顧客という関係性も形成され始めている．

　企業間の関係についてみると，花王とジャスコの間では，製販同盟が構築され，顧客情報に基づく製品改良や製品開発が行なわれ，その一方で，物流のしくみにも大きな改革が行なわれた．製販同盟は，アメリカではすでに1980年代後半から，P&Gとウォルマートとの間で行なわれていた取り組みである．この活動によって企業間が「信頼」関係に基づいて，より親密な関係を形成していくことで，従来の敵対的で競争的なコンフリクト（conflict）の状態から，

協調的でかつ適度の緊張感をもったコンフリクトの関係が形成されている．以下の4つの段階は，流通システムにおける顧客満足の形成メカニズムを示している．

　第1段階……顧客満足を追求しようとする個別企業（製造業者，卸売業者，小売業者）において，顧客との接点にある従業員が，インタラクションの中で顧客とさまざまな関係を形成し，それを保持し続けながら，より多くのニーズに対応できるシステムを構築する．

　第2段階……より高い顧客満足が要求されるようになると，関係企業との間でパートナーシップを組み，相互にベネフィットを追求していくという形を考えるようになる．

　第3段階……第2と第3段階は，実際には表裏一体の関係にある．目標は，コスト削減と満足の追求である．つまり，相反する目標を同時に達成していくためには，流通システム内部でのコミュニケーションが円滑に行なわれ，ロジスティクス分野での重複を避け，顧客とのインタラクションによって製品開発を行ない，相互に納得のできる適正価格を設定していくことが求められる．そこで，関係性マーケティングに基づいた流通システムの戦略として，ロジスティクス戦略を発展させたサプライ・チェーン・マネジメントを実施することになる．つまり，サプライヤーの立場から顧客への商品・取引・情報の一連の流れを情報・通信の最新のテクノロジーによってコントロールするのである．さらに，この関係性を現実のものとするべく活用されるようになったのが，既存の流通業者以外の第三者に物流業務をアウトソーシングしようとするサード・パーティ・ロジスティクスである．

　第4段階……社会的な課題に取り組むために，顧客と協力して社会とインタラクトするにはどのように行動すべきかを検討する．

　②　関係性マーケティングのインターフェイスとしての営業戦略の役割

　営業戦略の目標は起業家型管理者の育成であり，具体的には，営業担当者への戦略思考プロセスを形成し戦略思考型の営業マンを育成し，自ら顧客開拓し，前述の幅広いステイクホルダーとの関係作りのできる人材育成を図ることである．

営業戦略の役割としては，営業の体制づくり，営業スタイル・方法の構築，顧客分析の徹底と顧客に対するソリューション（solution，問題の発見と解決）の提供である．顧客と企業の双方または一方がニーズや問題を熟知している場合には，従来の刺激・反応型の営業の多頻度の訪問や熱心さ，信頼を裏切らないといった「行動型営業」が売上増につながる．また，同様に，「提案型」や「奉仕型」の営業もある．一方，双方が問題も解決策も未知の状況では，顧客と企業間の関係性を元に「ワークショップ型」によるソリューションを生み出す「場」が必要になる．

また，営業の支援策としては，コールセンター，つまり，お問い合わせ窓口業務にITを活用して効率化を図ることや，SFA（Sales Force Automation）を導入し，営業担当者間での情報共有を図ることなどがあげられよう．

③ インターネットの普及と口コミを活用したマーケティング

企業対企業（B to B），企業対顧客（B to C），顧客対顧客（C to C）といった関係は，インターネットの普及によって，より具体的な成果をもたらしている．中でも，C to C は，製品や企業に対する口コミや問題指摘が顧客の抱える問題点の発見に貢献する関係といえよう．

(3) **ブランド戦略と顧客価値**

ブランド戦略は，社名などで表されたコーポレート・ブランドとその括りの中にある個別の商品もしくは商品カテゴリーを包括するサブブランドから構成される．ブランド戦略の基本は，顧客に対して価値を提示することであり，そのためのコンセプトづくりとコミュニケーションが欠かせない．近年は，自社のもつ経営資源の精査に基づいて，マーケティング戦略形成のプロセスを，ブランド戦略を中心として再編集するようになってきている．

(4) **マーケティングのグローバル化**[2]

企業活動のグローバル化が進展するにつれて，ブランド戦略やロジスティク

ス戦略もおのずとグローバル化を展開することになる．その際，進出先の国のマーケットのニーズへの適応化を図るにせよ，世界共通の商品やサービスを提供する標準化で臨むにせよ，強力なブランドを確立しようとするグローバル・ブランド・リーダーシップが必要になる．アーカーは，国を超えたブランドへの洞察とベストプラクティスの共有，進出国間で共通するグローバル・ブランド・プランニングの実行，シナジー効果の醸成と地域格差是正のための管理責任の明示，優れたブランド構築プログラムの実践を課題としてあげている[3]．

　グローバル・ロジスティクスについては，調達物流，域内物流，販売物流のいずれにおいても，情報システムの確立を基礎に，国際物流調達拠点や国際複合一貫輸送体制が整備されている．これに加えて，研究開発，製品開発や生産をもグローバル化し，最適な開発・生産・販売のできる体制づくりが進められている．

(5) 社会志向性マーケティングの視点

　コミュニティの活性化や再生は，NPOをはじめとし，ボランタリー・セクター（Voluntary Sector：以下，VS）として位置づけられる市民や行政に加え，社会志向性を備えた企業によっても取り組まれるべき課題である．このVSで，NPOやコミュニティ・ビジネスの設立の中心となって活躍する人びとを社会起業家（Social Entrepreneur：以下，SE）とよぶ[4]．

　SEには，社会的課題の解決に対するビジョンとリーダーシップと強い意志が必要になり，営利起業家の「10のやるべきこと」で取り上げられている，①夢，②判断力，③実行力，④決意，⑤献身，⑥思い入れ，⑦ディテール，⑧目標は，そのままSEにも当てはまると考えられる[5]．また，SEには，社会的な生産性の向上のためには，明確なミッションの設定に基づいて，時には自ら課したタスク以上の成果を追求する役割がある．

　SEは，「①規制によって参入できなかった，②従来の公的サービスが当たり前のものとして受け止められてきた，③ビジネスが扱うにはあまりにも市

場が小さく，利潤機会が少なかった領域」を社会的なマーケティング活動の対象として取り上げることができる．

(6) マーケティング活動の今後の課題

本節で述べたマーケティングの新しい側面に加えて，広告戦略では統合型のマーケティング・コミュニケーションが，サービス戦略でも統合型のサービス・マネジメントが重視され，トータルなマーケティングの取り組みが必要になってきている．また，これからの企業は，よりミニマムへと縮減していくニッチ・マーケットを正確かつ迅速にとらえ，顧客価値を明示し，それを拡張していけるかが成長の鍵を握っているといえよう．

（佐々木茂）

第3節　国際財務――為替リスク要因と資産評価

(1) 国際財務の現状

経営行動のグローバル化進展にともない，投資意思決定における国際分散化も加速してきている．すなわち，投資ポートフォリオのグローバル化拡大である．このような動向がもたらす，資産評価モデルへの影響は何かについて，① 有効フロンティアの拡大，② 為替リスク，の要因についてつぎにみてみる．

① 有効フロンティアの拡大

投資ポートフォリオ収益率の期待値とリスク（以下期待値，リスクと表現）との2パラメータで投資行動を評価するモデルに基づいた国際分散化投資効果に関して，一般的にいえることは有効フロンティアの左上部へのシフトである．

期待値はポートフォリオに組み込まれる各資産の期待値の加重平均によって測定されるが，リスクは各資産のリスク要因だけではなく，各資産間での共分散にも影響を受ける．共分散の大きさは，各資産間における関連性によって決

まる．

　投資のグローバル化により共分散の大きさを，より減少できるとすれば，すなわち組み込まれる資産間の関連性に，より大きな負の傾向があるとすれば有効フロンティアは左上部にシフトすることになる．これが実現されれば同じリスクでもグローバル化が進展するにしたがって，より高い期待値が実現できることになる．[10]

　② 為替リスクの影響

　グローバル化が進展しても評価モデルの基本構造を変えることなく投資効果を測定でき意思決定に活用できることがわかった．ただしそれは為替リスクを考慮しない仮定での結論である．

　為替リスクを大別すると，(A)投資回収後の決済における為替変動にともなうリスクと，(B)為替変動によって国内経済全体の構造が脆弱となり企業の国際競合力が低下しそれによって投資行動が制約を受けるリスクとになる．[11]

　2パラメータ評価モデルにおいては個々の資産に固有なリスクはポートフォリオを拡大することによって除去できると考えている．したがってこのモデルでは，投資資産の評価において重要となる要因はポートフォリオの期待値と市場ポートフォリオとの共分散（関連性）であると考えている．

　市場ポートフォリオをマクロ・インデックスモデル[12]にしたがって置きかえてみると，先に定義した為替リスクの(B)に関しては，経済マクロ指標を見直す必要は生じるかも知れないが，評価モデルの基本構造を見直す必要は発生しないと思われる．

　為替リスクの(A)に関しては，市場要因と固有要因との両者の性質をもっているといえる．

　　Y：投資結果の期末価値

　　S_j：株式の市場価値

　　B_j：社債の市場価値

　　W：ポートフォリオ（総投資額）（$W = \Sigma[S_j + B_j]$）

第11章　新潮流(4)　グローバル化の本質と展望

Rj：株式投資収益率

Rf：社債投資収益率

Re：為替変動率

γj：為替変動調整後の株式投資収益率（$\gamma j = Rj - Re$）

γb：為替変動調整後の社債投資収益率（$\gamma b = Rf - Re$）

為替変動を加味した2パラメータ評価モデルを展開すると，投資結果の評価は次のようになる．

$$Y = \Sigma Sj(1+\gamma j) + \Sigma Bj(1+\gamma b)$$
$$= \Sigma Sj(1+Rj-Re) + (W-\Sigma Sj)(1+Rf-Re)$$
$$= W(1+Rf-Re) + \Sigma Sj(Rj-Rf) \qquad ①$$

投資結果の評価においては，2次効用関数が成立していると仮定すると

$$E[U(Y)] = E(Y) - C\{V(Y) + [E(Y)]^2\} \qquad ②\ ^{13)}$$

となり，①式と②式から

$$E(Y) = W[1+Rf-E(Re)] + \Sigma Sj[E(Rj)-Rf] \qquad ③$$

$$V(Y) = W^2 V(Re) + \Sigma\Sigma Sj Sk COV(Rj,Rk) - 2W\Sigma Sj COV(Rj,Re) \qquad ④$$

を導くことができ，投資結果の期待値とリスクをあらわすことになる．この展開から，投資結果に対する効用最大化条件のもとでの資産評価モデルを導き出すことができる．

$$[E(Rj)-Rf]\left[\frac{1}{2C} - E(Y)\right] = \Sigma Sk COV(Rj,Rk) - W COV(Rj,Re) \qquad ⑤$$

この⑤式をすべての投資者に関して集計すると

$$[E(Rj)-Rf]\left[\Sigma\frac{1}{2C} - \Sigma E(Y)\right] = \Sigma\Sigma Sk COV(Rj,Rk) - \Sigma W COV(Rj,Re) \qquad ⑥$$

となり，この⑥式をもとにして期待値を導き出すと

$$E(Rj) = Rf + \frac{SCOV(Rj,Rm) - WCOV(Rj,Re)}{Z} \qquad ⑦$$

ただし　は市場ポートフォリオの投資収益率

$$Z = \Sigma \frac{1}{2C} - \Sigma E(Y)$$

となる．この⑦式が為替リスク要因を加味した資産評価モデルを示している．⑦式第2項はZ分のリスク・プレミアムと共分散（分子）によって測定されるリスクをあらわしていることがわかる．

この共分散を構成している要素であるが，$SCOV(Rj, Rm)$ は株式の投資収益率と市場ポートフォリオの投資収益率との共分散であるので，為替リスク要因を加味していない資産評価モデルそのものである．

しかし，もう一方の $WCOV(Rj, Re)$ は株式投資収益率と為替変動率との共分散であるので，この要素の大きさによっては投資収益率に対する評価が大きく変わることがわかる．

(2) 評価モデル再構築の方向性

企業行動のグローバル化，中でもとくに投資行動のグローバル化に焦点をあて，投資資産評価モデルの理論的再検討を行なった．

従来の評価モデルの基本構造を変化させることなく，投資機会の拡大，有効フロンティアのシフトを盛り込むことができるモデルであることが確認された．

また，株式投資収益率と為替変動率との共分散が評価に大きな影響を与えることがわかった．投資のグローバル化の中で，投資効率を高めるためにはこの共分散値を減少させる意思決定が重要となる．たとえば，金利スワップや通貨スワップが有効な手段として考えられる．

これらの要素を加味したモデルの検討と実証分析が今後の課題である．

（樋口和彦）

第4節　グローバルスタンダードとしての国際会計基準

(1) グローバル化と会計

① 経済のグローバル化と国際会計

　グローバルなマーケットで活動する企業にとっては，企業自身の財務状況や経営状況を正確かつ迅速に把握できなければ，経営そのものを脅かす事態が生じかねず，資金調達や運用などについてもそれぞれの目的に適合する確かな情報が求められる．国境を越えた取引が活発になっていけば，国家間の制度や基準が著しく異なる場合には，企業の活動や資本の移動などに支障が生じ，制度間の調整の必要が生じる．こうした状況への対応としては，相互承認といった一国が他国に一定の待遇を与えればそれと同等の待遇を与えるといった制度の変更をともなわない消極的調整が行なわれる場合が多いが，それではこの問題の本質的な解決とならない．

② 調和化・標準化・統一化

　調和化においては，異なる会計処理と報告方法に差異を容認しながら形式面で調整をはかることになる．つまり，代替的方法の選択を認めて各国の会計基準を調整していく形である．これに対し，標準化は原則的方法と代替的方法の適用により各国の会計基準を調整しようとするものであり，調和化より高いレベルとなる．さらにこれを狭めたものが単一方法の強制適用を行なう統一化である．

　世界単一市場が形成され発展してきた場合には，国際社会で共通する明瞭なルールや基準といったものが段階的にどうしても必要となる．会計もその例外ではなく，国際的に共通する基準設定の必要性が強く叫ばれ，各国の会計基準の国際的調和化から標準化のレベルに引き上げられていったのである．

　各国は独自の発展とそれに即した会計原則や会計基準を育んできた．しかし，それをそのまま維持し続けることは，世界市場におけるある種の障害を意識的

に抱え続けることとなるので,その解消は結果として世界共通の会計基準である国際会計基準(International Accounting Standards, IAS)設定へと向かうことになる.

(2) 国際会計基準設定の歩み

① 国際会計基準委員会とコア・スタンダード

会計における国際標準いわゆる国際会計基準という企業財務の世界統一基準での測定に関する要請は,各国の市場関係者や会計士をはじめとした実務家によるところが大きい.

事実,1973年に国際会計基準委員会(International Accounting Standards Committee, IASC)が9カ国(アメリカ,イギリス,オーストラリア,カナダ,フランス,ドイツ,日本,メキシコ,オランダ)の職業会計士団体によって設立されている.その後,IASCはIASの設定を行なっていくが,国際的調和は遅々として進まずにいた.IASの状況が大きく変化したのは,証券監督者国際機構(International Organization of Securities Commission, IOSCO)が1987年からIASCの諮問グループとして参加し,コア・スタンダーズ(core standards)ができることを条件としてIASCの支持を表明したことによる.

IOSCOは,各国の証券市場監督機関の集まりであり,これによりIASCは,各国の規制当局という強力な後ろ盾を得て,1989年には財務諸表間の比較可能性を高める目的で公開草案E32「財務諸表の比較可能性」を公表し,さらに理論的に首尾一貫した会計基準の設定を進めるために「財務諸表の作成表示に関する枠組み」を公表した.そして最終的に1999年にコア・スタンダードが完成したのである.これは,2000年5月にIOSCOに承認された.

② グローバル・スタンダードとしてのIASの特徴

IASが適用されることにより,どのようなメリットが生じるかを確認すれば,まず財務諸表の利用者側からすれば,統一化・標準化により比較可能性が高まり,意思決定における有用性が高まる点である.また,財務諸表の作成者

側からは，同じ基準で作成することにより他の基準でも作成する必要性がなくなり，手間やコストが削減できる．

しかしながら，統一された基準にはデメリットも存在する．たとえば，IAS はこれまでの経緯からみても多数決により英米主導で作成されてきており，この点から必然的に英米の会計制度の優位性が維持され，日本を含めた関係諸国の実情に沿った基準とはなり得ない可能性をはらんでいることである．この意味で IAS は外生的基準であるため，これがそのまま国内基準として機能すれば，多大な影響を受けることは免れないであろう．また，IAS が主に国際資本市場における投資家の意思決定に有用な情報の提供を目的とする点から，事前の資源配分を有効にするためのもので事後の資源配分にほとんど注意が払われていないため，これを適切に行なうことが困難となりかねない．

(3) 国際統合が進む会計基準

① IASB と IOSCO

IASC は，前述のとおり，当初，職業会計士団体によって設立された組織であり，そこで策定される基準がたとえ国際的にみて正当であるとしても各国固有の制度との関わりから，その歩みは遅く，IOSCO の支持を得てようやく基準設定を加速化することが可能となった．[14]

しかし，それは逆に IOSCO という組織の影響力を強く受けることになる．また，IASC における IAS の基本的な素案は，JWG（Joint Working Group：共同作業部会：アメリカ，イギリス，カナダ，オーストラリア，ニュージーランド，ドイツ，フランス，ノルウェー，日本の9カ国）が作成する国際的統一会計基準の草案であり，この構成メンバーをみてもすでに草案の段階から英米型の会計基準となる要素を十分有していた．また，JWG が検討する草案もG4+1 という旧英連邦諸国で構成される組織から公表される特別報告書等に基づいており，結局のところ，英米系の諸国がリーダーシップを握る構図となっていた．

IASC における IOSCO の影響力は，2000 年には IASC の組織改正におよび，

当初，民間国際組織にすぎなかったわけだが，2001年1月には各国の会計基準設定機関の代表により構成される国際会計基準審議会（International Accounting Standards Boad, IASB）へと変化していった．IASの設定方法をみると米国財務会計基準審議会（Financial Accounting Standards Boad, FASB）の設定した会計基準をSECが承認するといった方法に酷似しており，こうした会計規制をIOSCOは，IASBに持ち込み国際的に採用したといってよいであろう．

② 調和化と収斂

IASBの示す目的には，「収斂（convergence）」という概念が出てくる．これは，IASCが目指していた「調和化（harmonization）」とは大きく異なり，まさに単一の基準による会計基準の世界標準化を目指すものといえよう．IASBは，審議会の構成メンバーのうち7カ国をリエゾン国とし，各国に国際会計基準との統合に向けて共同歩調をとるよう要求している．つまり，IASBの検討事項については同時並行的に各国でも検討し，国際会計基準が確定する場合，リエゾン国はそれに従うかたちになる．

2000年6月には，欧州委員会（European Commission）が2005年からEU加盟国の全上場企業にIASの採用を義務づけたり，2002年9月にはIASBとFASBの共同会議により国際会計基準と米国基準との統合化を目指すことになった（ノーウォーク合意）．これにより統合化の動きはさらに加速されていくこととなった．

また注目すべきは，審議会の構成メンバーの状況である．IASBのいずれの組織においても英米主導の構造が組み込まれている状態であるため，IASCからIASBへの組織権限の強化と質的変化は，今後のIAS改訂により設定される国際財務報告基準（International Financial Reporting Standards, IFRS）により強く英米色が出てくる可能性を予感させるものである．

（篠原　淳）

注

1）佐々木茂『流通システム論の新視点―トータル流通システムの構築に関する研究』ぎょうせい　2003 年　pp. 149-193
2）グローバル・マーケティングについては，以下の章で詳しく説明している．佐々木茂「国際化のなかの企業組織」石川晃弘編『変わる組織と職業生活』学文社　1999 年　pp. 51-68
3）アーカー，D. とヨアヒムスターラー E. 著，阿久津聡訳『ブランド・リーダーシップ』ダイヤモンド社　2000 年　pp. 398-399
4）佐々木茂「社会志向性マーケティングの位置づけ」『高崎経済大学産業研究所紀要』39 (2)　2004 年　pp. 33-48
5）バイグレイブ，W. D. 著，千本倖生・バブソン起業家研究会訳『MBA 起業家育成』学習研究社　1996 年　p. 19
6）金子郁容・松岡正剛・下河辺淳『ボランタリー経済の誕生』実業之日本社　1998 年　pp. 80-82
7）統合型マーケティング・コミュニケーションとは，企業が発信する情報に顧客が反応するだけではなく，顧客から企業もしくは情報源にアクセスされた場合の情報提供をも統括したコミュニケーション活動を指している．
8）ラブロック，C. H. とライト，L. K. 著，小宮路雅博監訳『サービス・マーケティング原理』白桃書房　2002 年　p. 23 によれば，統合型のサービス・マネジメントとは，マーケティング，オペレーション，人的資源活動の 3 者の総合的計画を立て，実行することを指している．
9）関連性測定は各資産投資収益率の標準化変量の積に基づいて計算される．そのときに単純に任意の 2 つの資産間での関連性をもとにする考えと，他の資産の影響を一定と仮定場合の 2 つの資産間での関連性をもとにする考えがあり，モデル構築上の課題である．
10）共分散減少に関する実証研究は，大和正典『国際分散証券投資』有斐閣　1987 年　p. 73．依田孝昭・伊藤公一『外資のアセットマネジメント』日経 PB　2001 年　pp. 279-280 などを参照．
11）投資行動における為替リスクの定義に関しては，新井富雄・渡辺茂・太田智之『資本市場とコーポレート・ファイナンス』中央経済社　1999 年　pp. 286-294 などを参照．
12）インデックス・モデルに関しては Sharpe, W. F, *Portfolio Theory and Capital Markets,* McGraw-Hill, 1970. Sharpe, W. F and Alexander, G. J., *Investments,* Prentice-Hall, 1990. Sharpe, W. F, "Asset Allocation : Management Style and

Performance Measurement," *Journal Portfolio Management,* Winter, 1992 を参照.

13) U(Y)＝Y－CY² U(Y)＝1－2CY ただし，C＞0
14) 角田伸宏「IOS ⑦ における国際会計基準に係る議論の概要」『LOFRI ジャーナル』13 号　1993 年 12 月，pp. 49-52

参考文献

大野和巳「国際企業文化」根本孝・茂垣広志・池田芳彦編『国際経営を学ぶ人のために』世界思想社　2001 年

大野和巳「グローバル・スタンダード経営」藤芳研究室編『ビジョナリー経営学』学文社　2003 年

國領二郎『オープン・アーキテクチャ戦略：ネットワーク時代の協働モデル』ダイヤモンド社　1999 年

根本孝編『グローカル経営』同文舘　2004 年

根本孝・諸上茂登編『グローバル経営の調整メカニズム』文眞堂　1996 年

茂垣広志『グローバル戦略経営』学文社　2001 年

Adler, N. J., *International Dimensions of Organizational Behavior,* 2 nd ed., PWS-KENT Pub. Co., 1991. (江夏健一・桑名義晴監訳『異文化組織のマネジメント』セントラル・プレス　1996 年)

Bartlett, C. A. and Ghoshal, S., *Managing Across Borders : The Transnational Solution,* Harvard Business School Press, 1989. (吉原英樹訳『地球市場時代の企業戦略』日本経済新聞社　1990 年)

Bartlett, C. A. and Ghoshal, S., *The Individualized Corporation,* HarperCollins, Publishers, Inc., 1997. (グロービス・マンジメント・インスティテュート訳『個を活かす企業：自己変革を続ける組織の条件』ダイヤモンド　1999 年)

Hampden-Turner, C. and Trompenaars, F., *Building Cross-Cultural Competence : How to create wealth from conflicting values,* John Wiley & Sons, Ltd., 2000.

Hofstede, G., *Cultures and Organizations : Software of the mind,* McGraw-Hill International (UK) Limited., 1991. (岩井紀子・岩井八郎訳『多文化世界：違いを学び共存への道を探る』有斐閣　1995 年)

Porter, M. E., *Competition in Global Industries,* Harvard Business School Press, 1986. (土枝坤他訳『グローバル企業の競争戦略』ダイヤモンド社　1989 年)

Senge, P. M., *Fifth Discipline : The art and practice of the learning organization,*

Currency and Dubleday, 1990.（守部信之訳『最強組織の法則：新時代のチームワークとは何か』徳間書店　1995年）

浅野幸弘・宮脇卓『資産運用の理論と実際』中央経済社　1999年

新井富雄・渡辺茂・太田智之『資本市場とコーポレート・ファイナンス』中央経済社　1999年

大和正典『国際分散証券投資』有斐閣　1987年

杉本浩一・三木勝信『通貨スワップ』金融財政事情研究会　1995年

田尾啓一『デリバティブと金融技術革新』中央経済社　2001年

村井睦男・宇野治・田沼利行『国際財務時代の新戦略』日本経済新聞社　1986年

依田孝昭・伊藤公一『外資のアセットマネジメント』日経PB　2001年

Sharpe, W. F., *Portfolio Theory and Capital Markets,* McGraw-Hill, 1970.

Sharpe, W. F. and Alexander, G. J., *Investments,* Prentice-Hall 1990

Sharpe, W. F., Asset Allocation : Management Style and Performance Measurement, *Journal Portfolio Management,* Winter, 1992.

徳賀芳弘『国際会計論』中央経済社　2000年

神戸大学IASプロジェクト・朝日監査法人IASプロジェクト編著『国際会計基準と日本の会計実務』同文舘　2001年

岩崎勇『国際会計基準―日本的経営へのインパクト―』一橋出版　2001年

小栗崇資・熊谷重勝・陣内良昭・村井秀樹編著『国際会計基準を考える―変わる会計と経済―』大月書店　2003年

佐藤信彦編著『国際会計基準制度化論』白桃書房　2003年

山田辰巳「IASBとFASBのノーウォク合意」

第12章
新潮流 (5) 企業の活性化と人的資源管理

第1節　企業の活性化の意義

　わが国における企業ないし管理の活性化の議論は1970年代初期にさかのぼり，もっとも盛んな時代は1980年代と考えられる．

　活性化の議論の背景には，①産業の構造的転換が進行し従来の企業活動にかげりがみえるなど，産業構造の変化により企業の方針に変革が必要なとき，②経済が長期間低迷し経営活動の先行きが不透明であり，新たな経営システムを模索しているとき，③行政も企業も改革を緊急課題として議論しているときなどをあげることができる．

　さて，活性化議論が管理の対象としてなりえる論拠のひとつは，管理の担手である管理者の機能をいかに革新的・有効的に遂行するかという管理者機能に関わっていることである．それは本章でとりあげる管理者の経営教育や人材開発が重要な影響を及ぼすものと理解している．

　さて，活性（化）およびそれに類似する語句に「活力」があり，ここでは活性化の内容をより正確に理解するため，予備的考察として国語的字語解釈をしてみたい．

　活性化（activation）とはもともと化学および自然科学用語として使用されてきており，「(理) 化学的な活発な性質をもつこと，また，その性質．原子や分子が他の原子・分子・放射線などからエネルギーを受けとって化学反応をおこしやすくなっていること」「物質のある機能が活発になること」「原子，分子，

第12章 新潮流 (5) 企業の活性化と人的資源管理

イオンなどが光やその他のエネルギーを吸収して化学反応を起こしやすい状態になること」などがある。これらを「企業の活性化」に相応させてみると，「さまざまなエネルギー（経営活力）が相互に作用し合い，経営力を高め，企業行動が最終目標としている存続・成長に対し活発化している状態」，このように理解することができる。

したがって，「活性化」は人的資源の活動に限定している語句であり，「活力」より狭義で使われているという考え方は妥当性を欠く。むしろ活力ある経営行動を前提として，企業は活性化が計られるという考え方が成り立つため，「活性化」は「活力」より上位概念として取り扱うことが可能である。

一方，活力 (energy, vitality, vital power) とは，「活動のもとになる力，生活の力」「……バイタリティー」「……生気」「……エネルギー」などの意味がある。

また英語では energy であり，vital power (force) であり，vitality（活力・生気）である。時には，ひとつの motivity であるともいえる。「経営活力を経営存在に内在する経営力に活気を入れ，これを高揚させる activator の作用と解し，この経営活力のいかんが現実の経営力発揮の度合いを規定する」という考え方が成り立つ。

山本安次郎は，経営活力には3つの立場で問題にしていると主張する。それは，「経営有機体説――経営活力は生物的，生理的，有機体的な生命力としての vitality と考えている。経営機械説――経営活力は機械的，物理的な機械力，動力としての energy と考える。そして，経営協力体系説――経営活力は，経営に内在し経営を維持し発展させる経営力ないし組織力の中核として作用する activator, motivator と解する」[1]である。

以上の点から活力とは，動的状態の強度をあらわし，それは能力や社会的な力と，働き，生気，努力などによるものと理解できる。

ここで，「活性化」と「活力」とを関連づけてみると，企業とは経済目的および多元的目的達成のための機関であり，絶対的主体（上位主体）である。一

方，活性化は，ある客体（下位主体）の力によって変化する状態をいう．企業（主体）が経営管理（客体）活動によって，その命題である存続・成長が可能であるならば，前提として，企業は常に活性化の状態を維持させるとともに，活性化状態を起こさせる，energy や power すなわち活力＝経営活力の確保が必要になる．いいかえれば企業の活性化は，経営管理の活力を前提としており，企業活性化の原動力になるものが経営活力にほかならないといえよう．

（飫冨順久）

第2節　活性化の諸条件と人的資源の管理

　前述したように，活性化は活力ある経営管理活動が前提であり，また企業が活性化を実現してゆくプロセスで経営活力が問題になる．したがって企業の活性化は成長と連動関係にあり，また経営活力は企業成長の制約条件でもある．

　ここで企業成長に関する諸理論を紹介してみたい．カッペル（Kapple, F. R.）は成長の概念およびその内容を人的活力の確保と革新としてとらえ，その程度の判断は次にあげる7つであると主張する．[2]

① 古い作業方法の墨守—新しい時代が到来したにもかかわらず，人びとが古い作業を固守していること（創意の発揚と革新）．

② 新鮮な目標の欠如—士気を高揚させるような新しい目標を設定して，いかなるタイプの企業であるべきか，業界あるいは経済界全体の中で，いかなる役割を果たすべきか，到来しようとする地位はどのようなものであるかを組織全体に明示する．

③ 内省的思考の不足—企業は活動的思考（日常の諸活動）を必要としつつ，現時の経営活動の適性をめぐる諸問題を追求するための精神活動すなわち内省的思考を重要視しなくてはいけない．

④ 制度主義の弥漫—企業がその構成員から離れたひとつの制度とし存在してはならず，常に従業員に対し創造性をもたせ，従業員の努力をうながす．

⑤ 積極性の消失──企業は堅実で安定していることは将来の約束にはならない．従業員は将来を欲し，機会を求めている，常に創造的で革新的だといわれる企業は積極的経営を心がけている．

⑥ かびのはえた知識の強制──従業員を既成の型の追随者として扱うのではなく，批判や意見具申する者として迎え，管理者たる者は，(イ)企業では新しいアイデアが必要とされ，またそれが歓迎されなければならないということを知らねばならない．(ロ)従業員の生み出す新しいアイデアをどのように処置すべきか，それを訓練と現場教育を通じて会得しなければならず，(ハ)新しいアイデアに対してとる態度が彼の業績についての重要な判定資料となることを理解しておかなければならない．

⑦ 批判に対する抑圧──批判に対する寛容度の低下は企業の成長を減退させてしまう．

以上7点は成長性衰退の兆候といったもので，これを常に念頭におく必要があると主張している．企業成長の理論やその他の諸理論を考慮して，企業活性化の要因を図表12－1のように整理してみた．また図表12－2では日本企業の組織の活性化の内容をあらわしたものである．まず図表12－1における〔A〕－(1)の企業家的経営者と〔B〕－(1)管理者的経営者について，トップ・マネジメント論あるいは一般的経営者能力論の立場からそれぞれの特徴についてふれておきたい．〔A〕－(1)の企業家的経営者とは創業型経営者によくみられる独創的であり個性を強く打ち出し，ときにはワンマン経営といわれているが企業家的機能を大いに発揮しているタイプである．これに対して，〔B〕－(1)管理的経営者の特徴は，天下り的経営者や雇用経営者によくみられる業務執行に対する革新・改革を主眼としており，内部統制型経営者のタイプである．

この両者の違いについて，ペンローズ（Penrose, E. T.）は，「企業者的用役とは，企業の利益のために新しい理念を導入して受け入れること，とくに製品，会社の位置，技術上の重要な変化などに関連して会社の運営に貢献することであり，新しい経営者を獲得すること，会社の管理組織を基本的に改革すること，

資金を集めること,拡張計画をつくりそれに拡張方法の選択までふくめること,などに対する貢献である.……経営者用役はとりもなおさず企業者的着想と提案の執行および現在の運営の監督である[3]」と主張している.

次に図表12－2について,活性化の原点(活性化の原力)は経営者の革新性にあり,活性化の基礎条件には,雇用の安定→意識の共通性・情報の共有性がある.

ここで,重視する点は雇用の安定にみられるように,人的資源にかかわる問題である.安定成長期の人事システムに対して環境の変化が激しい,しかも経済が低迷している時の人事システムには大きな差異がみられる.終身雇用時代は収斂し,能力重視の契約雇用・派遣雇用などが拡大してきている.一方,能力開発や人材教育など確保した人材育成の側面では,わが国の場合,立ち遅れているといえる.

従来までの活性化や活力の議論は経営者・管理者の革新が中心課題であった.したがって,人材に関する諸問題は人事管理や労務管理として取り扱ってきた.しかしながら,あらたな潮流は人材育成や経営教育など個人の創造性や個人の

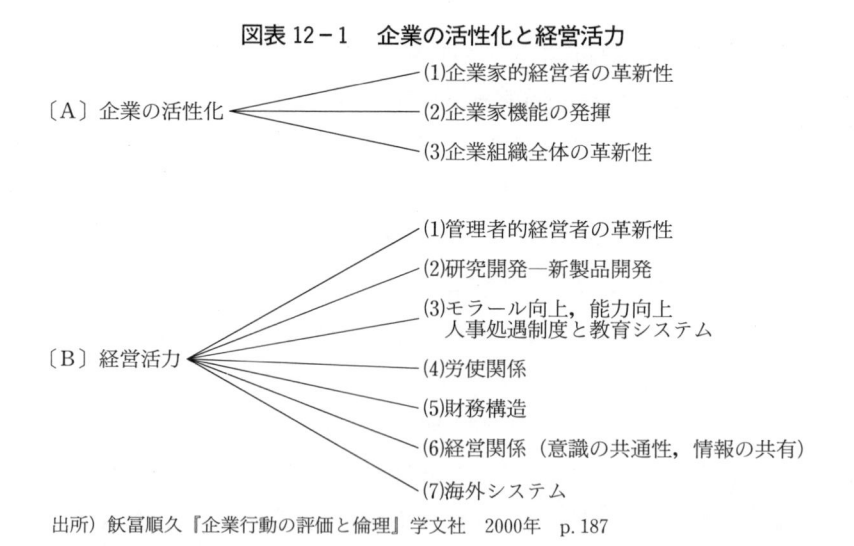

図表12－1　企業の活性化と経営活力

〔A〕企業の活性化
- (1)企業家的経営者の革新性
- (2)企業家機能の発揮
- (3)企業組織全体の革新性

〔B〕経営活力
- (1)管理者的経営者の革新性
- (2)研究開発―新製品開発
- (3)モラール向上,能力向上　人事処遇制度と教育システム
- (4)労使関係
- (5)財務構造
- (6)経営関係(意識の共通性,情報の共有)
- (7)海外システム

出所)　飫冨順久『企業行動の評価と倫理』学文社　2000年　p.187

図表 12-2　日本企業の組織の活性化

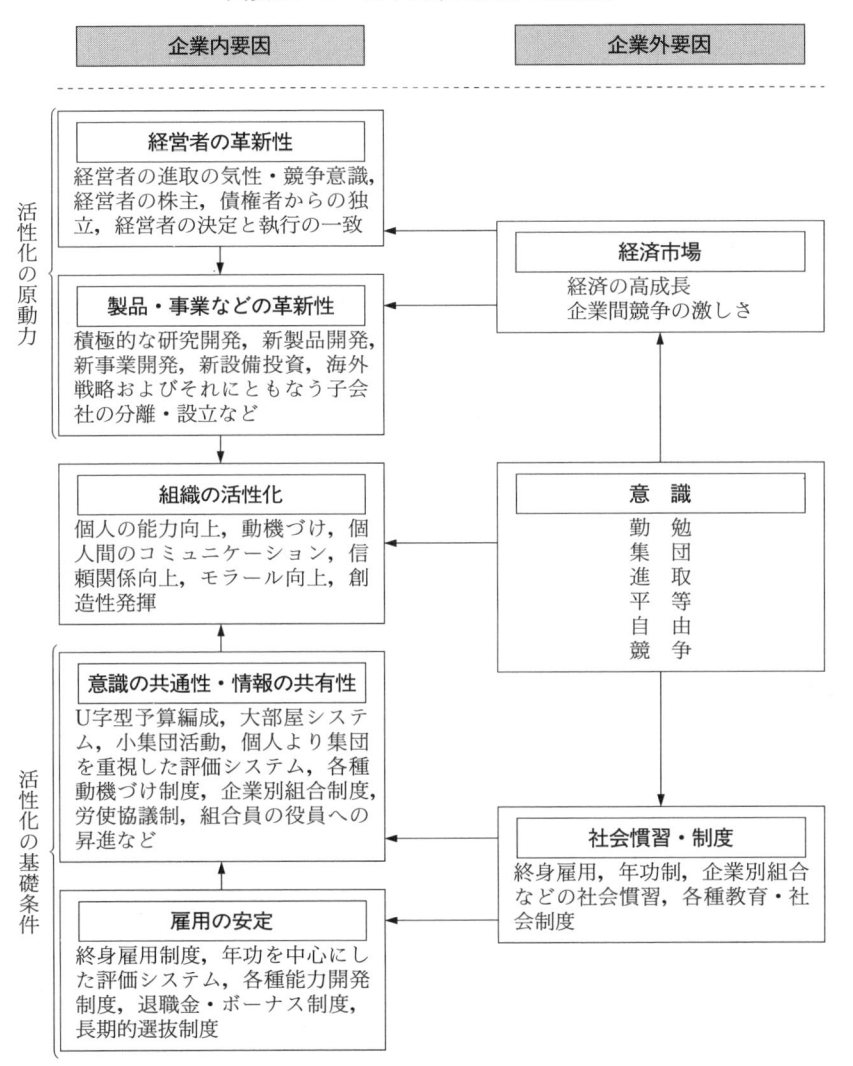

企業内要因

活性化の原動力
- **経営者の革新性**
  経営者の進取の気性・競争意識，経営者の株主，債権者からの独立，経営者の決定と執行の一致
- **製品・事業などの革新性**
  積極的な研究開発，新製品開発，新事業開発，新設備投資，海外戦略およびそれにともなう子会社の分離・設立など
- **組織の活性化**
  個人の能力向上，動機づけ，個人間のコミュニケーション，信頼関係向上，モラール向上，創造性発揮

活性化の基礎条件
- **意識の共通性・情報の共有性**
  U字型予算編成，大部屋システム，小集団活動，個人より集団を重視した評価システム，各種動機づけ制度，企業別組合制度，労使協議制，組合員の役員への昇進など
- **雇用の安定**
  終身雇用制度，年功を中心にした評価システム，各種能力開発制度，退職金・ボーナス制度，長期的選抜制度

企業外要因

- **経済市場**
  経済の高成長
  企業間競争の激しさ
- **意識**
  勤　勉
  集　団
  進　取
  平　等
  自　由
  競　争
- **社会慣習・制度**
  終身雇用，年功制，企業別組合などの社会慣習，各種教育・社会制度

出所）清水龍瑩『企業成長論』中央経済社　1984年　p.159

能力開発にかかわる問題は，活性化・活力の源泉として経営問題の重要な課題のひとつになってきている．

（飯冨順久）

第3節　人的資源管理の概要

(1) 21世紀の人材像

　20世紀末から21世紀初頭にかけて，日本の大企業の経営は大きく変容してきた．経済規制の緩和による世界的大競争，ITの発達と情報のネットワーク化，少子・高齢化，環境問題，中国の躍進，そしてバブル経済崩壊後の経済の低迷などのさまざまな環境の変革によって，従来の日本的経営の機能が大幅に低下してきたことにより，急速に改革を進めてきたからである．経営改革の方向は業種や企業によってさまざまであるが，日本的経営において重要な指標であった効率化が限界に達し，時代や環境の変革を先取しての価値創造によって競争力を構築しようとする知力経営（紺野・野中，1995）の方向が主流になりつつある．他社が容易に模倣・追随できない企業特有の能力であるコア・コンピタンス（core competence）を創造し，市場優位を確保しようとする経営である．コア・コンピタンスは，知識・技術・ノウハウ・特許などの知的財産，ビジネスモデル，ブランド，経営システム，研究開発や情報処理能力，人材，風土など，市場での競争優位を確立する中核能力であるが，これらは競争相手の出現，市場や顧客の変化，技術革新などによって陳腐化していくため，絶えざる知識創造による革新が不可欠である．

　コア・コンピタンスの獲得・開発に向けて資源を集中するため，従来のすべての経営機能の内政化政策から決別し，必要性の薄くなった部門は売却したり，緊急必要なものは吸収・合併をいとわないなどの大胆な戦略の展開が一般化してきた．持ち株会社化，吸収・合併，提携，アウトソーシングなど，経営形

態が柔軟かつ多様化してきている．

　経営改革にともなって，企業が必要とする人材も大きく変容してきた．日本的経営下で求められた人材は，効率化の達成に寄与する人材であり，勤勉でチームワークを重視し，改善・改良に努力する人材であった．改善・改良には，従来の知識・技術の延長線上で創造性の発揮が必要であり，価値観を共有しての集団的活動が効果的であった．しかしながら，新たな価値を先駆的に創造していくためには，高度な専門力の上に従来の枠を越えた優れた革新的創造力 (川端, 2003)，市場で優位を確保するための戦略力，新たな価値創造を推進するプロデュース力，そして高度な経営力などの知力が必要になる．

　日本的経営下においては，終身雇用，年功序列，集団主義を基調とする人事政策を基本とし，学卒者を一括採用して企業内で人材の育成を図ってきた．企業内部のジョブ・ローテーションを中心とするゼネラリスト育成を基本とし，年次主義の階層別研修やOJTを展開しつつ，機会均等の中から素質のある者はおのずと頭角をあらわし，管理者や経営者に昇進していくというシステムであった．このシステムは，勤勉型や調整型の人材を育成するには効果的であったが，知力経営に必要な人材が十分に育つ環境ではなかった．

(2) 戦略的人的資源管理の強化

　① 人材の獲得

　急速な経営改革には，戦略と人材のミスマッチがともなう．知力経営を担う人材が不足する一方で，従来型の人員が過剰になる．そこで，経営戦略を担う人材像を明らかにして，その人材を確保していくという戦略的人的資源管理が重要な課題となる．戦略的人的資源管理発想での人材の獲得，活用は，次のようなプロセスとなろう．

　経営ビジョン・戦略→業務目標・役割・使命→コンピテンシー→人材獲得（採用・開発）→登用・配置→プロセス・成果の評価→賃金・処遇

　すなわち，経営ビジョンや戦略が決定されれば，その遂行のための業務目標

が明確化して職務が決定され，その役割や使命が明らかになる．そこから職務を遂行するための知識・能力・意欲などのコンピテンシー（competency）を探求し，当該コンピテンシーを有する人材を獲得し，登用して処遇していく．

　人材の確保に当たっては，可能であれば，当然，社内人材を活用するが，適材がいない場合は人材を開発するか外部からの獲得が必要になる．内部登用に当たっては，企業側の意思による人事異動だけでなく，個人の意思を尊重して公募制やFA制（free agent system）などによって社内労働市場の形成を図ろうとする傾向があらわれてきている．また外部からの獲得は，ヘッドハンティングや中途採用だけでなく，期間を定めた契約社員，さらには派遣社員の活用など，必要な時に必要な人材を調達するという人的資源管理の強化が図られつつある．

　②　人員の整理

　終身雇用や年功制を基調としてきた日本企業（とくに大企業）は，必要な人材をその都度外部から登用したり，不要になった人員を整理するというシステムではなかった．とりわけ，日本の労働慣行下では，不要になったからといってただちに人員を整理することは，社会的にも判例上でも許されるものではない．判例では，経営採算上の理由によって行なう整理解雇には次の4要件が必要であるとして，それ以外については解雇権の濫用として厳しく戒めている．

- 人員整理の必要性―解雇によらなければもはや経営の継続が困難であること．
- 解雇回避努力―新規採用の停止や早期退職優遇などのさまざまな努力をしてきたこと．
- 整理基準の合理性―どのような者を解雇するかについて客観的合理性があること．
- 労働組合等の協議・説得―誠実に話し合いを続けてきたこと．

　これらの制約は戦略的人的資源管理の自在な展開を阻害するため，雇用調整が容易にできるように正社員を減らして契約社員やパート，アルバイト，派遣

第12章 新潮流 (5) 企業の活性化と人的資源管理

社員などを増やす傾向が強くあらわれ始めているのである．

③ 労働の流動化

戦略的人的資源管理発想の強化は，早期退職の促進や正社員の減少などの現象にみられるように終身雇用を揺るがせるものであり，労働の流動化を促進する大きな要因であるが，一方で，労働者側にも流動化を促す大きな変化が生じてきている．その第1は，価値観の多様化にともなって労働観が多様化し，働きがいや能力の発揮など自我や自己実現欲求の充足を目指して転職する傾向が高まっていること，第2は，フリーターの増大にみられるように，自由を求めて組織の一員になることを忌避する者が出現していること，第3は，会社への忠誠よりも自らの専門性を重視するナレッジ・ワーカーが増大していることであり，レベルの高い知力人材には，この傾向が潜在しているとみなければならない．

④ 人的活力の増大と求心力の確保

労働の流動化が増大する中で，企業は新たな人材活性化策の構築を迫られている．その方策は企業によってさまざまであるが，次のような潮流がみられる．

第1は，人材ビジョンを提示しての人材の採用である．ミスマッチを防ぐために，採用時点から企業と人材のマッチングを図ろうとするものであり，就社から就職の強化でもある．第2は，成果主義の導入・強化である．成果に応じて処遇するものであり，当然のことながら，能力の発揮や自己啓発の強力なインセンティブとなる．第3は，個の重視である．個人主義化の傾向に対応するため，社員各人の意思を尊重し，個人と企業の協議によるキャリアの形成，人事の公募制の導入，権限委譲や目標管理などによる仕事の自由度の拡大，能力・成果主義の強化などである．第4は，キャリア・カウンセリング (career counseling) の強化である．従来の日本型の人事管理が急速に変革され，成果主義によって競争が激化するようになるにつれ，その反動としてチームワークや人間関係の希薄化，競争に劣後してのモラール・ダウン，勝者であっても精神的安定性のゆらぎなど，負の面も拡大してきている．そのため，キャリア・カ

ウンセリングは人事にとっての重要な方策となってきている．

⑤ 人材開発

そして忘れてはならないのは，人材開発をどのように意義づけていくかである．戦略的人的資源管理発想の強化によって，必要な人材は市場から調達すればよいとか，より大きな成果を確保して高い処遇を得るためには自己開発によるべきであるとかの考え方が強まり，人材開発を軽視する傾向が少なからずみられる．このような考え方も成り立つものであるが，人材開発には次のような効用があることに留意すべきであり（川端，2003），けっしておろそかにすべきではない．

- 社員の能力の向上はいつの時代であっても人的活力の増大につながること．
- 企業ごとに蓄積してきた内部特殊能力である暗黙知を中心とする専門性（知識，技術，技能，ノウハウなど）は，企業のコア・コンピタンスとなり得るものが多く，確実に継承していく必要があること．
- 人材開発は企業が人材を重視していることを示すものであり，人的求心力として作用し，転職を防止し新たな人材を誘引すること．
- たとえ転職したとしても魅力的な企業とは関係を継続したいという意思が働き，パートナーとしての外部ネットワークが形成される可能性が大きいこと．

(川端大二)

戦略的人的資源管理（strategic human resource management）

戦略的経営に当たっては，その効果的な遂行のために各種資源を編成していくことになるが，人的資源も戦略に適合して運用していこうとするのが戦略的人的資源管理である．従来の日本的人事管理が，人的資源を固定的にとらえてきたのに対して，人材の出し入れを柔軟かつダイナミックに展開しようとする．人的資源管理は戦略に従うことになるが，人的資源が不足すれば戦略が機能せず，人的資源は戦略を制約することにもなる．

第4節　人材開発の新潮流

(1) 個人と企業の新しい関係

　旧来の経営システムの破壊と創造には，外部労働市場からの人材調達，内外を問わない人材教育機能の活用によって人的資源を高度化し，激化する市場競争や国際競争力の強化，IT革命へ対応しなければならない．とくにスピードとコスト・ダウン，創造性が要求される企業組織では，自立したナレッジ・ワーカー（knowledge worker）として知を集積し，自主的に活動する個人の存在が重視されるようになった．終身雇用制によって同質性を重視してきた企業組織は，個人の独創性や自律性を尊重し，個人の働き方の自由度を高める企業文化を醸成し，従業員自身が自分のキャリアデザインを描ける多様な選択肢が存在することが必要である．

(2) 変わる能力開発

　企業が能力開発に本格的に取り組むようになったのは，1965年に日経連が「年功主義から能力主義人事への転換」を決議，能力構造の変化，人件費の上昇にともなう労働力の質と能力の重要性が高まったことが契機となった．グローバル化した企業活動と激化する市場競争，高コスト体質からの脱却，国際競争力の強化，労働力不足への対応など，山積する経営課題への対応である．

　今日能力開発のあり方が問われるようになったのは，雇用の流動化により，長期人材育成による労働力の自社内調達システムが限界にきたこと，多様な人材の育成は，企業内では限界があること，経営のスピードと変化が激しく育成のパターンが長期から短期の人材育成へシフトしたことなどが主な要因で，①社会の変化や個人の価値観が多様化して，働く人びとが主体的に自らの価値観やキャリアを形成し，自己実現をはかるためにポジティブな転職が進んでいること，②教育ニーズが多様化，個別化し，画一的な教育では個別のキャリア

形成には向かないこと，③年数回程度の研修では経営のスピードと変化に対応できないこと，④メディアや外部教育機関の多様化と充実化で内外の教育機能を，本人の意思で自由に選択し受講できるようになったこと，⑤人件費コスト削減から，教育経費と教育時間の削減，教育スタッフの不在などがあげられる．今後の能力開発のあり方については，階層別教育といった一律型の教育から選抜型，選択型あるいは公募型の教育の形態に変化すると予測している（産能大学総合研究所「マネジメント教育実態調査」1996）．

(3) 能力開発をめぐる新しい潮流

人材育成は自己啓発を中心に，キャリア形成とリンクしたさまざまなメニューから自主的に選択し研修をうけ，その受講範囲は，企業内教育にとどまらず外部への派遣も視野に入る．また，選抜型研修は対象者を選び受講させるもので，教育効果と教育経費の抑制を狙って実施する企業が多い．これからの企業の役割は，個人の自主性を重んじ，教育機会の支援や情報提供を積極的に行なうことが多くなる．

(4) 自己啓発とキャリア形成支援

従業員の能力開発は，「企業責任」か「従業員個人責任」か，厚生労働省の実施した「能力基本調査」（平成14年度　15年1月実施）によると，これまで「従業員個人の責任」とする21.1％であったものが，今後は「従業員個人の責任」とする企業が27.9％で，「企業責任」とする企業が75.6％から68.6％に減少し，今後，能力開発の主体は自己責任を重視しようとする企業が増加している．

「従業員個人の責任」とする自己啓発は，自らの価値観や考え方，そして将来にわたる目標の達成化に向けて主体的に能力開発し，キャリア形成に努めることをいう．キャリアとは仕事を中心に，自分が生涯を通じて経験し積み上げた能力と獲得した地位である．この能力開発は，職務に必要な知識や技能のみ

ならず，幅広い職業能力を身につけるために，さまざまな教育機会をとらえキャリア形成を積む．その支援体制としてシステム化されたのがキャリア・デベロップメント・プログラム（Career Development Program）であり，その一環として「自己申告制度」「通信教育」「受講料等の金銭的援助」などがある．また，ポイント化した福利厚生の自分の持ち点を使って，資格取得など内外の研修を自由に選び受講するカフェテリア型研修や，社内公募制度への応募異動，FA制（実績を積んだ従業員が異動を希望する所属の長に直接その意思表示する制度）がある．

最近，エンプロイアビリティ（Employability：雇用価値）という言葉を聞くが，この能力を身につけるためにも，転職や職業選択機会の拡大，職業能力の変化に柔軟に対応できるように能力開発を，企業に依存することなく自ら習得しなければならない時代になった．

(5) スキルアップを目指す多様な教育機能

具体的な例として，企業内大学では伊藤園の伊藤園大学，松下電器の変身大学等がある．メニューは企業によって異なるが，内容はコース制を敷いたり，技能専門能力の向上を目指して学部制を敷いたりさまざまで，募集は公募制で修了基準のハードルが高く，経営課題に沿ったケース・スタディや自社の戦略課題を取り上げるなど実践的な内容が多い．一方，外部機関で実施される代表的なものとして大学等ビジネス・スクールが主催するMBA（Master Business Administration：経営管理学修士）があるが，経営全般にわたる管理や分析・問題解決の手法を体系的に学び，実際のビジネス現場で活かされるようにハードな研修を積む．また，今後もっとも普及が予測されるeラーニングはインターネットを利用した教育システムでWBT（Wave Based Training）を発展させたもので，教育の場所や時間を気にせず学ぶことができるし，企業もその進捗状況を把握でき，さらにネットワーク上のバーチャル・リアルティで，実践的に学ぶことにより高度なスキルを学習することが可能である．

従業員の教育ばかりでなく，企業は全員が学び合う場としての「学習する組

織」を志向する企業風土を醸成し，従業員の知識が組織共有することで，組織知識として新たな組織文化を創造し，困難な時代の企業と個人の成功を目指すようにしなければならない．

（杉原英夫）

第5節　経営教育

(1) 経営者育成

① 日本的経営者育成の弱点

　従来の大企業の経営者は，オーナー経営者を除けば，企業内での出世の最終到達点として就任する方式が一般的であった．終身雇用，年功序列の下で，ジョブ・ローテーションを中心とする人事政策において，随所に能力を発揮し，また人柄が認められた者が管理者，経営者へと昇進していった．その選別はいわゆる衆目の一致するところという評価に基づくものであり，彼らは存分に経営手腕を発揮してきた．ところがバブル経済崩壊に至って，多くの経営者が適切に対応できずに経営を危うくし，一流企業といえども苦境に陥り，経営者の存在意義や育成策が問われるようになった．外国から招聘した経営者が優れた手腕を発揮する例があらわれたり，経営者を大幅に若返らせるなどの例も目立ち始めている．

　従来の経営者は，全員の事前合意を形成するいわゆる根回しによる意思決定を行なうのが一般的であり，いわばチェアマン的経営者として機能してきた．パラダイムが不変の中での効率化という経営行動においては，各方面の利害を調整するバランス感覚の優れた決定が適合したのである．ところが，環境の変革に対応して先取的に価値創造をしていくという知力経営においては，ビジョン・戦略の構築やフロンティア的チャレンジ，異質を統合するリーダーシップなど，プレジデント的リーダー行動が問われる．従来の経営者の多くは，この

面での手腕が不十分であったところに，経営を苦境に陥らせた要因があるといえるであろう．

日本的経営下での経営者育成には，次のようなシステム上の弱点があったと考えられる．

- 企業内部のジョブ・ローテーションを基本としたため，視野の広さが精々業界レベルにとどまり，世界の動向や外部環境の変化に遅れをとりかねないこと．
- 効率化を経営行動の基本的原理としていたため，構造改革に必要な創造や戦略能力が開発されにくかったこと．
- 高年齢になってからトップに就任するため，経営改革を進めるための激務に対応できる体力，気力が不足しがちであること．
- 社内からの登用であるために，長年にわたっての他の経営者やステイクホルダーとのしがらみが強固に形成され，それを断ち切るような大胆な決断がしにくいこと．

② 経営者育成とは経営活動そのもの

以上のような弱点を補うため，すでに経営手腕が明らかになっている人材を外部から招聘すれば良いとの考え方も成り立つ．しかし，彼らの中には若い時期に創業して経営者として活躍してきた者も少なくないが，多くは企業内でのキャリア形成によって経営手腕を獲得してきた人材であり，いわば内部育成の成果である．

経営者に必要とされる手腕は，学校教育など理論的教育のみで成就できるものではなく，経営実践を通じての教育，とりわけ優れた経営に参加することによって実践的に学習していく面が大きいものである．企業は優れた経営行動を通じて，意図的もしくは結果的に経営者を育成していることになるのであり，逆に経営者育成の過程が優れていることは経営そのものが優れていると言えるであろう．リーダーや管理者が積極的にチャレンジして成果を生み出していくプロセスは，経営手腕を学習し磨きをかける過程でもある．経営者育成活動は

経営活動そのものでもある．経営者育成が不十分な企業は，人材育成も不十分となり，長期的成果の確保がおぼつかないといわざるを得ない．現に，何代にもわたって活力のある企業は，優れた経営者を輩出し続けている．

③　早期選別育成

以上のような視点に立っての経営者育成を考えると，その基本的な考え方は次のようになろう (川端, 2003)．

第1は，経営者育成を重要な経営戦略と位置づけ，その意義と方策を鮮明にすることである．第2は，リーダー的素質のある者の早期発掘である．日常的業務や創造・戦略的成果を上げた者の中からチームワークの取り方やリーダー的行動の把握によって，早い段階でリーダー的素質を発掘する．第3は，早期選別育成である．早いうちから選別的に育成してリーダーやマネジャーに登用し，さらに幹部候補として特別教育や重要業務，国際経験などを積ませる．営業の第一線や外国勤務，経営企画，幹部の補佐役，外部出向などのジョブ・ローテーションの展開である．

第4は，基本的，体系的経営教育である．経営大学院やビジネス・スクールレベルの教育によって，経営全般の基本理論と方法を習得する．ここでは企業内教育が大きな役割を果たす．第5は，経営の実践経験である．トップの薫陶を得る機会の提供，事業部長や大規模プロジェクトの責任者，子会社の経営者などの経験である．そして第6は，人間教育であろう．幅広いステイクホルダーに大きな影響を有する経営者は，その立場にふさわしい倫理性や人間性が求められる．哲学や教養などは，本来，自己研鑽によるものであるが，経営者の計画的育成に当たっては，トップの薫陶，幅広い視野や人脈の形成，外部の社会的活動，一流の人間との交流，人間として深く考察する場を提供することなどによって，自己研鑽を刺激するのである．

第 12 章　新潮流 (5)　企業の活性化と人的資源管理

> ☕ **経営教育**
>
> 　有能な管理者や経営者を育成するための経営に関する教育であり，大学などの教育機関で行なわれる教育，企業などの実践の場で行なわれる教育がある．経営者としての能力開発は，知識などの理論的教育だけで成就するものではなく，実務的能力，さらには教養や哲学なども含めた全人的視点が必要であり，古くからどのような育成方策が効果的かが論じられてきている．また素質と教育の関係を重視し，優れた経営者を育成することは可能であるかについても論じられている．

(2)　学校教育

①　教育改革

　人的資源管理システムは，長年効果的に機能してきた終身雇用，年功制，企業別組合を基調とする日本型の人事管理からの改革の途上にあり，多くの企業が試行錯誤中である．改革の潮流は，個人重視，成果主義，そして戦略的人的資源管理の方向にあり，これは一見，米国型の人事管理の追随のようにもみえる．米国型は米国の文化，教育，政治・行政，経営の伝統の中で発達してきたものであり，その直截的な導入は，かなり異質である日本の風土で効果的に機能するかについては多くの異論もある．現に，成果主義を見直したり，終身雇用を堅持すると主張する企業も存在する．従来の日本的人事管理の特徴は，勤勉，協調とチームワーク，OJT，共働による暗黙知の形成など，無視できない強みを潜在している．これらの強みを生かしつつ創造や戦略的成果の確保を可能にする新日本型の人的資源管理システムを構築する努力が問われている．

　経営における最重要課題のひとつである経営者育成については，個人の素質，教育，経験がどのようにかかわるのか，内部開発と外部からの獲得をどのように考えるか，真に経営者に必要な能力とはなにかなど，まだ議論，試行錯誤の過程にあり，今後さらに研究を深めていかなければならない．

　人材開発は，学校教育と深い関係にある．従来の学校教育は，知識・技術教

育と平等・協調をコンセプとしてきており，今日もその傾向を色濃く反映している．これらは個性重視やエリート教育と相容れず，また自主的に考えるという教育に欠ける嫌いがあり，創造性や戦略性の開発を阻害しかねない．国家的な知力競争には，先端を切り開いていく研究や経営に関するエリートの存在を否定することはできない．知力人材の開発は，単に企業だけの問題ではなく，学校教育をも含めた総合的な課題である．教育に関しての国民的な議論が必要であろう．

② 大学教育

経営学および経営の基礎については，大学の経営学部において体系的な教育が行なわれている．もとより学部レベルでは理論的基礎教育が中心であり，直ちに企業経営を担えるというレベルではない．企業に入社した後の企業内教育と実務を通じて，経営能力のレベルアップが図られる．従来の大企業においては，学卒者を採用して企業自ら人材を育成していくことを基本としてきており，必ずしも大学に高度な経営教育を期待してはこなかった．したがって，経営学部，経済学部，法学部などの専門性をとくに意識せず，入社後はほぼ同様に扱って，その後の成長の程度によって管理者や経営者へと処遇してきたのが実態であった．その意味で，大学での専門教育と企業の要請する能力には基本的な乖離があったといえる．

大学院における修士課程，博士課程において，より高度な経営教育が行なわれている．しかしながら，大学院の教育は研究者育成を基本としており，研究・論文指導などの理論教育が中心であって，企業経営者を養成することを目的としたものではない．研究開発を重視するメーカーにおいては，理系の大学院卒業者を重視しており，その意味では理系では大学院教育と企業の養成する人材像が比較的合致していた．しかし，企業は経営修士や博士よりも，企業自身の手によって自在に教育できる学部出身者を重宝してきた経緯がある．大学院における経営教育と企業実務との乖離である．

米国においては，各分野のリーダー的な役割を担う職業のプロを養成するプ

ロフェッショナル・スクールがあり，経営大学院であるビジネス・スクールが長い歴史を有し，多くの企業経営者を輩出してきている．日本においても，バブル経済崩壊後の経営危機の教訓や国際的な経営展開のために，高度な職業人育成の機運が高まり，2003年施行の改正学校教育法によって，専門職大学院制度が発足し，社会経済の各分野で指導的な役割を果たし，国際的にも活躍できる人材の養成を目指して専門職大学院が設置されつつある．専門職大学院では，研究指導を必要とせず，実践教育を中心とするため，相当数の教員は最新の知識を有する実務経験者であることを義務づけ，理論教育だけでなく，ケース・スタディ，討論，現地調査，実習などの実践教育を重視し，国際水準レベルの高度で実践的な教育を目的としている．経営専門職大学院は日本型のビジネス・スクールであり，大規模な大学を中心として続々と開校されている．

その他，リカレント教育のための夜間開校の社会人対象のビジネス・スクール，修士課程1年コース，サテライト教室の設置，通信制，科目等履修生など，大学・大学院が新たな役割を担えるよう制度の改革が進められている．

大学における経営教育の新たな幕開けであるが，この制度が成功するか否かは専門職大学院出身者（MBA）が，今後どのように活躍するか，また企業がどのような処遇をするかにかかっており，今後の展開を注視しなければならない．かつて日本の大企業の多くが社員を米国のビジネス・スクールへ留学させ，高度な経営教育を実施してきたが，その多くはMBA取得者を経営候補として特別に処遇することなく，帰国後に従来型のジョブ・ローテーションにより，さまざまな職務を巡回するという人事の展開に止まっていた．米国的教育が日本企業の経営になじみにくいという意識や年功序列の中で選別的処遇を避けてきたことが原因であろう．そのためもあってか，MBAが十分生かされず，単なる勲章の域を出ないという結果となり，彼らの多くが外資系企業に転職するという事態も招いた．

日本型のビジネス・スクールである経営専門職大学院が成功するかどうかは，第1には，いかに企業ニーズに則した実践的な価値ある教育がなされるか，第

2には,企業が真に経営者の選別育成を実践するか,そして第3には,MBA取得者が企業経営の現場でいかに活躍するかにかかっているといえよう。

(川端大二)

注

1) 山本安次郎『日本企業の経営活力』中央経済社　1984年　pp. 2-3
2) Kappel, F. R., *Vitality in a Business Enterprise,* 1960.（冨賀見博訳『企業成長の哲学』ダイヤモンド社　1963年　pp. 13-16）

参考文献

ウィリアム・マーサー社『図解競争優位を生み出す戦略人材マネジメント』東洋経済新報社　1999年
奥林康司『変革期の人的資源管理』中央経済社　1995年
小椋康宏編『経営教育論』学文社　2000年
川端大二『人材開発論─知力人材開発の論理と方策─』学文社　2003年
経済産業省『日本的組織の再構築』(財) 経済産業調査会　2002年
経営能力開発センター『経営学検定試験公式テキスト　人的資源管理』中央経済社　2004年
ゲオルク・フォン・クロー・一條和生・野中郁次郎『ナレッジ・イネーブリング』東洋経済新報社　2001年
紺野登・野中郁次郎『知力経営』日本経済新聞社　1995年
紺野登『ナレッジ・マネジメント』日本経済新聞社　2002年
杉原英夫「企業の環境適応とこれからの能力開発をどう進めていくか」『純真紀要』第31号　純真女子短期大学　1990年
高橋俊介『人材マネジメント論』東洋経済新報社　1997年
辻村宏和『経営者育成の理論的基盤』文眞堂　2001年
二神恭一編『企業と人材・人的資源管理』現代経営学講座8　八千代出版　2000年
日本産業訓練協会編『産業訓練』9月号（社）日本産業訓練協会　2003年
根本孝『ラーニング・シフト』同文舘　1998年
野中郁次郎・紺野登『知識経営のすすめ』筑摩書房　1999年
野村総合研究所『経営用語の基礎知識』ダイヤモンド社　2001年
Drucker, P. F., *Managing in the NextSociety.,* Tuttl-Mori Agency, Inc., Tokyo, 2002.（上田惇生訳『ネクスト・ソサエティ』ダイヤモンド社　2002年）

第13章
新潮流 (6) 地域の再生とベンチャービジネス

第1節 ベンチャービジネスの概念

(1) 地域再生の課題

　近年，地方分権の必要性が声高に叫ばれる中，疲弊した地域経済の立て直しが焦眉の課題となっている．かつて，多くの地域は，工業団地を造成し域外から工場を誘致することによって産業の振興を図ってきた．しかし，今日，企業は低廉な労働力を求めて工場を海外に移転したり，リストラの一環として効率の悪い工場を閉鎖するなどしている．結果，地域では，かつて誘致に成功した工場が次つぎに姿を消すといった状況に陥っている．

　このような状況下で，新たな地域経済の牽引役として注目されるのが当該地域において創業するベンチャービジネスである．すなわち，工場誘致のように域外から経済の担い手を連れてくるのではなく，域内において内発的に企業を輩出し，それによって地域経済の自立を実現することが必要になっているのである．そこで，本章では，ベンチャービジネスの概念，および，その地域経済再生における意義を明らかにした上で，経済の再生と自立を模索する各地域の今日的な試みについて述べたいと思う．なお，地域における試みについては，ベンチャービジネスや起業家の輩出にかかわる幅広い事例を紹介したいと思う．

(2) ベンチャービジネスの定義と特徴

ベンチャービジネス (venture business：以下，VB) は，直訳すれば「冒険的企業」となる．この「冒険的」という言葉は，新たに企業を立ち上げることを通じて既存企業が参入していない未開拓の事業分野に進出するということを意味している．すなわち，VBとは，もっとも簡潔に表現すれば，革新的な創業企業である．

これまで，わが国においては3度のVBブームが存在した（この点については後述）．それぞれのブーム期における代表的なVBの定義は，以下のとおりである．

第1次ブーム期：研究開発集約的，またはデザイン開発集約的な能力発揮型の創造的新規開業企業．特徴：起業家精神をもつ経営者，高収益，急成長（清成忠男ら，1971）[1]．

第2次ブーム期：① 経営者が起業家精神に富み，成長意欲が高いこと．② 独自性をもった優れた技術，ノウハウを有していること．③ 高い成長力または高い成長可能性を有すること．④ 未上場の中小・中堅企業であり，他の企業に実質的に支配されていないこと．以上，4つの特徴を有する企業（中小企業庁，1984）[2]．

第3次ブーム期：成長意欲の強いリーダーに率いられたリスクをおそれない若い企業で，商品の独創性，事業の独立性，社会性，さらに国際性をもった企業（松田修一，1994）[3]．

以上の定義から導き出されるVBの特徴は，以下のとおりである[4]．

① 創業してから間もないこと．
② 中小規模であること．
③ 独立性が高いこと（既存企業の子会社等でないこと）．
④ イノベーション志向であること（研究開発等に力を入れていること）．
⑤ 独自の製品や技術，ノウハウを有していること．

⑥ 起業家精神を有するリーダーに率いられていること．

以上のような特徴を有するVBは，急速に成長する可能性が高い一方で，失敗のリスクも高い企業であるといえるが，一般的な中小企業と比較した場合の相違点としてとくに注目すべき特徴は，イノベーション志向であること，そして，起業家精神を有したリーダーに率いられていることである．そこで，次に，VBを特徴づけるキーワードとして「イノベーション」と「起業家精神」が挙げられるが，前者については既に第10章第3節にて述べているため，ここでは，後者の起業家精神についてみていくことにする．

(3) 起業家精神

VBを特徴づける2つ目のキーワードは起業家精神（entrepreneurial spirit）である．起業家精神とは，イノベーションを遂行しようとする個人（以下，起業家）の意志あるいは気力である．VBにとって起業家精神が重要なキーワードになるのは，ひとつ目のキーワードであるイノベーションを遂行することが，きわめて大きな困難をともなう行為だからである．したがって，VBの場合，創業者であるリーダーが強い意志あるいは気力をもって事業を推進しイノベーションを成功へと導かなければならない．

ここで，イノベーションが困難である理由だが[5]，まず第1に，イノベーションはこれまで存在しなかった新しいことを実現する行為であるために過去の経験が役に立たない．したがって，起業家は，限られた情報の中で意思決定し行動しなければならない．第2に，イノベーションは過去の否定をともなうが，多くの人間は感情的にこれまで存在してきたものに愛着を感じたり固執したりする傾向がある．したがって，起業家は，過去のしがらみを断ち切る勇気をもたなければならない．第3に，イノベーションは周囲の抵抗に遭う可能性が高い．とくに，イノベーションによって既得権を脅かされる人びとから妨害を受けることが少なくない．したがって，起業家は，抵抗に屈することなく信念を貫かなければならない．

以上のことから，起業家精神というのは，単なるひらめきによって何か新しいことを始めようとする思い付き的な気持ちを意味するのではなく，イノベーションを成功へと導くためにリスクに果敢に挑戦しようとする意志，あるいは，忍耐強く努力を継続する気力を意味するのである．VBは創業企業であるがゆえに既存企業とは異なる数多くの課題に直面する．ここに，リーダーである創業者の起業家精神がきわめて重要になるのである．

(関根雅則)

第2節　地域再生におけるベンチャービジネスの意義

(1) これまでのベンチャービジネス・ブームと地域産業の空洞化

　先述したように，わが国では，これまで3度のVBブームがあった．そこで，ここでは，各ブーム期における社会的・経済的背景を振り返ることによって，今日，VBが過去のブーム期とは異なる重要性をもつことを明らかにしたいと思う．

　第1次VBブーム期 (1970-1973) は，1950年代の半ばから続いた高度経済成長に翳りがみえ始めた時期であると同時に，リーディング産業が鉄鋼や化学といった素材産業から自動車や機械などの加工組立型産業に移行する時期であった[6]．このような状況下で，新たな経済の担い手としてVBに対する期待が高まり，新産業に関連する分野で多くの研究開発型VBが誕生した．また，この頃は，わが国ではじめて民間ベンチャーキャピタルが創設される (1972) など，VBに対する社会的認知が高まった時期であった．しかし，第1次ブームは，1973年に発生した第1次石油ショックによって多くのVBが経済的打撃を被り倒産した結果，沈静化してしまった．

　第2次VBブーム期 (1983-1986) は，VBを支援する側の動きから始まった．すなわち，1982年にわが国ではじめて民間ベンチャーキャピタル (日本合同フ

ァイナンス：現ジャフコ）よる投資事業組合が設立され，また，翌1983年に店頭株式市場の公開基準が緩和されたのを機に，次つぎにベンチャーキャピタルが創設された．こうした状況下で，マイクロエレクトロニクスや新素材，バイオテクノロジーなどの知識集約的な新技術の企業化の担い手としてVBに期待が寄せられた．また，当時，人びとのニーズが多様化しサービスへの要求が高まる中で，顧客に対して迅速かつきめ細やかな対応ができる企業としてVBが注目された．[7] この時期に設立されたVBで，その後大企業へと成長した企業も少なくないが，一方で，1985年のプラザ合意による円高と急増したベンチャーキャピタルによるVBへの過剰投資により，注目されていたVBを含めVBの倒産が多発した．結果，この第2次ブームも，第1次ブームと同様，わずか4年足らずで幕を閉じることとなったのである．

第3次VBブーム期（1993-）は，1980年代後半から続いた，いわゆるバブル経済の崩壊から始まった．わが国経済は，1990年代のはじめにバブル経済が崩壊するまで，アメリカの凋落を尻目に類い希なる成長を遂げてきた．ところが，バブルの崩壊を機に，日米の立場は逆転し米国経済が活力を取り戻したのである．そして，その中心的な担い手となったのが，かつてアメリカを支えた自動車産業や電機産業に取って代わるIT（情報技術）関連分野のVBである．シリコンバレーに代表される地域において次つぎとVBがあらわれ，米国経済の成長を押し上げていった．そして，わが国では，米国におけるこのようなサクセス・ストーリーに触発されるかたちで，再び経済活性化の牽引役としてVBの必要性が強く唱えられるようになったのである．

この第3次ブームは，短期間で終わった過去2回のブームとは異なり，10年以上経過した現在でも継続している．ブームが始まって以来，今日まで，国や自治体による各種VB支援施策の展開，証券取引所によるVB市場（東証マザーズや大証ヘラクレスなど）の創設，ベンチャーキャピタルや銀行など金融機関によるVBへの投融資枠の拡充，大学によるVBへの技術移転体制の確立や起業家育成講座の設置等々，数えあげればきりがないほど産学官を巻き込んだ

多様な取り組みがなされている．今回のブームが，長期にわたり，かつ，幅広い関係諸機関が積極的に関与することには理由がある．それは，わが国の経済状態が好転しないからである．第1次，第2次ブームは，それが終わっても結局のところ，全体的な趨勢としてわが国経済は成長を続けてきた．ところが，今日，これまで経済を支えてきた電気・輸送機器産業の市場の成熟化や，これまで企業が海外進出を積極的に行なってきた結果としての産業空洞化，大企業のリストラさらには廃業・倒産による失業率の上昇など，わが国の抱える問題は甚大である．すなわち，これまでのような大企業の努力，つまり，製品の高品質化や海外事業展開では，経済的問題を解決できなくなっているのである．

このような状況の中で，とくに地方における経済の疲弊はいちじるしい．かつての地域における主たる産業政策は，工業団地を造成し主に都心を中心とした域外から工場を誘致することで産業の振興を図ろうとするものであった．しかし，冒頭でも述べたとおり，企業はより低廉な労働力を求めて海外に工場を移転したり，あるいは，リストラの一環として地方の工場を閉鎖するなどしている．地域産業の空洞化に歯止めがかからないこのような状況の下で，経済の担い手を域外に求めるというかつてのような考え方は通用しない．そこで，地域経済の新たな牽引役として期待されるのがVBである．以下では，VBがイノベーションの遂行を通じて地域経済の再生ひいては発展に寄与するという事実に根拠を与えるべく，シュンペーターの見解を取り上げ検討する．

ベンチャービジネス

ベンチャービジネスという用語は，1970年代のはじめに誕生した和製英語である．一般的に中小企業というと，いわゆる下請け企業から連想されるように弱者としてのイメージが強い．しかし，「大企業＝強者」「中小企業＝弱者」でけっしてない．つまり，規模は小さくても革新的で成長可能性の高い企業が存在するのである．ベンチャービジネスは，そのような企業を表現すべく清成忠男らが考案した造語である．

(2) イノベーションと経済発展

シュンペーターは，一定領域の経済発展がイノベーションによって実現されることを明らかにしている[8]．シュンペーターによれば，経済発展というのは，経済が量的に拡大することではなく，質的に変化することである．この質的変化というのは，一定領域における産業構造が転換すること，すなわち，新たな産業が勃興し中心的な位置を占めるようになることを意味する．たとえば，わが国の歴史を簡単に振り返ってみると，繊維や石炭が中心産業であった時代から鉄鋼や造船が中心産業であった時代へ，さらには，自動車や電気を中心産業とする時代へと移り変わってきた．すなわち，リーディング産業が変化することによって経済発展はもたらされるのである．以上のような観点から，シュンペーターは経済発展を次のように定義している．

「経済が自身の中から生み出す経済生活の循環の変化のことであり，外部からの衝撃によって動かされた経済の変化ではなく，"自分自身にゆだねられた"経済におこる変化」[9]

この定義を解説すると，一定領域の経済発展は，その内部に存在する起業家がイノベーションを遂行し新たな事業を立ち上げ，それがリーディング産業へと成長することによって実現するということである．したがって，経済発展は，あくまで経済主体としての起業家が遂行するイノベーションに依存するのであ

☕ ベンチャーキャピタル

ベンチャービジネスに株式の取得等を通じて資金を提供する機関である．ベンチャービジネスは資金需要が旺盛だが，担保がないため銀行から融資を受けることは容易でない．そこで，ベンチャーキャピタルが投資というかたちでリスクマネーを提供するのである．なお，資金を提供するだけでなくコンサルティング活動など経営支援も行なうが，それによってベンチャービジネスが株式公開を果たせばキャピタルゲインを得ることができる．

って，外部からの衝撃，すなわち，政府介入等（たとえば，公共投資，金利の引き下げ，減税など）によるものではない．産業構造が現状のまま，政府介入等によって経済が一時的に膨張するのは単なる量的拡大であって，質的変化を意味する経済発展とは区別しなければならないのである．

(3) 内発的な地域経済発展の担い手としてのベンチャービジネス

以上の見解から明らかであるとおり，一定領域の経済発展は，起業家がイノベーションを遂行することで実現する内発的な産業構造転換プロセスとしてとらえることができる．ここでいう一定領域とは，国を基本範囲として，国境を越えたより広範な地域も意味するし，また，一国内におけるより小さな単位の地域も意味する．本章で対象とする地域は後者であって，日本国内における諸地域ということになるが，いずれにせよ，その経済再生ひいては経済発展の動因は，当該地域における起業家のイノベーションということになる．

ここで，再びシュンペーターの見解を取り上げたい．シュンペーターは，イノベーション（革新）の遂行にともなう現象として以下の3つを示している．[10]

① 主要な革新も，多くの小さな革新も，けっして無視できない時間と支出とを要する新工場（および設備）の建設―または旧工場の改築―をともなう．
② あらゆる革新は，その目的のために設立されたある新しい企業に具現している．
③ 革新は，いつも新人の指導的地位への上昇と結びついている．

以上の中で，②にある「新しい企業」はVBとして，また，③にある「新人」は起業家としてとらえることができる．したがって，ここまで論じてきたことを本章との関連において改めてまとめると以下のとおりである．

「地域経済の再生および発展は，当該地域に存在する起業家がVBを立ち上げイノベーションを遂行することによって実現する，内発的な産業構造転換のプロセスである」

(4) 第2創業を通じた地域企業のベンチャービジネス化

　ここまで，ゼロから新たに事業を立ち上げる企業をVBとして議論を展開してきたが，既存の中小企業が，いわゆる第2創業を通じてVB化し地域経済発展の担い手になることがある．第2創業とは，従来の事業や組織を抜本的に見直し，新たに柱となる事業を確立したり，効率的な組織を実現すること，すなわち，大幅なイノベーションを遂行することである．ちなみに，第2創業は，当該企業が危機的状況に陥った結果，経営者が意識を変革したり，経営者が交代する，あるいは，外部者が経営に関与することをきっかけとして実現するケースが多い．

　ところで，第2創業企業が新規に事業を立ち上げるVBと異なる点は，長年にわたり培ってきた経営資源が存在するということである．それは，イノベーションの糧にもなるし，一方で，足枷ともなる．すなわち，既存の経営資源（たとえば，技術やノウハウ）を活用してイノベーションを遂行することができるという側面もあれば，既存の経営資源（たとえば，ルールや組織文化）に固執してしまうためイノベーションが生じにくくなるという側面も存在する．したがって，第2創業の場合には，活用すべき経営資源と切り捨てるべき経営資源の見極めが重要になるのである．

　以上のような相違を勘案すれば，第2創業企業とVBとは明確に区別すべきかもしれない．しかし，両者は，イノベーションの遂行という点で共通する．そして，イノベーションによって地域経済の再生あるいは発展が可能になるのであるとすれば，VBと第2創業企業の果たす役割は同様であるといえよう．

（関根雅則）

第3節　地域再生の新潮流

　バブル崩壊後の長いトンネルを抜けて，日本の地域再生はようやく動き出し

た．各地で新しい試みが始まっている．その多くは非伝統的でユニークな取り組みだ．

もちろん，既述のごとく地域再生を巡る内外の環境は厳しい．中小企業の疲弊，製造拠点の海外移転，公共投資の減額，少子高齢化の進展，農業の後継者不足などである．しかし，これまでとはまったく違った発想で再生を目指す施策や，厳しい状況を逆手にとるような企業が登場してきたのである．たとえば，前節までのベンチャー企業を育成する，第2創業を促すといったこと以外にも，構造改革特区を活用する，高齢者雇用を積極的に進める，ロシアや韓国など近隣諸国と連携を深める，コミュニティ投資を拡大する，さらには，農業などの地元に根ざした分野で女性起業を促すといったものまで幅広い．

こうした新しく挑戦的な取り組みは，これまでの公共投資依存や東京依存，大企業依存などから脱却した「新しい試みと逆転の発想に基づく地域再生」と位置づけられるだろう．そして，同様の試みはアメリカにおいてもみられる．

そこで，以下では日米の新しくユニークな試みを取り上げながら，地域再生の新潮流についてみていくこととしよう．

(1) ベンチャー企業の育成と「第2創業」

日本経済新聞社が東京と大阪を除く45道府県の地方有力企業の経営者を対象にして地域経済に関するアンケート調査を行なっている[11]（図表13－1参照）．その結果によると，地域経済を活性化させるために地方自治体へ求めたい施策は「ベンチャー企業の育成と起業支援」が53％でトップとなっている．第4位の「バイオ・ITなど先端産業を集める」も含めて，広く"ベンチャー企業による地域活性化"に注目が集まっている．

逆に，これまで地域活性化では必ず上位に取り上げられた「公共事業の拡大」や「制度融資の拡大」が下位に沈んでいることが特徴である．さらには「構造改革特区の活用」や「大学と地元企業の技術交流」など，地域再生への新しい道筋が示されたことも特筆されることだろう．

第13章　新潮流 (6)　地域の再生とベンチャービジネス　275

図表13-1　地域再生のために自治体へ求めたい施策

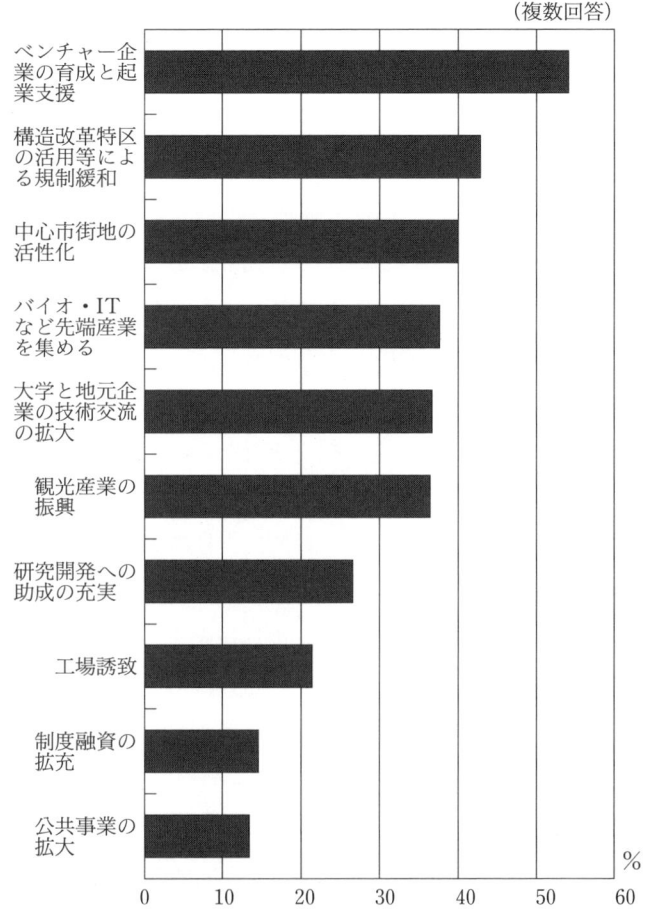

(複数回答)

- ベンチャー企業の育成と起業支援
- 構造改革特区の活用等による規制緩和
- 中心市街地の活性化
- バイオ・ITなど先端産業を集める
- 大学と地元企業の技術交流の拡大
- 観光産業の振興
- 研究開発への助成の充実
- 工場誘致
- 制度融資の拡充
- 公共事業の拡大

出所) 日本経済新聞社「地方企業経営者アンケート」2004年1月より作成

　実際，すでに多くの地域でベンチャー企業育成や起業支援に関して具体的な施策が始まっている．たとえば，神奈川県相模原市は「さがみはら産業創造センター」を立ち上げ，創業間もない起業家，新規分野に進出する経営者，大学との共同研究開発を行なう企業，起業家を支援する専門家らを援助している．好条件でインキュベーションルームやラボを貸し出しているほか，業者間の橋

渡しや異業種交流なども行なっている。同じく相模原市では，「チャレンジショップ」と称して，市内商店街で起業しようとする人に対して費用の一部負担を行なっている。また，若者を対象にした「ビジネスプランコンテスト」も実施しており，コンテストの入賞者には賞金も与えられる。同市産業振興課では，こうした施策を打ち出し新しい企業を育てることで，地域の魅力を高めていくという。

また，地方にある企業が「第2創業」を目指して新規分野へ進出することも盛んになってきた。一例をあげると，塩カズノコを主力商品とする北海道の井原水産（水産加工業）では，廃棄物だった鮭の皮を原料とした「コラーゲン」を利用してバイオ関連分野への進出をはかっている。[12] 同社は医療分野への応用を目指して札幌医科大学や北海道大学と提携を行ない，人工肝臓や人工歯根の開発にも着手している。同社社長は，「誰も関心を示さない原料を最新技術と融合することで収益源に変える」と述べている。自社の得意分野と廃棄していたような（自然）資源を結びつけた着想には注目すべきであろう。

先述のベンチャー企業育成と同様，既存の地域企業が，①自らの企業特性，②地域にある自然資源，③地元大学の研究能力などを連携させて「第2創業」に成功すれば，それは地域再生の有効な手段になると考えられる。

第2創業

　企業が従来の業態をがらりとかえてしまうような新しい分野へ進出すること．当然，これにより，その主たる収益源も変化する．たとえば，ブラザーがミシンの製造販売からFAXやプリンターなどIT分野へ転進したことがあげられる．つまり，これまで順調な発展を遂げてきた企業であっても，中長期的な発展を考える場合，業態の抜本的な見直しを迫られることがある．こうした時，企業はもう一度創業を行なうような体験をすることとなる．

⑵ 「構造改革特区」の活用

　国内製造業にとって，アジア諸国の追い上げは大変な脅威である．その脅威に対して「構造改革特区」を利用して果敢に立ち向かう地域が出てきた．

　茨城県の「鹿島経済特区」では，同地区の鉄鋼・石油化学コンビナートを世界最高水準の競争力をもったものにするという．そのポイントは，特例措置を利用したコンビナート施設の連続運転にある．実はこれまで施設は年に1～2カ月の間，保安規制のため停止させてきた．これを年間通じて運転させることで1,000億円以上の収益改善が見込まれるという．こうした特区構想は各地で始まったばかりだが，今後は特区の規制撤廃により国際競争力を強化した産業集積地が近隣を含む地域再生の拠点となっていくことは間違いないだろう．

　また，「構造改革特区」の中でも面白い試みとして京浜臨海部の「アジア起業家村」構想があげられる．これは，アジア全域から起業家を集めて同地区でベンチャー企業を立ち上げてもらうというものである．まず，日本の大学で勉強している留学生と上海交通大学の学生から起業予備軍を発掘し，情報技術や環境などの新規産業分野を育成していくという．同構想は川崎市や神奈川県が整備する構造改革特区「国際環境特区」の中で実施されるが，ここでは外国人経営者を対象にしたビザの有効期間を5年以上に延長するなど，「アジア人」起業を促す工夫を凝らすという．アジア地域から若く才能ある人びとを招き入れ，地域活性化をはかるのである．その才能は何も日本人でなくともよいという発想である．これからの「構造改革特区」では，先の「規制撤廃による地域企業の競争力強化」と並んで，「近隣諸国からの知恵や資本の導入」をも視野に入れた地域再生が進められていくと推測される．

⑶ 「コミュニティ投資」の拡大

　最近，アメリカでは「コミュニティ投資」が拡大している．コミュニティ投資とは「地域社会投資」ともよばれ，地域社会整備のために広く個人が資金を

提供することである．その主な目的は以下の2点である．

① 低所得者向けの低利融資
② 低価格住宅の開発を行なう民間金融機関への支援

上記のような低利融資や低価格住宅開発は，これまでは公的機関の仕事とされることが多かった．しかし，「コミュニティ投資」では，民間の個人や機関投資家が資金の出し手となっていることが特徴である．

①の低所得者向けの低利融資では，まず，融資案件は証券化される．その上で，機関投資家や個人が証券投資を通じて出資するのである．②の低価格住宅の開発を行なう民間金融機関への支援であれば，地域住民らが該当する銀行へ預金を預け，その銀行の資金力を増すのである．すなわち，「コミュニティ投資」とは幅広い個人や機関投資家が証券の購入や預金をとおして，地域コミュニティへ資金を提供するもので，新しい地域開発のしくみといえる．

また，「社会的責任投資（SRI）」を重視するようになった年金運用機関などは「コミュニティ投資」について，社会貢献の面から注目をしている．すなわち，地域再生に前向きな案件には"資金を提供すべし"という社会的合意が形成され，それに機関投資家も後押しされるようになったのである．

そして，アメリカで広がる「コミュニティ投資」に比肩するような試みは日本国内でもみられるようになった．多くの地域で，商店街の空き店舗を福祉やボランティアなどの団体へ提供することが始まっている．同様に，空き店舗を地域のコミュニティセンターとしたり，若手芸術家の住居兼発表の場として提供したりすることも始まった．その多くの場合，運営費などは地元商店街や第3セクターなどが広く共同で負担している．さらには，地元商工会議所のメンバーが自ら出資者を募って介護や子育て，情報，住宅関連などのベンチャー企業設立やその誘致に奔走することもみられるようになってきた．こうした広く市民が資金や労力を担うことは，より地域密着型で自律的な地域再生につながると考えられる．以下では，常識を覆すような地域密着型の再生事例をみていこう．

（加藤　巌）

第4節　逆転の発想に基づく地域再生

(1) 積極的な高齢者雇用

　地方では少子高齢化の進展が速い．また，若者の都市への流失も大きい．こうした地域にある企業にとって，高齢者は貴重な戦力である．高齢者雇用を積極的に進める地域企業も出てきた．

　岐阜県中津川市にある（株）加藤製作所（自動車部品・環境装置など）では，「土日はわしらのウィークデイ」と名づけて週末の高齢者雇用を実施している．土曜と日曜だけ高齢者が中心となって生産ラインを稼動させるのである．

　2001年春，同社が新聞の折り込み広告で「60歳以上募集」をうたったところ，予想をはるかに上回る応募があった．働く意欲のある高齢者と今後の高齢社会の到来を見越した企業の先行投資が結びついたのである．[15]

　当初は互いの戸惑いも大きかった．しかし，同社は高齢者が快適に働けるよう，社内のバリアフリー化やロボットなど機械の導入，休憩室に畳のスペースを設けるなどの職場改善を行なった．また，適材適所と指導にも工夫を凝らした．[16] すると，わずかな期間で高齢者が予想以上の働きをみせ始めた．彼らは勤勉な勤務態度で期待に応え，もともともっていた技能や知識を発揮し始めたのである．実際，高齢者雇用を進めた同社専務は，「高齢者は宝である．社内のモラルも向上するし，何より会社の競争力がアップする．固定費の節減もできる」，また，「高齢者はモチベーションが高いから提案がいっぱい出る．どんどん会社が良くなることを実感している」と述べている．[17]

　上述のごとく，高齢者雇用は比較的安価で質の高い労働力を得るメリットはもちろんのこと，若い社員の刺激になる，企業として地域貢献の誇りをもつことができるなど副次的な効果を生み出している．そして，同社の取り組みが多くのマスメディアで取り上げられたこともあり，現在では地元以外からも多数の企業人事担当者が視察に訪れ，高齢者雇用のノウハウを習得している．

雇用機会の少ない地方で実施された積極的な高齢者雇用は，地域に眠っていた貴重な人材を掘り起こした．高齢化の進む地域に適した人事戦略ともいえるだろう．その波及効果は，多くの分野に広がる可能性がある．今後は，積極的な高齢者雇用を進める企業が地域再生の強力な推進力になることも考えられる．

(2) 近隣諸国との連携

国内の消費需要が低迷している中，地方の企業や農家が新しい販路を近隣諸国に求めるようになっている．

近年，日本から農産物が近隣諸国へ輸出され始めた[18]．たとえば，青森県産りんごの台湾向け輸出が増えている．最近2年間で輸出量は約2.5倍へ拡大している．同じく，鳥取県産の20世紀ナシや北海道産の長芋なども健闘している．とくに，長芋は台湾で健康食品として人気が高く，輸出量が近く3,000トンへ達する．これら以外にも福岡県産のイチゴ「あまおう」が香港で人気を博し，日本国内の2倍以上の価格で販売されている．こうした日本産農産物が珍重されるのは，アジア諸国などでも所得水準が上り，良質の食材が求められるようになったからである．あわせて地方の生産者が低迷する国内市場から，元気のある近隣諸国市場へ目を向け始めたのである．

内外の利害が一致して，地方から農産物輸出が増えているのだが，そこには積極的な働きかけをしたケースもみられる[19]．北海道稚内市にあるスーパーマーケット「ホクユーストア」は，市内に入港してくるロシア船が増えてきたことに注目したという．旧ソ連の崩壊後，ロシア船が海産物を同市に持ち込むようになった．船員向けの商売を続ける半面，ロシアサハリン州へも出掛け，新しいビジネスチャンスを探した．現地の市場では玉ねぎに注目したという．日本産に比べ，貧弱で形も悪い．そこで，サハリンのロシア企業と協力して，日本から安い「S玉」や「くず玉」を持ち込んでみた．すると，しっとり甘みのある日本産玉ねぎは，たちまち現地で人気の品となった．地方の企業が国内では見捨てられていた農産物を近隣諸国へ販売することに成功したのである．こう

した既存企業が実施したVB型事例から学ぶことは多い．

　同様にして，地方の企業が近隣諸国へ中古自動車や中古産業用機械などの輸出を拡大している．名古屋近郊や北関東から中古車やその部品の輸出が盛んに行なわれている．実は毎年，日本では約500万台の乗用車が廃車手続きをとられるが，その内100万台余が外国へ輸出されている．

　また，地方と近隣諸国との人的交流も盛んになってきた．地方の観光地が近隣諸国から観光客を積極的に受け入れ国際観光都市へと脱皮しているのである．成功例は多い．中でも大分県の別府温泉は近年，韓国からの観光客が増えている．市内の観光ホテルでは館内表示にハングル文字を加えたり，2000年に開学した立命館アジア太平洋大学から日本語に堪能な留学生をアルバイトとして雇い入れたりしている．また，大型ホテルに併設されたゴルフ場は韓国人観光客向けにレンタルクラブを用意するなどして，人気ゴルフコースとなっている[20]．

　ここまでみてきたように，近隣諸国が地方経済を潤し始めている．そこで，地方企業の今後の商品開発やマーケティングでは，従来の枠を越えた国際的な視点が求められているといえる．「隣の海外」を新たなビジネスパートナーとして認識することは，地方企業に新しい可能性を与え，地域再生の推進力になり得るからである．

(3) 農山村の女性起業家

　農山村に住む女性による起業が増えている．農林水産省の2002年度調査によると，その数は7,735件に達し，最近5年間で倍増している[21]．起業の内容は地域の農産物を利用した特産加工品づくりや朝市での販売，手作り食材によるレストラン経営などである．

　起業した女性の年齢は60歳以上が54％と過半数を占めている．これは，高齢者が自らの経験を生かし，地域の農産物や自然資源を商品化する形での起業につながっている．そして，その年間売上額は300万円未満が61％であり，零細規模が多い．ただし，1,000万円を超える売上高も着実に増えており，組

織形態も有限会社や株式会社へと規模の拡大が徐々に進んでいる．

　上記のような試みは，5年間の時限立法である「1円株式会社」によって促された部分も大きいだろう．というのは，もともと農山村の女性の暮らしには経営者的な側面が強いからである．農水省が彼女らに農業経営への関わりを聞いたところ，「配偶者や親等と一緒に農業経営の全体に参画している」と回答した割合が57.8％に達している[22]．この意味で，最近のベンチャー企業育成策は農山村女性がもっている潜在的な経営能力を引き出すものともいえるだろう．先の高齢者雇用とあわせて，これまで日の目をみることの少なかった農山村女性の積極的な社会進出が地域経済の活性化を促す起爆剤になる可能性は大いにある．さらに，今後は子育てや福祉関連分野での女性起業も期待されるところである．

（加藤　巌）

注

1）清成忠男他『ベンチャー・ビジネス』日本経済新聞社　1971年　p.10．なお，同書では「企業家」という表現が用いられているが，本章では混乱を避けるため，すべて「起業家」という用語で統一する．
2）中小企業庁編『中小企業白書（昭和59年版）』1984年　pp.260-261
3）松田修一監修，早稲田大学アントレプレヌール研究会編『ベンチャー企業の経営と支援』日本経済新聞社　1994年　p.20
4）本文中に示されている特徴を定量的に把握することは困難であるが，VBに出資する個人投資家であるエンジェルを優遇する税制，いわゆる，エンジェル税制の場合，投資対象企業の条件を次のように定めている．
- 創業期（設立10年以内）の中小企業者であること．
- 試験研究費等の売上高に占める割合が3％超であること（設立5年超10年以内の企業にあっては5％超）．
- 外部からの投資を投資時点で1/6以上取り入れている会社であること．
- 大規模会社の子会社でないこと．
- 未登録・未上場の株式会社であること．

中小企業庁のホームページ（http://www.chusho.meti.go.jp/）参照

第13章　新潮流(6)　地域の再生とベンチャービジネス　283

5）シュンペーター，J. A. 前掲訳書　pp. 180-184
6）松田修一『起業論』日本経済新聞社　1997年　p. 21
7）中小企業庁編『中小企業白書（昭和58年版）』1983年　pp. 226-227
　『中小企業白書（昭和59年版）』1984年　pp. 261-262
8）シュンペーター，J. A. 前掲訳書　pp. 143-153
9）シュンペーター，J. A. 同上訳書　p. 146
10）シュンペーター，J. A. 著，吉田昇三監修，金融経済研究所訳『景気循環論』〔I〕有斐閣　1959年　pp. 135-142
11）調査は，2004年1月に実施された．『日本経済新聞』2004年2月2日
12）『日本経済新聞』2004年1月24日
13）「改革特区が拓く」21世紀政策研究所『日本経済新聞』2004年1月13日
14）『日本経済新聞』2004年1月15日
15）同社の加藤景司専務は，「近い将来に多くの高齢者がどっと求職する．その時に慌てても遅い．今から高齢者雇用を考えて着手すべきではないかと思う」と述べている．同社へのインタビュー．
16）こうした職場改善には補助金も利用できた．まず，「バリアフリー補助金」が投資金額の3/4支給された．また，定年に達した社員の継続雇用に対して「継続促進助成金」（180万円が5年間）が，さらには「特定求職者雇用開発助成金」（賃金の1/3補助）が支給された．同社へのインタビュー．
17）大分県中小企業団体中央会「平成14年度地域高齢者能力活用職域開発事業啓発研修会講演」記録
18）『日本経済新聞』夕刊2004年1月10日
19）『朝日新聞』夕刊2003年10月1日〜同4日
20）『日本経済新聞』2003年10月20日
21）農林水産省「2002年度農村女性の起業活動実態調査」「女性起業のうち約7割がグループ経営で，残りの3割が個人経営となっている．ただし，最近は個人経営が増加傾向にある．」
22）農林水産省「平成12年度食料・農林水産業・農山漁村に関する意向調査」

■参考文献
伊藤元重『グローバル経済の本質』ダイヤモンド社　2003年
黒崎誠『世界を制した中小企業』講談社　2003年
鈴木敏文『商売の原点』講談社　2003年
西川潤『人間のための経済学』岩波書店　2003年

日本経済新聞社編『2020年からの警告③』日本経済新聞社　1998年
八代尚弘他編『2020年の日本経済』日本経済新聞社　1995年
Yergin, D. and Stanislaw, J., *The Commanding Heights,* Simon & Schuster, Inc., 1998.（山岡洋一訳『市場対国家（上下）』日本経済新聞社　1998年）

索引

あ行

アーウィック，L. F. 2
アージリス，C. 57
IASC 238
IASB 240
IOSCO 238
アンシェン，M. 162
アンソニー，R. N. 203, 207
アンゾフ，H. I. 81, 82, 92, 93
アントルプレナー 5
e ラーニング 257
イールズ，R. 158
イギリス東インド会社 167
意思決定理論学派 12
イノベーション 78, 153, 210, 211, 212, 213, 216, 267
イノベーションのジレンマ 217
異文化コラボレーション 222
異文化シナジー 222
インターナル・マーケティング 229
インフォーマル（非公式）組織 44, 47, 48, 50
ウエスタン・エレクトリック社 38, 40
ウエルチ，J. 126
ウォーシー，J. C. 55
ウォール・ストリート・ルール 186
烏合の衆仮説 46
ウッドワード，J. 138
ASO スコア 140
衛生要因 60
SE 232
SL 理論 142
X 理論・Y 理論 58
FA 制 257
エマーソン，H. 7
エリサ法 189
LPC スコア 140, 142
オープンネットワーク・パラダイム 225
オソリティ 68, 69
飫冨順久 167, 170
オランダ東インド会社 167

か行

会社を賭ける文化 117
外部適応機能 121
カオス的経営 148
科学的管理（法） 18, 20, 21, 26, 27, 38, 39, 46
架橋（命令） 34
課業管理 22, 39
拡大生産者責任（EPR） 206
仮想企業体（バーチャル・コーポレーション） 114
活性化 244, 245, 246
活動計画 34
カッペル，F. R. 246
加藤尚武 177
環境基本法 165
環境倫理学 177
関係性マーケティング 229, 230
監査委員会 184
ガント，H. L. 7, 27
ガント・チャート 27
管理過程論 36
管理原則 33, 34, 36
管理的意思決定 73
管理人仮説 73
官僚主義的経営 148
企業改革法（サーベンス・オクスレー法） 191
起業家精神 267, 268
企業の社会的責任 158, 226
企業文化 89, 114
企業倫理 167, 168
菊池敏夫 164
技術的技能 45, 46
ギブン，W. B. 55
基本的価値観 126
キャリア・デベロップメント・プログラム 257
共同化 153
協働システム 65
協労的行動 142
ギルブレス，F. B. 7, 27, 39
ギルブレス，L. M. 39
クーンツ，H. 10, 11
クリステンセン，C. M. 217
グローカル経営 221, 227
グローバリゼーション 220, 221, 226

経営管理　1, 3, 4
　──の本質的課題　3
経営管理過程学派　11
経営管理論のジャングル　10, 11
経営者の役割　65
経営目的　85
経営目標　85, 86, 89, 90
経営目標システム　91
経営理念　85, 86, 88, 89
　──の対外的機能　88
経験学派　12
経済的目標　92
継電器（リレー）組立作業実験　41, 47
ケネディ, A. A.　116, 117
権威屈服マネジメントスタイル　130
権限委譲　107
コア・コンピタンス　250, 254
公益通報者保護法案　175
後期環境問題　164
後期人間関係論　54
公式組織　66
構造改革特区　277
行動科学　38, 49, 53, 57
ゴーイング・コンサーン　84, 217
コーポレート・ガバナンス　180, 185, 187, 188, 195, 196
ゴールデン・パラシュート　187
顧客との関係づくり（CRM）　206
国際会計基準　238
国際会計基準委員会　238
国際会計基準審議会　240
心の見える企業　152, 153
コッター, J. P.　119, 147
ゴミ箱モデル　79
コミュニティ投資　278
小山博之　175
コラージュ　16
　──としての組織　14
コリンズ, J. C.　126, 127
コンティンジェンシー理論　138
コントロール・メカニズム　122
コンフリクト　77, 80, 230
コンプライアンス　170

さ 行

サード・パーティ・ロジスティクス　230
サード・プレイス：第3の場所　214
サイアート, R. M.　74, 79

サイモン, H. A.　64, 71, 72, 73, 74, 212
サウス・エセックス研究　138
差別出来高給制度　23, 25, 26
参加型マネジメント　138
参加型リーダー　135
産業革命　18
産業心理学　39
CEO　180, 182, 183, 185
CSR　158, 226
シェルドン, O.　158
時間研究　22, 39
事業部制組織　105, 106, 107
自己実現　53
自己保存的本能　122
指示型リーダー　135
支持型リーダー　135
指示的行動　142
システム4　132, 138
シックスシグマ　149
執行委員会　184
執行役員　182, 196, 197
指名委員会　185
シャイン, E.　53, 61, 118
社会起業家　232
社会システム学派　12
社会的技能　45, 46
社会的組織　47
社会的目標　92
社内・社外ベンチャー　113
従業員退職所得保証法　189
集権化　107
集団機能重視の理論　135
シュンペーター, J. A.　210, 267, 272, 273
省エネ・リサイクル支援法　165
証券監督者国際機構　238
常任委員会　183
情報の形態　201
照明実験　39, 40
職能部門制組織　106, 107
職能別職長制度　24, 26
職務拡大　54
職務充実　54
ジョブ・ローテーション　54
ジョンソン, D. E.　142
垂直的分化　106
水平的分化　105
数理学派　12
スタッフ組織　105

索　引　287

ステイクホルダー　172, 173, 180, 229, 260
ストーカー, G. M.　212
ストラウス, G.　61
スラック・イノベーション　211
生産への動機づけ　76
製造物責任（PL）　206
説得の方法　67
前期環境問題　164
全人仮説　65
専門職大学院　263
戦略計画　96
戦略事業単位（strategic business unit）　110
戦略的アライアンス　222
戦略適合文化モデル　119
戦略的人的資源管理　254
組織人マネジメントスタイル　131
組織図と参謀（組織）　34
組織的怠業　20, 21, 23
組織文化　114, 121
組織への参加の動機づけ　77

た　行

第5水準の指導者　146
第2創業　274, 276
高田馨　158, 161
高巖　167
多元的目標　91
多元的欲求論　52
タスク・ボーナス制度　27
達成志向型リーダー　136
多様性のマネジメント　221, 222
ダンフィー, T. W.　173
地域社会投資　277
知識創造経営（ナレッジ・マネジメント）　219
知力経営　251
強い文化モデル　119
ディール, T. E.　116, 117
ディクソン, W. J.　38
ティシー, N. M.　146, 151
デイビス, K.　56, 158
テイラー, F. W.　1, 7, 18, 19, 20, 38, 39, 63, 75, 138
テイラー・システム　25, 39
適応モデル　119, 120
手続きの文化　118

デラウェア会社法　181
田園クラブマネジメントスタイル　130
動機づけ―衛生理論　60, 61, 138
動作研究　22, 39
統制係（統制）　35
動態的組織　109
道徳的主体　170
ドナルドソン, T.　167, 168, 173
ドラッカー, P. F.　90, 158, 211

な　行

ナイト, K. E.　211
内部統合機能　122
ナナス, B.　127, 147, 149
成行管理　22, 63
ナレッジ・ワーカー　253, 255
新原浩朗　152
人間関係管理　49, 50
人間関係論　38, 45, 46, 47, 49, 51, 53, 56
人間行動学派　12
人間的組織　47
ネットワーク組織　113

は　行

ハーシィ, P.　142
ハーズバーグ, F.　54, 60
パーソナリティー　57, 58
バーナード, C. I.　63, 64, 65, 66, 68, 70, 77, 98, 164, 168, 170
バーンズ, T.　212
破壊的技術　217
パッカード, D.　148
バリューイノベーション　213
バリュー・チェーン　213
バンク配線作業観察実験　43
BSP　207
PM式リーダーシップ論　131
PDSサイクル　95
PDCAサイクル　95
非経済的目標　92
非公式組織　67
ビジネス・エシックス　168
ビジョン　125, 126, 127, 145
疲労研究　39
貧困のマネジメントスタイル　130
ファブレス　216
ファヨール, H.　1, 7, 11, 28, 29, 30, 31,

32, 63, 138
ファンクショナル組織　94, 105
フィードラー, F. E.　139
VB　266, 268, 270, 271
フォード, H.　27
フォーマル組織　48
不確実性の回避　81
部課長会議（調整）　35
ブランチャード, K. H.　142
ブランド戦略　231
ブレーク, R. R.　129, 130
フレデレック, W. C.　159, 161
プロジェクトチーム　110
プロダクト・ポートフォリオ・マネジメント　110
分権化　107
ヘスケット, J. L.　119
ベトリープ　3
ベニス, W. G.　127, 147, 149
ベンチャーキャピタル　271
ベンチャースピリット　145, 147, 152
ベンチャービジネス　266, 268, 270, 271
ペンローズ, E. T.　247
報酬委員会　184
ホーソン・リサーチ　38, 40, 41, 45, 47, 49, 63
ボストン・コンサルティング・グループ　110
ボトム・アップ・マネジメント　55
ポラス, J. L.　126, 127

ま　行

マーチ, J. G.　74, 212
マイヤーズ, C. S.　39
マグレガー, D.　57, 128
マズロー, A. H.　52, 53
松枝迪夫　167
マッチョ文化　117
マトリックス組織　111, 112

マネジメント・サイクル　29, 94, 95, 100
マネジメントの心理学　39
マネジリアル・グリット　129, 138
水谷雅一　168
三隅二不二　131
ミュンスターベルク, H.　39
ムートン, J. S.　129, 138
無関心圏　68
メイヨー, G. E.　38, 40, 45, 46, 63
面接実験　42, 47
森本三男　158, 159
問題発生型イノベーション　211

や　行

山本安次郎　245
誘因の方法　66
よく働く／よく遊ぶ文化　117
欲求階層説　52, 53

ら　行

ライン組織　104
リーダーシップ　125, 128, 129, 145, 147, 154
リーダーシップ論　98
利害関係者　84, 89
リカレント教育　263
リッカート, R.　133
倫理綱領　174
倫理絶対主義　176
倫理相対主義　176
倫理法令遵守　170
ルビンシュタイン, M. F.　152
レスリスバーガー, F. J.　38, 40, 46, 49, 53, 63
ローカリゼーション　200, 221

わ　行

ワークシェアリング　135
Y理論　137

編著者紹介

飫冨順久（おぶ　のぶひさ）
1943年　長野県に生まれる
1971年　明治大学大学院経営学研究科博士課程修了
現　職　和光大学教授．第19期日本学術会議会員　博士（経営学）
　　　　日本経営教育学会会長
専　攻　経営学総論，経営学原理，経営管理総論
主　著　（共著）『企業と環境の考え方』（産能短大出版），『経営管理学事典』（泉文堂），『現代企業の経営行動』（同文舘），『マーシャルとその時代』（白桃書房），『新版新時代の経営学』（学文社），『ケインズ・バーナードとその時代』（白桃書房），『最新経営学用語辞典』（学文社），『ビジュアル基本経営学』（学文社），『現代の経営行動』（同友館），『ビジョナリー経営学』（学文社）
　　　　（編著）『新経営学教科書』（学文社）
　　　　　　　　『現代社会の経営学』（学文社）
　　　　　　　　『マネジメントの論点』（日本生産性出版）
　　　　（単著）『企業行動の評価と倫理』（学文社）
　　　　　　　　　　　　　　　　　　　　　　　他多数

経営管理の新潮流

2004年4月24日　第一版第一刷発行
2008年4月1日　第一版第二刷発行

編著者　飫　冨　順　久
発行所　㈱学　文　社
発行者　田　中　千津子
　東京都目黒区下目黒 3-6-1　〒153-0064
　電話 03(3715)1501　振替 00130-9-98842

落丁・乱丁本は，本社にてお取替え致します．
定価は売上げカード，カバーに表示してあります．

印刷／株式会社亨有堂印刷所（検印省略）
ISBN 978-4-7620-1323-2